U0499617

本书为
中国财政学会财政史研究专业委员会2024年协作课题（24DS6J11）
湖北省高等学校人文社科重点研究基地——湖北地方税收研究中心基金项目
湖北经济学院博士科研启动基金项目（XJ21BS24）
资助项目

# 文海拾税

## ——文学作品中的税收

李波 著

中国财经出版传媒集团

经济科学出版社

Economic Science Press

**图书在版编目（CIP）数据**

文海拾税：文学作品中的税收／李波著. --北京：
经济科学出版社，2024.12

ISBN 978 - 7 - 5218 - 5666 - 8

Ⅰ.①文… Ⅱ.①李… Ⅲ.①中国文学 - 文学研究②
税收制度 - 研究 Ⅳ.①I206②F810.422

中国国家版本馆 CIP 数据核字（2024）第 054548 号

责任编辑：宋艳波
责任校对：孙　晨
责任印制：邱　天

**文海拾税**
——文学作品中的税收
WENHAI SHISHUI
——WENXUE ZUOPINZHONG DE SHUISHOU
李　波　著
经济科学出版社出版、发行　新华书店经销
社址：北京市海淀区阜成路甲 28 号　邮编：100142
编辑部电话：010 - 88191469　发行部电话：010 - 88191522
网址：www. esp. com. cn
电子邮箱：esp@ esp. com. cn
天猫网店：经济科学出版社旗舰店
网址：http://jjkxcbs. tmall. com
固安华明印业有限公司印装
710 × 1000　16 开　18 印张　240000 字
2024 年 12 月第 1 版　2024 年 12 月第 1 次印刷
ISBN 978 - 7 - 5218 - 5666 - 8　定价：88.00 元
（图书出现印装问题，本社负责调换。电话：010 - 88191545）
（版权所有　侵权必究　打击盗版　举报热线：010 - 88191661
QQ：2242791300　营销中心电话：010 - 88191537
电子邮箱：dbts@ esp. com. cn）

# 前言

## PREFACE

文学是用语言塑造形象反映社会生活的一种语言艺术，它是文化中具有强烈感染力的重要组成部分。有着悠久历史的中国传统文化从来不缺少优秀的文学作品，尤其是古典文学作品。中国古典文学作品都是在不同历史时期的背景下产生的，它们都有所属时代的烙印。由于是无数先辈所创造出的智慧结晶，所涉及的传统文化部分为当代读者深刻地呈现了各个时期丰富多彩的历史脉络。

税收，一方面是国家筹集财政收入的重要手段，另一方面也是每一个纳税人应尽的义务。在以土地税和人头税为主的中国古代，赋税成为黎民百姓平常生活中的重要内容。反映社会生活的文学作品，从来不缺少税收这一元素，从先秦典籍到明清小说，无不如此。但税收这一元素在不同类型的文学作品中定位也有所差别。以史学专著为代表的文学作品，大多是纪实类的，这类作品中提到的税收就是一种经济制度或经济现象，可以称为"事实型税收"。而创作类的文学作品，如诗词歌赋、散文小说等，作者在作品中提到的税收大多数情况下往往带着强烈的感情色彩，而且更多的是负面的感情色彩。作者常常借用税收这一元素表达两种感情：对劳苦大众的同情与怜悯以及对统治者的不满和愤怒，姑且称为"立场型税收"，顾名思义，这类税收反映了作者的主观立场。

与纪实类文学作品直铺陈述的写作手法不同，创作类文学作品运用了很多比喻夸张的修辞手法，再加上又带有作者本人强烈的主观感情色彩，这就要求读者对这一类文学作品中所涉及的税收元素应该秉持更加理性客观的态度加以认识。

除了纪实类的文学作品（如二十四史、《资治通鉴》等）以及创作类的文学作品（包括诗词、小说、散文、影视剧本等），很多通俗的成语、歇后语、谚语中也有税收元素。本书通过对这些文学作品中的税收元素进行收集、归纳、整理，探寻税收在文学作品中的深刻内涵，也是从财政税收专业领域积极响应习近平总书记在文化传承发展座谈会上发出的号召："要坚定文化自信、担当使命、奋发有为，共同努力创造属于我们这个时代的新文化，建设中华民族现代文明。"①

---

① 《担负起新的文化使命 努力建设中华民族现代文明》，载于《人民日报》，2023年6月3日第01版。

# 目录

# 1 第一章

# 税收与文学作品

## 第一节 税收名称的变迁

税收是国家为满足社会成员的公共需要，依据其社会职能，按照法律规定，参与国民收入分配的一种规范形式，其突出特点是固定性、无偿性和强制性。税收是随着国家的产生而产生，随着经济的发展而发展的，因而税收兼有历史和经济双重属性。尽管税收自古就有，但"税收"一词出现较晚，首次使用该词是在《民国财政史》（贾士毅，1916 年）中，意为税的收入。在"税收"一词正式出现之前，我国古代还有过许多表示税收意思的名称和用语。

### 一、基本名称："税"与"赋"

中国古代反映税收的名称中最基本的有两个字："税"和"赋"。"税"在《说文解字》中的解释是：税，租也，从禾兑声。[1]

---

[1] ［东汉］许慎原著，汤可敬撰：《说文解字今释》，岳麓出版社 1997 年版，第 963 页。

"税"字一边是"禾"字，禾指田禾，农作物，泛指土地产出物；另一边是"兑（duì）"，本义是交换的意思。"禾"与"兑"在一起是"税"字，其字面意思就是拿农作物进行交换。至于与谁交换？交换什么？这从字面上看不出来。但不难理解，交换的是国家提供的公共服务。"税"字的含义实际上就是社会成员以占有的土地为基础，把部分农产品上缴给国家，是国家取得财政收入的一种形式。"税"字最早见于《春秋》：初，税亩，非礼也。①

"赋"字最早指君主向臣属征集的军役和军用品。这从"赋"字的构成也可以看出："贝"代表珍宝、货币、财富，"武"代表军事，从贝从武的"赋"字表明用于军事的财富。事实上，最早的"赋"单指军赋。《论语·公治长篇》有云：千乘之国，可使制其赋也。② 但国家征集的收入不仅限于军事，还包括用于国家其他方面的开支，所以"赋"不仅指国家征集的军用品，而已具有"税"的含义了。特别是从春秋后期开始，国家对臣属征发的军赋常按田亩计征，这样使"赋"与"税"渐趋混同，形成"赋税"一词。"敛财曰赋，敛谷曰税"③ 则直接指明"赋"与"税"的联系与区别。"赋"字在我国税收历史上持续时间之久、使用范围之广，是其他名称不可比的。从奴隶社会早期的"自虞夏时，贡赋备矣"④到封建时代最后王朝的"滋生人丁，永不加赋"⑤，从比重最大的"田赋（土地税）""算赋（人头税）"到比重较低的"关市之赋（商品交易税）""山泽之赋（物产资源税）"，时时处处都可以看见"赋"的轨迹。

---

① 傅隶朴：《春秋三传比义（中）》，中国友谊出版公司 1984 年版，第 237 页。
② ［春秋］孔丘原著，陈晓芬译注：《论语》，中华书局 2015 年版，第 51 页。
③ ［西汉］史游原著：《急就篇》，岳麓出版社 1989 年版，第 133 页。
④ ［西汉］司马迁：《史记》卷 2《夏本纪》，中华书局 1999 年简体字本，第 66 页。
⑤ 周远廉、孙文良：《中国通史》第十卷（清）上，上海人民出版社 1996 年版，第 763 页。原文为"续生人丁，永不加赋"。

了解古代文学的都知道，"赋"字还表示一种文学手法或一种文体。成语"诗词歌赋"中的"赋"很显然就不是租税的意思。

"赋"的含义从租税之"赋"演变成为文学之"赋"，还是要从"赋"字的本义说起。

"赋"之造字，通过"从贝武声"的字形结构，不仅表达了"赋"之行为、结果与军事武备之间密不可分的联系，同时也规定了这种行为所必须遵从的不可逾越的严肃性与制度性。也就是说，赋税之"赋"，从一开始就蕴含着制度性的严肃内涵。随着"赋"义扩展，"赋"除了与"税"连言，兼指与军需无关的量取财物之外，出纳王命、颁布政令的行为，亦可以"赋"言之，如"明命使赋""赋政于外"①。

"明命使赋""赋政于外"，见于《诗经·大雅·烝民》，郑玄笺云："出王命者，王口所自言，承而施之也。纳王命者，时之所宜，复于王也。其行之也，皆奉顺其意，如王口喉舌亲所言也。"②由该诗可知，"出纳王命"是"明命使赋"的重要内容。先秦有"出纳王命"相关的职官，称为"纳言"。《尚书·舜典》有云："命汝作纳言，夙夜出纳朕命，惟允。"③意思是：你去担任上传下达的言官之职吧，早晚及时传达我的政令，上表民众的意见，必须原原本本，不得有误。这里的"纳言"就是"出纳王命"的喉舌之官，职责要求是"听下言纳于上，受上言宣于下，必以信"。就是说，作为"出纳王命"的喉舌之官，"信"是必须遵从的基本原则。何谓"信"？"信"就是确定，无误差。就出纳王命的赋政者来说，话从口出的宣赋方式极易造成语义的变易，故而在"明命使赋"时，特别强调"王之喉舌"的特点。这要求赋政者"受上言

---

① 正坤编：《诗经》，中国文史出版社 2003 年版，第 574 页。
② ［汉］毛亨传，郑玄笺：《毛诗传笺》，中华书局 2018 年版，第 431 页。
③ ［春秋］孔丘原著，陈戍国校注：《尚书》，岳麓书社 2019 年版，第 12 页。

宣于下"时，必须原原本本地陈述王命，"如王喉舌亲所言也"；同样，"听下言纳于上"时，也必须原原本本直陈其事，令王者如同亲见、亲闻。"必以信"的赋政要求，使潜含于"赋"中的作为言说方式的直陈其事、不容虚饰的意义得到了呈现和加强。

关于"赋"的直陈其事这一特点，多位古代文人做了注解。如"'赋'云'铺陈今之政教善恶'，其言通正、变，兼美、刺也"①（郑玄）、"赋者直陈其事，无所避讳，故得失俱言"②（孔颖达）、"直指其名，直叙其事者，赋也"③（朱熹）。

对文学之赋加以全面考查并撰成专论的是南北朝时期的刘勰。他在《文心雕龙》中有专门探讨"赋"的篇章——《诠赋》，开篇写道："《诗》有六义，其二曰赋。赋者，铺也；铺采摛文，体物写志也。"④《诠赋》从赋体释名、赋的起源、赋的代表作和写作要领等方面加以诠释，是解读文学之赋的集大成者。在《诠赋》中还介绍了中国文学史上的名赋，如《两都赋》《二京赋》《上林赋》。除了"赋"之外，《诗》的其他五义分别是："比""兴""风""雅""颂"。其中，"赋""比""兴"指的是三种文学修辞手法，"风""雅""颂"指的是三种文学体裁。

## 二、其他名称

在中国古代历史上，税收还先后有过多种名称和用语，如"贡""助""彻""算缗（mín）""租""庸""调""捐""厘金"等。

---

① ② ［西汉］毛亨传，［东汉］郑玄笺，［唐］孔颖达疏，梁运华整理：《四库家藏·毛诗正义》，山东画报出版社 2004 年版，第 13 页。

③ ［宋］黎靖德编：《朱子语类》卷 80《诗一·纲领》，中华书局 1986 年版，第2067 页。

④ ［南朝梁］刘勰著，［清］黄淑琳注，［清］纪昀评，戚良德辑校，李祥补注，刘咸炘阐说：《文心雕龙》，上海古籍出版社 2015 年版，第 49 页。

　　"贡"是夏朝的赋税制度。"贡"字的原形是"共"字，即上供、提供的意思。《说文解字》里对"贡"的解释是："贡，献功也。"① 献功的意思是用物品奉祭神明，如《国语·鲁语下》曰："社而赋事，蒸而献功。"② 由此可见，"贡"的本义是指人们为祈祷丰收，用劳动所得奉祭神明，随后演变成劳动者自愿对部落首领的上供。随着私有制和国家的出现，这种对神明的奉献和对部落首领的上供逐渐演变成臣民向统治阶级固定贡纳。夏朝的"贡"主要是土贡，《尚书·禹贡》中记载"禹别九州，随山浚川，任土作贡"③，土贡就是将土特产作为贡品。

　　"助"是殷商时期的赋税制度。与夏朝相比，殷商时期有了较成熟的土地制度，突出地表现在井田制的推广与运用。《孟子·滕文公上》对井田制作了如下解释："商人始为井田之制，以六百三十亩之地，划为九区，区七十亩，中为公田，其外八家各援一区。但借其力以助耕公田，而不复税其私田。"④ 意思是：将一片土地按"井"字形划分，四周八块为私田分给八个家庭自由耕种，中间的一块为公田，由八个家庭共同耕种，公田的产出即为上缴给国家的赋税，私田的产出不纳税。"助"字由"且"字和"力"字组合而成，"且"（zū）在古代表示地租的意思，从力从且的"助"字表示力役地租。殷商时期的"助"法就是借民力以助耕公田，实为一种劳役地租，是国家作为土地所有者和政治主权者对农民进行剥削的一种形式。

　　"彻"是周代中后期的赋税制度。周代初期是"贡""助"两

---

　　① ［东汉］许慎原著，汤可敬撰：《说文解字今释》，岳麓出版社1997年版，第852页。

　　② ［春秋］左丘明原著，薛安勤、王连生注释：《国语译注·鲁语下》，吉林文史出版社1991年版，第402页，篇名为《公父文伯之母论劳逸》。

　　③ ［春秋］孔丘原著，陈戍国校注：《尚书》，岳麓书社2019年版，第26页。

　　④ ［战国］孟轲原著，方勇译注：《孟子》，中华书局2015年版，第90页。

法并行，其后发展为"彻"法。"彻"字本义为"通"，意思是井田不再分公田和私田，即公私相通。周代之所以需要公私相通是因为借民力以助公田的"助"法越来越显示出其局限性：农民只提供一定的劳役，对于公田的肥瘦贫瘠、收成的丰歉多寡造成的产量不均不负任何责任。此外，由于公田的产出都上缴给国家，因此民不肯尽力于公田的情况十分普遍。"助"法局限性的根本原因是其只能在劳动时间与耕种面积上对农民加以限制和规定，而无法有效地控制劳动质量，而劳动质量却是公田产量的关键，于是"百亩而彻"①的"彻"法产生了。

严格意义上讲，"算缗"并不是税收的一个名称，而是西汉时期推行的一个税种，因为汉代除了"算缗"，还有其他和税种，如田租、算赋、关市等。"算"和"缗"都是货币量词，"缗"原意是穿铜钱用的绳子，缗钱是指用绳串起的钱，1缗为一千（文）钱，1算为一百二十（文）钱。"算缗"的出现有其时代背景：汉武帝时期，由于与北方匈奴连年征战，致使国库空虚，而聚集大量财富的富商大贾却不肯响应国家号召自动捐资以解国家之急，朝廷决定对工商业者开征新税，"算缗"在这种情况下应运而生。"算缗"的征收对象是商人、高利贷者、手工业者及车船所有者。具体规定是民车一乘征一算，商车一乘征二算，船五丈以上者征一算；商贾财产缗钱二千一算（税率百分之六），手工业者缗钱四千一算（税率百分之三）。

"租"的本义是土地所有者出租土地使用权取得的收入。《说文解字》中对"租"的解释是："租，田赋也。"②我国古代存在土地的王室所有制，皇帝既是最高统治者，又是土地的所有者，所谓

---

① ［战国］孟轲原著，方勇译注：《孟子》，中华书局2015年版，第90页。
② ［东汉］许慎原著，汤可敬撰：《说文解字今释》，岳麓出版社1997年版，第963页。

"普天之下，莫非王土"①。"租"字从禾，表示以农产品作为缴纳的对象，古代常将征来自土地的税收称为"租"，如鲁国称"税亩"、秦国称"租禾"。《急就篇》记载："敛财曰赋，敛谷曰税，田税曰租。"② 由此可见，"租"往往是和土地联系在一起的。从另一个角度也可以看出"租"和土地的关系：古代最普遍的两个税种是土地税和人头税，土地税既可称作"田赋"也可称作"田租"，但人头税往往只称作"算赋"而不称作"算租"。

"庸"是我国唐代初期赋税制度的一个方面。简单地说就是农民向政府纳物以代替服劳役，所谓"输庸代役"就是这个意思。"庸"在先秦时期是对某些地位较低的劳动者的一种称呼。在战国时期的史料里，"庸"与"佣"相通，《吕氏春秋·土容论（上农）》记载："农不上闻，不敢私籍于庸。"③ "上闻"是一种爵位，这是规定农业生产者必须有"上闻"的爵位，才能使用雇农，否则就不准许。"庸"的原意是指承担劳动的人，但在唐代初期的赋税制度里，"庸"已引申为一种特殊意义的赋税。"庸"的出现有其历史背景：唐朝吸取隋朝徭役繁重导致亡国的教训，制定了全面的以庸代役的政策。具体规定是：丁男如不愿服劳役，年龄不限，均可以纳绢或布代替，一天折合绢三尺，叫作"庸"④。

"调"是东汉时期出现的一种赋税，由于是以家庭为单位征收的，所以又称为"户调"。"调"本身是作动词，是征用提取的意思，《后汉书·左雄传》中"特选横调，纷纷不绝，送迎烦费，损

---

① 正坤编：《诗经》，中国文史出版社 2003 年版，第 402 页。原文为"溥天之下，莫非王土"。
② ［西汉］史游原著：《急就篇》，岳麓出版社 1989 年版，第 133 页。
③ ［战国］吕不韦原著，张双棣等译注：《吕氏春秋译注》，吉林文史出版社 1993 年版，第 916 页。
④ 史念海主编：《中国通史》第六卷（隋唐）上，上海人民出版社 1996 年版，第 701－703 页。

政伤民"①的"调"就是这个意思。而"户调"则是名词，意思是上缴的绢、绵、麻、布等非谷物类农产品。"户调"最早出现于东汉，统治者在应付迫切需要时向被统治者征调实物，在魏晋时期"户调"取代了算赋（人头税）而制度化，并与"田租"一起成为国家的正式赋税，租调制由此而来。在之后相当长的一段时期内，租调制一直是中国古代主要税收制度。

"捐"的本义是捐助，自由献纳，其最大特点是非强制性，捐与不捐、捐多捐少，都由当事人自己决定。在财政范畴里，"捐"的意思是捐纳，即捐资纳粟换取官职、官衔、爵位等，实质是将官阶爵位商品化。捐纳制度起源于秦汉，历代沿袭，到了清代后期，因财政拮据而发展到高峰。到了北洋政府时，各地军阀为扩充其军事实力，大肆搜刮民脂民膏，其对老百姓的剥削压榨较前朝有过之而无不及，使"捐"成为普遍的、经常的、强制的收入形式，以致"捐"与"税"难以分清，形成"捐税"一词。成语"苛捐杂税"甚至直接将"捐"与"税"等同起来。民国时期，四川文人刘师亮曾写过一副对联讽刺当时多如牛毛的各类捐税——"自古未闻粪有税，而今只剩屁无捐"，并给了个横批——"民国万税"。"捐"与"税"的关系由此可见一斑。

"厘金"的称呼起源于清朝。18世纪初，地方会馆公所为"联乡谊、祀神祇、办善举"常常需要参与会馆公所的商人捐助，"厘金"就是在这样一种背景下产生的。最初的"厘金"完全是民办性质，后来发展成为官府干预的半官半民性质。至咸丰年间，清政府为筹措镇压太平军的军饷，对米行商贾强行实施抽厘之法，"厘金"已成为完全的官办性质了。因其抽捐率约为货值的百分之一，即一厘，故称"厘金"。至此，"厘金"在属性上已经是一种工商税了。

---

① ［南朝宋］范晔：《后汉书》卷61《左雄传》，中华书局1999年简体字本，第1363页。

## 三、关联名称

说到古代赋税，不能不提与之联系非常密切的一个词——"徭役"。有一个成语可以看出二者的关系——"轻徭薄赋"。《辞海》中对"徭役"的解释是："古代国家强迫平民主要是农民从事的无偿劳动。"① "徭役"之所以与"赋税"联系紧密，是因为二者都是封建主对平民的剥削，只是二者的对象不同。"赋税"是封建主对平民劳动成果（主要是农作物）的剥削，而"徭役"的基本特点是封建主强迫农民脱离自己的生产领域，为其进行无偿劳动，剥削的对象是农民的劳动力。前面提到的"助"和"庸"从严格意义上讲就是"徭役"而非"赋税"。唐代文学家陆贽就指出："国家赋役之法，曰租曰庸曰调……有田则有租，有户则有调，有身则有庸。"② 这里"有身则有庸"的意思是有劳动能力的人有承担"徭役"的义务。

徭役制度始于春秋战国时期，那时各国之间战争频繁，封建主对士兵和劳动力的需求较大，因而兵役和徭役常常混杂在一起。从秦始皇称帝到明朝中期，徭役一直是我国税赋制度中的一个重要方面，在汉代还出现官府徭役和私人徭役之分。直到明朝万历年间推行的"一条鞭法"改革，将田赋和力役合并在一起，都按田亩计征，国家增派的徭役分摊在土地所有者身上，由此，中国历史上近两千年的徭役制度从形式上退出了历史舞台。

税收的这些名称，有的有着明显的时代特征，如"贡"（奴隶社会中被统治者对统治者的上贡）和"租"（封建社会中皇帝作为地主阶级的总代表向土地承租人农民收取的赋税）；有的已完全脱

---

① 《辞海》，上海辞书出版社 1979 年版，第 1849 页。
② ［宋］欧阳修：《新唐书》卷 52《食货志》，中华书局 2000 年简体字本，第 889 页。

离了其本义，如"捐"（本义是自愿奉献，演化为强制缴纳）；有的体现了我国古代经济特点，如"租"和"调"（田租与户调相配合，构成传统男耕女织的自然经济下对农民的赋税剥削）；有的直接体现了征收方式和比例，如"厘金"（值百抽一为厘）。通过对古代税收名称的分析，不仅可以感受到汉字的博大精深，也可以从一定程度上了解我国古代赋税制度的演进过程。

我们常用的"租""赋""役"之间，既有联系也有区别，有相同之处也有不同的地方。总的来说，它们都是封建国家运用政权力量，通过法律形式来实现其赋役的征收。但是，"租""赋""役"三者，在征课对象、纳税人、税目、税率等方面，又都存在一定的区别。具体表现在：在课税对象方面，"租"（土地税）基于田亩产量，末业税（商税）主要基于商贾末作的资财，而"赋""役"则基于人丁户口。在征课量方面，历史上有比较多的时候对田租实行轻缓政策（包括蠲免），但赋敛、徭役往往都很苛重。在用途方面，班固在《汉书》中明确了"税"与"赋"的区别："赋供车马甲兵士徒之役，充实府库赐予之用。税给郊社宗庙百神之祀，天子俸养百官禄食庶事之费。"[1] 也就是说，"税"主要是供宗庙祭祀，天子俸养，百官禄食，而"赋"则用于军事开支、充实府库赐予等。从源流上看，"租""赋""役"三者也不尽相同。田租源于商、周之时的"助""彻"，定制于春秋战国，从秦汉征收田租直到唐代"两税法"之前，几乎没有大的变动。赋敛源于春秋时期的军赋，秦汉时期的算赋、口赋和更赋是先秦时期军赋的变通与发展，魏晋时期进一步演变为户调。而徭役也是沿袭古制而来，自春秋战国以降一直都很重，到了隋唐之世，正式发展为以"庸"代役。

---

① ［汉］班固：《汉书》卷24《食货志》，中华书局1999年简体字本，第945页。

## 第二节　税收在文学作品中的定位

### 一、文学作品简介

文学是用语言塑造形象反映社会生活的一种语言艺术，它是文化中极具强烈感染力的重要组成部分。

有着悠久历史的中国传统文化从来不缺少优秀的文学作品，尤其是古典文学作品。中国古典文学作品都是在不同历史时期的背景下产生的，它们都有所属时代的烙印。由于是无数先辈所创造出的智慧结晶，所涉及的传统文化部分则为当代读者深刻地呈现了各个时期丰富多彩的历史脉络：先有以四书五经为代表的先秦典籍，接着是半诗半文的楚辞汉赋，然后是被后人称为"魏晋风骨"的建安文学，再到大师辈出的唐诗、宋词、元曲，直到拥有众多珍品的明清小说。中国古典文学作品是中国文学史上闪烁着灿烂光辉的经典性作品或优秀作品，是世界文学宝库中令人瞩目的瑰宝。中国古典文学有诗歌、散文、小说及词、赋、曲等多种表现形式，在各种文体中，又有多种多样的艺术表现手法，从而使中国古典文学呈现出多姿多彩、壮丽辉煌的图景。数千年来，中国传统文化养育了中国古典文学，中国古典文学对传统文化更具有深刻的影响力。在中国文化领域，中国古典文学作品作为优秀的文化遗产，其精神博大、内容深厚、数量广阔，所蕴含的文化价值影响着一代又一代的读者。

除了从体裁形式上将文学作品分为诗歌、散文、小说，还可以从写作手法或内容上对文学作品进行分类，即纪实类文学作品和创作类文学作品。前者包括以二十四史、《资治通鉴》为代表的史学专著，后者包括各类小说、影视作品等。本书后面的章节中，将从四书五经、史学专著、古代诗词、小说、影视作品、其他文学作品六个方面分别阐述。

## 二、文学作品中的税收定位

税收，一方面是国家筹集财政收入的重要手段，另一方面也是每一个纳税人应尽的义务。在以土地税和人头税为主的中国古代，赋税成为百姓平常生活中的重要内容。反映社会生活的文学作品，从来不缺少税收这一元素。例如，出自《论语》的"苛政猛于虎"就是孔子对繁重赋税的形象总结。再如，四大名著之一的《水浒传》中非常著名的"智取生辰纲"故事中的"生辰纲"就是变相的赋税。

根据税收这一元素在文学作品所起到的作用，可以把文学作品中的税收分为两种类型，一类是"立场型的税收"，另一类是"事实型的税收"。

所谓"立场型的税收"，指的是文学作品中的税收元素带有作者强烈的感情色彩，而且大多情况下是负面的感情色彩。作者常常借用税收这一元素表达两种感情：一是对劳苦大众的同情与怜悯，二是对统治者的不满和愤怒。与税收有关的诗词、小说中与税收有关的情节、影视作品中含有税收元素的桥段很多都属于这一类。

所谓"事实型税收"，指的是文学作品中的税收元素基本没有感情色彩，没有褒贬之义。作者在作品中提到的税收就是一个客观事实，作者既不进行正面肯定，也不进行负面评价。很显然，史学专著等纪实类的文学作品中的税收往往就属于这一类。

# 2 第二章

# 四书五经中的税收

## 第一节 四书五经概述

四书五经是"四书"与"五经"的合称。

四书包括：《论语》《孟子》《大学》《中庸》。

五经包括：《诗经》《尚书》《礼记》《周易》《春秋》。

从"四书五经"这个整体的短语来看，"四书"在前、"五经"在后，但从二者形成的时间来看，刚好相反，"五经"之名始于汉武帝，"四书"之名始于宋朝。

### 一、"五经"概述

《诗经》《尚书》《礼记》《周易》《春秋》相传都经过儒家创始人之一的孔子的编辑或修改。

将孔子为代表的儒家著作称为"经"最早始于庄子。《庄子·天运》有云："孔子谓老聃曰——丘治《诗》《书》《礼》《易》《乐》《春秋》，自以为久矣。"① 也有学者认为，"经"作为儒家著

---

① ［春秋］庄子原著，萧无陂导读注译：《庄子》，岳麓书社2019年版，第196页。

作的代称，应该是在战国以后。

"经"字地位上升并被神圣化是在汉武帝时期。

汉武帝于公元前 141 年登基即位后，采取了多种手段加强中央集权制度：在政治上颁行推恩令，解决王国势力，以法制来推动诸侯分封诸子为侯，使诸侯的封地不得不自我缩减。同时，他设立刺史，监察地方。在经济上将冶铁、煮盐、酿酒等民间经济活动统一收编由中央管理，禁止诸侯国铸钱，使得财政权集于中央。在思想文化方面推行"罢黜百家，独尊儒术"的措施。这样，以孔子为代表而由董仲舒加工改造的儒家思想就成为占统治地位的思想，儒家著作也就成了封建政权法定的经典。自汉代以后，随着经学的不断发展，高居群首的所谓"经"，被封建政权日益神秘化甚至宗教化。其特点有四：第一，"经"是中国封建政府法定的儒家书籍；第二，"经"是以孔子为代表的古代儒家著作；第三，"经"是封建统治者实行统治的理论工具；第四，并不是所有的儒家著作都可以称为"经"。

孔子所代表的先秦儒家著作最早是"六经"，即《诗》《书》《礼》《乐》《易》《春秋》。《庄子·天下》指出，"六经"的性质是：《诗》以导志，《书》以导事，《礼》以导行，《乐》以导和，《易》以导阴阳，《春秋》以导名分。① 也就是说，《诗》表达思想感情，《书》记述历史事实，《礼》讲周旋应对，《乐》讲声乐和谐，《易》讲阴阳变化，《春秋》讲君臣上下之道。

"六经"中的《乐》因为秦始皇的焚书坑儒而没有保存下来，最后只剩下"五经"。汉武帝推行"罢黜百家，独尊儒术"的措施，把"五经"奉为神圣不可侵犯的经典。从此，"五经"一说终于形成并流传至今。唐太宗时期，孔颖达等人奉旨撰定《五经正

① ［春秋］庄子原著，萧无陂导读注译：《庄子》，岳麓书社 2019 年版，第 322 页。

义》，成书后作为科举选才的指定用书。

表 2 - 1 是关于"五经"的简要介绍。

表 2 - 1           "五经"简介

| 名称（汉代） | 名称（当代） | 内容 |
| --- | --- | --- |
| 《诗》 | 《诗经》 | 周初到春秋时代的诗歌 |
| 《书》 | 《尚书》 | 商周时期政治文献汇编 |
| 《礼》 | 《礼记》 | 贵族实际生活的记录 |
| 《易》 | 《周易》 | 卜官的占卜书 |
| 《春秋》 | 《春秋》 | 鲁国的编年体史书 |

"五经"是儒家的主要经典，也是中国传统思想的基本材料。"五经"所宣扬的系统的政治观、社会观、历史观和伦理道德，是中国传统思想非常重要的成分。

## 二、"四书"概述

"四书"是《论语》《孟子》《大学》《中庸》四部书的总称。这四部书也是先秦旧籍，但经过唐宋诸儒，特别是"二程"（程颢、程颐）、朱熹的表彰拔擢，地位骤升。

《论语》是记述孔子言行的书，起初被作为儿童的启蒙读物，尽管拥有广泛的读者，然而并未受到统治者特别的眷顾。魏晋时期，社会名流为《论语》作注，《论语》因而名重一时，唐代以后，《论语》开始跻身于"经"的行列。

《孟子》是记述孟轲言行以及他和时人（包括弟子）互相问答的书。《孟子》一书在汉代同样不被重视。唐代中后期开始，社会上出现一股尊孟思潮。到了宋代，《孟子》地位逐渐上升，最终也被尊为经书。

《大学》《中庸》本来都是《礼记》中的篇章。《大学》是《礼记》的第四十二篇，《中庸》是《礼记》的第三十一篇。长期以来，这两篇都不被重视。宋代的"二程"，对《大学》《中庸》愈加推崇，认为《大学》是孔氏遗书，"初学入德之门也"，而《中庸》则是"孔门传授心法"。"二程"不仅从理论上论证《大学》《中庸》在儒家经典中的地位和价值，而且亲自动手，重新编次了《大学》的章次。朱熹继承了"二程"的衣钵，一方面撰文从理论的高度对《大学》《中庸》给予肯定，另一方面倾注大量心血为之作注。终因"二程"加上朱熹的努力，《大学》《中庸》最后上升到"经"的地位，与《论语》《孟子》比肩而立。随着朱熹《四书章句集注》的完成，"四书"这一名称宣告成立。《四书章句集注》是朱熹众多作品中对后世中国社会政治产生的影响最广泛、最深远的一部。《四书章句集注》的主要目的是借《论语》《孟子》《大学》《中庸》四部书来宣扬程朱理学，主要是从整体上把握和阐释孔孟的思想旨意。《四书章句集注》受到统治者的青睐，是元朝的事情。元仁宗即位后，重启了停行已久的科举考试，决定以《四书章句集注》为标准，课试士子。明永乐年间，胡广等人奉旨编撰的《四书大全》成为科举考试的标准参考书，相当于今天的考试大纲。尽管《五经大全》同时颁行天下，但因为科举考试以"四书"为重，于是"四书"之学逐渐繁荣。由于统治者的提倡，《四书章句集注》在此后数百年中得到广泛传播，对中国后期封建社会的政治和文化产生了巨大而深远的影响。

在"二程"、朱熹等人看来，《中庸》所提倡的"中"是儒学本体论的核心，《大学》所叙述的"致和格物"是儒学方法论的探究途径，而《论语》《孟子》则体现着神圣的道统。如此看来，"四书"就构成了一个完整的哲学体系。

## 三、"四书"与"五经"的关系

大多数人认为"四书"与"五经"都是儒家的典籍，二者只是具体内容不同罢了，实则不然。

前面提到，"四书"和"五经"之名分别始于宋代和汉代，也就是说"四书"之名要晚于"五经"之名约10个世纪，以下就来说一说这其中的原因。

"五经"作为一个整体被推崇是因为汉武帝在位时期实行了"罢黜百家，独尊儒术"的举措，这一举措是由汉代大儒董仲舒提出的。不论是汉武帝还是董仲舒，在他们看来，"五经"是符合封建统治的政治论，"五经"中所包含的很多政治主张是他们高度认可的，如"大一统"思想、"华尊夷卑"思想、"改制更化"思想。"五经"中的"三纲五常""三从四德""忠孝节义"等教条也十分有利于封建统治，所以自汉武帝后，历代统治者都十分推崇"五经"。

但这一情况由于佛教在中国的发展而发生了变化。从东汉传入，经过魏晋南北朝以及隋唐迅猛发展的佛教，到了宋代，不仅普通信徒众多，而且将很多士大夫也吸引过去。这就不可避免地引起了儒释之争。面对佛教势力的扩张，儒学空间地盘不断被压缩，以维护儒家正统地位的宋代名儒，起而力争，努力恢复儒学的尊严。他们意识到，要永远保持儒学的正统地位，仅仅依靠"五经"是不够的，其重要原因是"五经"中关于哲学问题的谈论比较薄弱，远不如佛典博大精深。因此，寻求能与佛典抗衡的理论武器成为"二程"、朱熹等人的当务之急。经过不懈的努力，他们终于发现了"四书"，后人常常将这一过程称为"退五经尊四书运动"。

就儒家思想本身而言，"五经"所蕴含的思想往往是抽象的、模糊的、让人觉得高不可攀的，"五经"给读者树立了一个较高的标准，这个标准对普通人而言犹如水中花、镜中月。有学者总结：五经文本具一种共同特征，即虽然拥有一种比个别"私人"的心灵更崇高的"公共身份",但是我们"对自我道德修养的内在过程几乎一无所知"。① 而"四书"是区别于"五经"的一套新的经典诠释体系。"四书"以"天理论"为中心,以"性论""格物致知论""政治论""教育论""道统论"为纲目,为读者的自我道德修养指明了具体路径。"四书"中的核心观点"存天理、灭人欲"其本质是彻底泯灭劳动人民的反抗和斗争意识,非常符合统治阶级的需求。由于统治者的提倡,"四书"在宋代以后的几百年时间里得到了广泛的传播,对中国后期封建社会的政治和文化产生了巨大而深远的影响。

用一个不太恰当的比喻总结"四书"和"五经"的关系:"五经"是中国前期封建社会(隋唐之前)儒家典籍的"翘楚","四书"是中国后期封建社会(两宋之后)儒家典籍的"圭臬"。

现今的读者,如不是专门从事中国古典经学研究工作,实无必要区分"四书"与"五经"。在大力弘扬中华优秀传统文化的当下,承载了中华古老文明的四书五经再一次被重视起来。

以下就回归至本书的主题,共同识读一下四书五经中的税收。

## 第二节 《诗经》中的税收

《诗经》是我国最早的一部诗歌总集,共三百零五篇,又称《诗三百》,其创作时间大致从西周早期到春秋中期,是文明进步的结晶,是中华民族宝贵的精神财富。《诗经》是中华文化的一部元典,作为中国古典文学的源头之一,《诗经》以语言的艺术传递先民心灵的歌唱,全面反映了周代的社会生活,提供了丰富的艺术经

---

① [美]本杰明·史华兹著,程刚译:《古代中国的思想世界》,江苏人民出版社2008年版,第538页。

验。时至今日，《诗经》仍具有文化、政治、社会道德规范、历史
文献和语言学等多方面的价值。

## 一、《魏风·硕鼠》

《硕鼠》是《诗经》中非常有名的一首诗，入选了中学语文教
材。该诗中的"硕鼠硕鼠，无食我黍"与其他诗中的如"青青子衿，
悠悠我心"①、"关关雎鸠，在河之洲"②、"执子之手，与子偕老"③
等《诗经》词句一样，广为流传。如今"硕鼠"一词经常出现在
某些反腐倡廉的宣传报道中。

原文如下：

硕鼠硕鼠，无食我黍！三岁贯女，莫我肯顾。

逝将去女，适彼乐土。乐土乐土，爰得我所。

硕鼠硕鼠，无食我麦！三岁贯女，莫我肯德。

逝将去女，适彼乐国。乐国乐国，爰得我直？

硕鼠硕鼠，无食我苗！三岁贯女，莫我肯劳。

逝将去女，适彼乐郊。乐郊乐郊，谁之永号？④

**白话译文：**

大田鼠呀大田鼠，不许吃我种的黍！多年辛勤伺候你，你却对
我不照顾。发誓定要摆脱你，去那乐土有幸福。那乐土啊那乐土，
才是我的好去处！

大田鼠呀大田鼠，不许吃我种的麦！多年辛勤伺候你，你却对
我不优待。发誓定要摆脱你，去那乐国有仁爱。那乐国啊那乐国，
才是我的好所在！

---

① 吴广平、彭安湘、何桂芬导读注译：《诗经》，岳麓书社 2019 年版，第 92 页。
② 吴广平、彭安湘、何桂芬导读注译：《诗经》，岳麓书社 2019 年版，第 4 页。
③ 吴广平、彭安湘、何桂芬导读注译：《诗经》，岳麓书社 2019 年版，第 32 页。
④ 吴广平、彭安湘、何桂芬导读注译：《诗经》，岳麓书社 2019 年版，第 105 页。

大田鼠呀大田鼠，不许吃我种的苗！多年辛勤伺候你，你却对我不慰劳！发誓定要摆脱你，去那乐郊有欢笑。那乐郊啊那乐郊，谁还悲叹长呼号?!

从表面上看，《硕鼠》一词似乎与租税无关，实则不然。战国末期赵人毛亨在《毛诗故训传》中指出："《硕鼠》，刺重敛也。国人刺其君重敛，蚕食于民，不修其政，贪而畏人，若大鼠也。"[①]也就是说，《硕鼠》是讽刺统治者向百姓征收繁重的赋税的。《硕鼠》之作，是因为魏国出现了"履亩税"制度。所谓"履亩税"，就是农民除服役公田外，私田还要纳实物的十分之一为税。农民负担太重，难以忍受，于是纷纷打算逃亡。

## 二、《王风·兔爰》

**原文：**

有兔爰爰，雉离于罗。我生之初，尚无为；我生之后，逢此百罹。尚寐无吪！

有兔爰爰，雉离于罦。我生之初，尚无造；我生之后，逢此百忧。尚寐无觉！

有兔爰爰，雉离于罿。我生之初，尚无庸；我生之后，逢此百凶。尚寐无聪![②]

**白话译文：**

野兔往来任逍遥，山鸡落网惨凄凄。在我幼年的时候，人们不用服兵役；在我成年的岁月，各种苦难竟齐集。还不如睡觉把嘴巴闭上！

---

① ［汉］毛亨传，郑玄笺：《毛诗传笺》，中华书局 2018 年版，第 145 页。
② 正坤编：《诗经》，中国文史出版社 2003 年版，第 120 – 121 页。

野兔往来任逍遥，山鸡落网悲戚戚。在我幼年那时候，人们不用服徭役；在我成年这岁月，各种忧患都经历。还不如睡觉把眼睛合上！

野兔往来任逍遥，山鸡落网战栗栗。在我幼年那时候，人们不用服劳役；在我成年这岁月，各种灾祸来相逼。还不如睡觉把耳朵塞住！

这是一首揭露统治阶级法网重重、人民苦不堪言的诗。

本诗共三节，每一节开头的两句都以"兔""雉"作比。以"兔"比喻狡诈的统治阶级，以"雉"比喻下层的劳苦人民。"兔"布下罗网，自由自在；"雉"陷入罗网，痛苦不堪。对于"雉"来说，罗、罦（fú）、罿（chōng）无处不在，地上到处是陷阱，遍布杀机，防不胜防。以"雉"喻人，则罗、罦、罿为统治阶级无休止的徭役和赋税。

诗中的"无为""无造""无庸"都指的是徭役，与赋税一样，都是封建主对民众的剥削。所不同的是，"赋税"是对劳动成果的剥削，而徭役是封建主强迫民众脱离自己的生产领域，为其进行无偿劳动，剥削的对象是劳动力。

## 三、《大雅·韩奕》

《韩奕》是颂美韩侯的诗。韩侯朝周，受王册命。后离开镐京，路经屠邑，抵达蹶里，与韩姞结婚。最后周王任命韩侯为统帅北方诸侯的方伯。

在记述韩侯功业时，诗中写道：

王锡韩侯，其追其貊，奄受北国，因以其伯。

实墉实壑，实亩实籍，献其貔皮，赤豹黄黑。①

---

① 正坤编：《诗经》，中国文史出版社 2003 年版，第 579－580 页。

**白话译文：**

周王下令赐韩侯，北方的追国、貊国由韩侯来统领。

还有北方各诸国，都以韩侯为首领方伯。

各国筑好城墙，浚好城壕，开垦田亩，收好赋税。

另外还向韩侯献上当地的白狐皮，还有件件精美的豹皮熊皮。

其中的"实亩实籍"指的是划分田亩，征收赋税。

"籍"本是登记的意思，这里引申为征收获取之义，如籍税（征收租税）、籍赋（赋税）、籍敛（征收田税）、籍求（敛取）、籍取（敛取、征收）、籍兵（征集兵士）。

殷周时代的籍法是指：借助村社民力耕种公田，公田上的产出为君主所有。本质是一种劳役地租。

事实上，《诗经》中的《大雅》《小雅》中有多篇涉及殷周时代的井田制、彻法等。

《大雅·崧高》中关于"彻"的词句："王命召伯，彻申伯土田。"[1] 是指用"彻"法治理申伯的土地。

《大雅·公刘》中关于"彻"的词句："度其隰原，彻田为粮。"[2] 意为测量湿地、平原，开垦荒田是为收粮。

《小雅·大田》中提到"有渰萋萋，兴雨祈祈。雨我公田，遂及我私"[3]，意思是：密布的阴云翻滚，兴起的雨点密密。雨落在我们的公田，也落在我的私地。"公田""我私"则是指井田制的公田、私田。

## 四、《豳风·七月》

《豳风·七月》是《诗经》中的知名篇章。

---

[1] 正坤编：《诗经》，中国文史出版社 2003 年版，第 569 页。

[2] 吴广平、彭安湘、何桂芬导读注译：《诗经》，岳麓书社 2019 年版，第 197 页。

[3] 正坤编：《诗经》，中国文史出版社 2003 年版，第 421 页。

豳，读作 bīn，本意指豳山，又用作古都邑名，也作"邠"。周后稷的曾孙公刘迁居于此，相传周代祖先即在此立国。在今天的甘肃省宁县、正宁县、陕西省彬县、旬邑县一带。

《豳风·七月》是一首叙述西周农民一年衣食生活的诗。有八章八十八句，为《国风》第一长篇。首章总言衣食之事，从冬寒授衣写到来年春耕，前言衣、后言食。二章至五章承首章言衣之事，六至八章言食之事，脉络极分明。而每章于叙事中插入闲笔，笔致舒徐，饶有趣味。诗中的"七月在野，八月在宇，九月在户，十月蟋蟀入我床下"[1] 也是家喻户晓的诗句。

这首诗提及了当时的农民承担的实物类的赋税。

"七月鸣鵙，八月载绩，载玄载黄，我朱孔阳，为公子裳。"[2] 意思是：七月伯劳鸟鸣叫，八月开始纺麻，又染黑又染黄，我染的红色很漂亮，去为公子做衣裳。

"十月陨萚。一之日于貉，取彼狐狸，为公子裘。"[3] 这句的意思是：十月叶子飘，十一月打狐貉，取那狐狸皮，为公子做皮裘。

"二之日其同，载缵武功。言私其豵（音 zōng，指小猪，亦泛指小兽或兽崽），献豜（音 jiān，指三岁的猪，亦泛指大猪、大兽）于公。"[4] 意思是：十二月就集合，继续打猎。那小猪留给自己，大猪献给公家。

"二之日凿冰冲冲，三之日纳于凌阴，四之日其蚤，献羔祭韭。九月肃霜，十月涤场。朋酒斯飨，曰杀羔羊。跻彼公堂，称彼兕觥，万寿无疆。"[5] 这是全文的最后一句，其意思是：十二月凿冰声冲冲，正月藏冰在冰窖中。二月取冰早，献祭韭菜和羔羊。九月

---

① 吴广平、彭安湘、何桂芬导读注译：《诗经》，岳麓书社 2019 年版，第 128 页。
② 吴广平、彭安湘、何桂芬导读注译：《诗经》，岳麓书社 2019 年版，第 126 页。
③④ 吴广平、彭安湘、何桂芬导读注译：《诗经》，岳麓书社 2019 年版，第 127 页。
⑤ 吴广平、彭安湘、何桂芬导读注译：《诗经》，岳麓书社 2019 年版，第 130 页。

降霜，十月清扫打谷场。两壶酒招待客人，再杀了羔羊。登那公爷堂，举起那犀角酒杯，祝周天子万寿无疆！

从这首诗里读者可以看到，百姓一年四季需要向统治者缴纳不同种类的实物。例如，老百姓需要向统治者上交丝麻织品和猎物，用以制作衣裳；再如，老百姓在冬天里要收集冰块，并将其保存到次年夏天，以供统治者用于解暑纳凉；又如，老百姓在仲春的时候要向统治者贡献韭菜、羊羔之类的食物，供统治者用作祭祀贡品。除了这些之外，老百姓还要进献蔬菜、水果、美酒等。

## 五、《王风·君子于役》

**原文：**

君子于役，不知其期。曷至哉？鸡栖于埘。

日之夕矣，羊牛下来。君子于役，如之何勿思！

君子于役，不日不月。曷其有佸？鸡栖于桀。

日之夕矣，羊牛下括。君子于役，苟无饥渴？①

**白话译文：**

君子远出服役，不知它的限期。何时才能归里？鸡儿回窠栖止，

日头垂挂天西，牛羊下山歇息。君子远出服役，如何能不相思？

君子远出服役，不知日月程期。何时才能重聚？鸡儿回栏栖止，

日头垂挂天西，牛羊缓缓归至。君子远出服役，该是没捱渴饥？

徭役，同样是古代统治者对百姓的剥削。《王风·君子于役》这首诗就是反映一位女子思念她久役于外的丈夫的诗。

诗中的"君子"是妻子对丈夫的敬称。

---

① 吴广平、彭安湘、何桂芬导读注译：《诗经》，岳麓书社 2019 年版，第 82 - 83 页。

一位农家女子，在日暮昏黄中看见牛羊鸡等回栏入埘（音 shí，指墙壁上凿成的鸡窝），触景生情，想起了自己的丈夫。在这幅画面中，读者看到的是温暖而硕大的夕阳、缓缓下山的牛羊、急于归窠的鸡群。透过这幅图画，读者还可以想见炊烟袅袅、薄暮霭霭，在交织的苍茫中，挥鞭的牧童、荷锄的农夫、提篮的桑女以及挑担背篓的渔父樵子，一个个出现了。这是一个鸟还巢、兽归窝、人还家的时刻。然而，其中却没有自己在外服役的丈夫。丈夫归家遥遥无期，女子心中的寂寞、孤独，皆可以想见。

除此之外，《诗经》中还有多篇提及了"徭役"。

《小雅·何草不黄》中有这样一句："何草不黄？何日不行？何人不将？经营四方。"[1] 意思是：哪一种草不枯黄？哪一天不奔忙？哪一个人不出征？经营那四方。让读者见证征夫疲于行役。

《小雅·采薇》在描述久戍而归的士卒时这样写道："昔我往矣，杨柳依依。今我来思，雨雪霏霏。行道迟迟，载渴载饥。我心伤悲，莫知我哀！"[2] 意思是：从前我们去呀，杨柳依依。如今我们来哟，雨雪纷纷。行走的道路多么长远，又口渴又腹饥。我的心里伤悲，没有人知道我的悲哀。

《小雅·北山》："或燕燕居息，或尽瘁事国，或息偃在床，或不已于行，或不知叫号，或惨惨劬劳，或栖迟偃仰，或王事鞅掌，或湛乐饮酒，或惨惨畏咎，或出入风议，或靡事不为。"[3] 是服役者对自身劳碌不息而统治者养尊处优的强烈不满。

"抑此皇父，岂曰不时，胡为我作，不即我谋，彻我墙屋，田卒污莱"[4]（出自《小雅·十月之交》），"昔我往矣，日月方除，

---

[1]  吴广平、彭安湘、何桂芬导读注译：《诗经》，岳麓书社 2019 年版，第 179 页。
[2]  吴广平、彭安湘、何桂芬导读注译：《诗经》，岳麓书社 2019 年版，第 150 页。
[3]  正坤编：《诗经》，中国文史出版社 2003 年版，第 401 – 402 页。
[4]  正坤编：《诗经》，中国文史出版社 2003 年版，第 358 – 359 页。

曷云其还，岁聿云莫，念我独兮，我事孔庶，心之忧矣，惮我不暇"① （出自《小雅•小明》） 等诗句都表达了农民对统治者随意派遣劳役而耽误农业生产的不满。

《大雅•民劳》等篇中的"民亦劳止、汔可小康""民亦劳止、汔可小休""民亦劳止、汔可小息""民亦劳止、汔可小愒"② 等诗句表达服役者渴望喘息休憩。

《魏风•陟岵》中的"陟彼岵兮，瞻望父兮""陟彼屺兮，瞻望母兮"③，则体现了服役者在渴念亲情。

## 第三节 《礼记》中的税收

《礼记》也称《小戴礼记》，是中国先秦至秦汉时期的儒家礼乐制度的礼学文献集，经西汉戴圣辑录编纂而成，是儒家经典著作之一。该书总共四十九篇，由孔子及其学生撰写。《礼记》中所包含的思想非常广博和丰厚，堪称儒家思想的百科全书。《礼记》最初出于对《仪礼》的解释和引申地位，在东汉之后地位及影响逐渐提升，开始与《周礼》《仪礼》并称为"三礼"，成为我国古代最重要的礼学典籍。事实上，当今很多学校的校训都出自《礼记》，如"博学笃志""慎思审问""明辨笃行""格物明德""尽精微，致广大""玉不琢，不成器；人不学，不知道"等。《礼记》中的这些名句不仅是在教学生如何做学问，更是在教学生如何做人。

---

① 正坤编：《诗经》，中国文史出版社 2003 年版，第 405－406 页。
② 正坤编：《诗经》，中国文史出版社 2003 年版，第 533－534 页。
③ 正坤编：《诗经》，中国文史出版社 2003 年版，第 179 页。

## 一、《礼记·曲礼下》

"曲"指细小的杂事，《曲礼》是指具体细小的礼仪规范。

**原文：**

……

问天子之年，对曰：闻之，始服衣若干尺矣。

问国君之年：长，曰能从宗庙社稷之事矣；幼，曰未能从宗庙社稷之事也。

问大夫之子：长，曰能御矣；幼，曰未能御也。

问士之子：长，曰能典谒矣；幼，曰未能典谒也。

问庶人之子：长，曰能负薪矣；幼，曰未能负薪也。

问国君之富，数地以对，山泽之所出。

问大夫之富，曰有宰食力，祭器衣服不假。

问士之富，以车数对。问庶人之富，数畜以对。[1]

……

**白话译文：**

如果有人问起天子的年龄，正确的回答应该是这样的：听说开始穿若干尺长的衣服了。

如果有人问起国君的年龄，倘若国君年纪比较大，正确的回答应该是这样的：已经能够主持宗庙社稷的祭祀礼了。倘若国君年纪比较小，正确的回答应该是这样的：目前还不能够主持宗庙社稷的祭祀礼。

如果有人问起大夫的儿子的年龄，倘若他年纪比较大，正确的回答应该是这样的：他已经能够驾驭马车了。倘若他年纪比较小，正确的回答应该是这样的：他还不能够驾驭马车。

---

[1] ［春秋］孔丘原著，陈戌国导读校注：《礼记》，岳麓书社 2019 年版，第 23－24 页。

　　如果有人问起士人的儿子的年龄，倘若他年纪比较大，正确的回答应该是这样的：他已经能够接客传话了。倘若他年纪比较小，正确的回答应该是这样的：他还不能够接客传话。

　　如果有人问起庶人的儿子的年龄，倘若他年纪比较大，正确的回答应该是这样的：他能够背柴火了。倘若他年纪比较小，正确的回答应该是这样的：他还不能够背柴火。

　　如果有人问起国君的财富，应该先回答国土的总面积，再回答山泽的各种出产。

　　如果有人问起大夫的财富，应该这样回答：有多少多少封地，封地上的老百姓提供的赋税有多少多少，祭器祭服用不着借。

　　如果有人问起士人的财富，可以回答士人拥有多少车辆。

　　如果有人问起庶人的财富，可以回答庶人拥有多少牲口。

　　其中的"食力"指的是靠租税生活。唐代孔颖达对此曾作过注释："食力，谓食民下赋税之力也。"[1]

## 二、《礼记·檀弓下》

　　檀弓，人名，姓檀名弓，又称檀公，战国时人。檀弓记录了很多礼仪规范，以其记人擅于礼，故著姓名以显之。

　　**原文：**

　　……

　　孔子过泰山侧，有妇人哭于墓者而哀，夫子式而听之。

　　使子贡问之曰：子之哭也，壹似重有忧者。

　　而曰：然，昔者吾舅死于虎，吾夫又死焉，今吾子又死焉。

---

　　[1]　［东汉］郑玄注，［唐］孔颖达疏，喻遂生等整理：《四库家藏·礼记正义》，山东画报出版社2004年版，第161页。

夫子曰：何为不去也？

曰：无苛政。

夫子曰：小子识之，苛政猛于虎也。①

……

**白话译文：**

孔子从泰山旁边路过，看见一个妇人在墓前哭得很伤心，就停下了车，俯身凭轼专注地倾听。

然后让子贡去问那位妇人："听您的哭声，好像接二连三遭到不幸似的。"

妇人住了哭声回答道："不错。过去我的公爹被老虎咬死了，接着我的丈夫又被老虎咬死了，最近我的儿子也被老虎咬死了。"

夫子问道："那么为什么不离开这里呢？"

妇人答道："因为此地没有繁重的徭役和赋税。"

夫子对学生们说："你们要记住，繁重的徭役和赋税，比老虎还要厉害啊！"

俗语"苛政猛于虎"即出自于此。

# 三、《礼记·王制》

《王制》记录的是涉及封国、职官、爵禄、祭祀、丧葬、刑罚、建立城邑、选拔官吏以及学校教育等方面的制度。

**原文：**

古者：公田，藉而不税。市，廛而不税。关，讥而不征。林麓川泽，以时入而不禁。夫圭田无征。用民之力，岁不过三日。②

---

① ［春秋］孔丘原著，陈戍国导读校注：《礼记》，岳麓书社 2019 年版，第 73 页。

② ［春秋］孔丘原著，陈戍国导读校注：《礼记》，岳麓书社 2019 年版，第 90 页。

**白话译文：**

古时候的井田制度，农民如果耕种了公田，农民私田上的产出就不用缴纳赋税；做生意时如果租用了公家的店面，他销售商品时就不用再交税；陆地上和河流上的关口，只检查（是否有违禁货物），不征税；在政府认可的时间进入山林（川泽）伐猎（捕鱼），不加以禁止。耕种卿大夫的圭田（产出用于祭祀的土地）也不征税。向百姓征派劳役，一年不能超过三天。

上文中的廛（chán），指官府建造的店铺，租给商人使用。商人向官府交纳店租后，就不再交纳货物税。后代学者对"廛"字作了注解："廛，市物邸舍，税其舍，不税其物。"① "廛谓公家邸舍，使商人停物于中，直税其所舍之处价，不税其在市所卖之物，市内空地曰廛，城内空地曰肆。"②

# 四、《礼记·月令》

《月令》是按照一年十二个月的时令，记述统治者的各种礼仪制度，包括祭祀礼仪、职务、法令、禁令等。

"以时系事"是《月令》的核心特点，即不同的月份应该从事什么事情、遵循什么样的自然规律。《月令》反映了古代劳动人民对自然社会的认识，以及如何与自然社会和谐相处。《月令》以春、夏、秋、冬四季为总纲，以十二月为细目，以时记述天文历法、自然物候、物理时空，统治者以此来安排生产生活的政令，故名"月令"。

---

① ［东汉］郑玄注，［唐］孔颖达疏，喻遂生等整理：《四库家藏·礼记正义》，山东画报出版社 2004 年版，第 416 页。

② ［东汉］郑玄注，［唐］孔颖达疏，喻遂生等整理：《四库家藏·礼记正义》，山东画报出版社 2004 年版，第 417 页。

**原文 1：**

是月也，霜始降，则百工休。乃命有司曰：寒气总至，民力不堪，其皆入室。上丁，命乐正入学习吹。是月也，大飨帝、尝，牺牲告备于天子。合诸侯，制百县，为来岁受朔日，与诸侯所税于民轻重之法，贡职之数，以远近土地所宜为度，以给郊庙之事，无有所私。①

**白话译文：**

从这个月起开始下霜了，各类工作都应该停下来。命相关官员传令："寒冷的气流很快就要来了，大家很难承受，请从野外的庐舍中迁至室内过冬。"这个月上旬的第四天，乐正（掌管乐律的官员）到太学教授大家练习吹奏管乐。这个月，天子要遍祭五帝、祭祀宗庙，牺牲（为祭祀而宰杀的牲畜）已经备好。天子要召集诸侯和各地长官，为他们规定制度，向他们颁授来年的朔日、各诸侯从民间征税的轻重之法以及各诸侯向天子交纳贡赋的数量。贡赋的数量、纳贡的多少，是以各诸侯国距离京师的远近和各诸侯国土地适于生产什么为依据。这些贡赋，是用来供给祭天、祭祖的，没有属于私有的。

**原文 2：**

是月也，乃命水虞渔师，收水泉池泽之赋。毋或敢侵削众庶兆民，以为天子取怨于下。其有若此者，行罪无赦。②

**白话译文：**

这个月，命令水虞和渔师征收水泉池泽的赋税，不允许借此机会侵扰民众、盘剥百姓，以致百姓认为是天子所为而归怨于天子。如有此种情况发生，必定严惩不贷。

---

① ［春秋］孔丘原著，陈戍国导读校注：《礼记》，岳麓书社 2019 年版，第115 页。

② ［春秋］孔丘原著，陈戍国导读校注：《礼记》，岳麓书社 2019 年版，第117 页。

## 第四节　其他典籍中的税收

### 一、《中庸》中的"天下九经"

"中庸"又称中用，"庸"古同"用"。

作为一个词语，"中庸"最早见于《论语·雍也》，"子曰：'中庸之为德也，其至矣乎，民鲜久矣！'"① 意思是：中庸作为美德，应该是至高无上的了，长期以来人们很少能够做到。在现代人心目中，"中庸"可能更多的是一个负面词语，意为"折中""平庸"，让人感觉是缺乏独立、毫无原则，走中间路线、不思进取。实则不然，"中庸"本意为待人接物保持中正平和，因时制宜、因物制宜、因事制宜、因地制宜。北宋程颐说："不偏之谓中，不易之谓庸。中者，天下之正道；庸者，天下之定理。"② 南宋朱熹说："中者，不偏不倚，无过无不及之名。庸，平常也。"③ 归结起来，中庸是指为人居于中正之道、不偏不斜，以自然的纯正人性提高自身修养、对待万事万物。"中庸"是儒家核心观念之一，同时也是指儒家的道德标准，为历代儒客遵循与推崇。

《中庸》原是《礼记》第三十一篇，是一部中国古代讨论教育理论的重要论著。《中庸》涉及"天""道""人"三者的关系，具有丰富的内容。人的作用可以中和天道，天道、人道可以合二为一。当然，这种转化是有条件的，最根本的就是"诚"。如果没有

---

① 〔春秋〕孔丘原著，陈晓芬译注：《论语》，中华书局 2015 年版，第 72 页。

② 〔宋〕程颢、程颐著，王孝鱼点校：《二程集（下）》，湖北人民出版社 2016 年版，第 967 页。

③ 〔宋〕朱熹：《四书章句集注》，中华书局 1983 年版，第 17 页。

"诚"，就没有完善的道德修养，人道和天道也就不可能获得有机的结合，而君臣、父子、夫妇、兄弟、朋友的外在社会伦常秩序就不能建立。所以，以"诚"为特征的内在道德修养就成为天人合一、治国平天下的具有决定意义的环节。《中庸》向人们展示了儒家的世界观和方法论。正因为如此，《中庸》成为儒家哲学发展过程中不可缺少的一环。宋朝的儒学家对中庸非常推崇并将其从《礼记》中抽出，独立成书。从此，《中庸》成为宋明理学最重要的思想根源。《中庸》全书集中讲述性情与封建道德修养，肯定"中庸"是道德行为的最高准则。宋、元以后，《中庸》成为学校官定的教科书和科举考试的必读书，对古代教育产生了极大的影响。《中庸》的思想，在中华民族的文化心理结构的形成过程中，起到了很大的作用。事实上，现代人经常说的"上不怨天，下不尤人"①"凡事预则立，不预则废"②等名句都出自《中庸》。

《中庸·问政》中的"天下九经"是该篇中的经典名段，常常出现在中学文言文的阅读资料中。"天下九经"中也有赋税的内容。

**原文：**

凡为天下国家有九经，曰：修身也，尊贤也，亲亲也，敬大臣也，体群臣也，子庶民也，来百工也，柔远人也，怀诸侯也。

修身则道立，尊贤则不惑，亲亲则诸父昆弟不怨，敬大臣则不眩，体群臣则士之报礼重，子庶民则百姓劝，来百工则财用足，柔远人则四方归之，怀诸侯则天下畏之。

齐明盛服，非礼不动，所以修身也；去谗远色，贱货而贵德，所以劝贤也；尊其位，重其禄，同其好恶，所以劝亲亲也；官盛任使，所以劝大臣也；忠信重禄，所以劝士也；时使薄敛，所以劝百

---

① ［春秋］子思原著，徐儒宗译注：《中庸》，中华书局2015年版，第310页
② ［春秋］子思原著，徐儒宗译注：《中庸》，中华书局2015年版，第330页，原文为"凡事豫则立，不豫则废"。

姓也；日省月试，既廪称事，所以劝百工也；送往迎来，嘉善而矜不能，所以柔远人也。继绝世，举废国，治乱持危，朝聘以时，厚往而薄来，所以怀诸侯也。①

**白话译文：**

治理天下和国家有九条原则，那就是：修养自身，尊崇贤人，亲爱亲族，敬重大臣，体恤群臣，爱民如子，招纳工匠，优待远客，安抚诸侯。

修养自身就能确立正道；尊崇贤人就不会思想困惑；亲爱亲族就不会惹得叔伯兄弟怨恨；敬重大臣就不会遇事无措；体恤群臣，士人们就会竭力报效；爱民如子，老百姓就会忠心耿耿；招纳工匠，财物就会充足；优待远客，四方百姓就会归顺；安抚诸侯，天下的人都会敬畏了。

像斋戒那样净心虔诚，穿着庄重整齐的服装，不符合礼仪的事坚决不做，这是为了修养自身；驱除小人，疏远女色，看轻财物而重视德行，这是为了尊崇贤人；提高亲族的地位，给他们以丰厚的俸禄，与他们爱憎相一致，这是为了亲爱亲族；让众多的官员供他们使用，这是为了敬重大臣；真心诚意地任用他们，并给他们以较多的俸禄，这是为了体恤群臣；使用民役不误农时，少收赋税，这是为了爱民如子；经常视察考核，按劳付酬，这是为了招纳工匠；来时欢迎，去时欢送，嘉奖有才能的人，救济有困难的人，这是为了优待远客；延续绝后的家族，复兴灭亡的国家，治理祸乱，扶持危难，按时接受朝见，赠送丰厚，纳贡菲薄，这是为了安抚诸侯。

"时使薄敛"有"时使"和"薄敛"两个含义。"时使"是指在合适的时间使用民力，也就是征用民力的时候要在农闲的时候，不违农时。"薄敛"是指在向百姓征收赋税时，要轻一点，要尽量

---

① ［春秋］子思原著，徐儒宗译注：《中庸》，中华书局 2015 年版，第 327－328 页。

地减轻他们的负担。

## 二、《孟子》中的"取于民有制"

孟子，名轲，字子舆，邹国人。战国时期哲学家、思想家、教育家，是孔子之后、荀子之前的儒家学派的代表人物，与孔子并称"孔孟"，后人尊称其为"亚圣"。

《孟子》记录了孟子的治国思想和政治策略，是根据孟子和他的弟子记录并整理而成的。其中《鱼我所欲也》《得道多助，失道寡助》《生于忧患，死于安乐》等名篇都编入了中学语文教科书中。孟子最早提出"民贵君轻"思想，他宣扬"仁政"。赋税制度是君主施政的重要内容，《孟子》中也有涉及，其中最为著名的就是"取于民有制"，出自《孟子·滕文公上》。

**原文：**

民事不可缓也。《诗》云：昼尔于茅，宵尔索绹；亟其乘屋，其始播百谷。

民之为道也，有恒产者有恒心，无恒产者无恒心。苟无恒心，放辟邪侈，无不为己。及陷乎罪，然后从而刑之。是罔民也。焉有仁人在位罔民而可为也？是故贤君必恭俭礼下，取于民有制。

阳虎曰：为富不仁矣，为仁不富矣。

夏后氏五十而贡，殷人七十而助，周人百亩而彻，其实皆什一也。彻者，彻也；助者，藉也。

龙子曰：治地莫善于助，莫不善于贡。

贡者，校数岁之中以为常。乐岁，粒米狼戾，多取之而不为虐，则寡取之；凶年，粪其田而不足，则必取盈焉。为民父母，使民盼盼然，将终岁勤动，不得以养其父母，又称贷而益之，使老稚转乎沟壑，恶在其为民父母也？①

---

① ［战国］孟轲原著，方勇译注：《孟子》，中华书局2015年版，第90－91页。

**白话译文：**

人民的事情是刻不容缓的。《诗经》上说：白天赶紧割茅草，晚上搓绳到通宵。抓紧时间补漏房，开年又要种百谷。

人民百姓的生活道理是，有固定产业的人就有固定生活的信心，没有固定产业的人就没有固定生活的信心。如果没有固定生活的信心，就会放荡任性，胡作非为，无恶不作。等到陷入罪网，然后对他们施以刑罚，这等于是设下网罗陷害民众。哪里有爱民的国君当政，却干出陷害民众的事呢？所以贤明的君主必须谦恭俭朴，礼贤下士，向百姓征税有节制。

阳虎说过：能富贵的人都不仁爱，能仁爱的人都不会富贵。

夏朝时每家授田五十亩而实行贡法，商朝时每家授田七十亩而实行助法，周朝时每家授田一百亩而实行彻法，实际上征的税都是十分取一。什么叫彻法呢？彻就是抽取之意，助就是凭借的意思。

龙子说：管理土地的税制以助法为最好，而贡法最不好。

所谓贡法就是参照几年中的收成取一个固定数。不管丰年灾年，都要按照这个确定的税额征税。丰收年成，处处是谷物，多征收一些也不算苛暴，但却并不多收；灾年歉收，每家的收获量甚至还不够第二年肥田的费用，却一定要征足这个额定数。作为百姓父母的国君，即使子民百姓怒目而视，一年到头辛勤劳动，也不足赡养自己的父母，却还要靠借贷来凑足租税，致使老弱幼小在山沟荒野奄奄一息，哪里还称得上是百姓的父母呢？

"贡""助""彻"分别对应的是夏、商、周三个朝代的赋税制度。

"贡"是夏朝的赋税制度。"贡"字的原形是"共"字，即上供、提供的意思。"贡"的本义是指人们为祈祷丰收，用劳动所得奉祭神明，随后演变成劳动者自愿对部落首领的上供。随着私有制和国家的出现，这种对神明的奉献和对部落首领的上供逐渐演变成臣民向统治阶级的固定贡纳。夏朝的"贡"主要是土贡，土贡就是将土特产作为贡品。

"助"是殷商时期的赋税制度。与夏朝相比，殷商时期有了较成熟的土地制度，突出地表现在井田制的推广与运用。一片土地按"井"字形划分，四周八块为私田分给八个家庭自由耕种，中间的一块为公田，由八个家庭共同耕种，公田的产出即为上缴给国家的赋税，私田的产出不纳税。殷商时期的"助"法就是借民力以助耕公田，实为一种劳役地租。

"彻"是周代中后期的赋税制度。前朝的"助"法有着十分明显的局限性：农民只提供一定的劳役，对于公田的肥瘦贫瘠、收成的丰歉多寡造成的产量不均不负任何责任。此外，由于公田的产出都上缴给国家，因此民不肯尽力于公田的情况十分普遍。于是"百亩而彻"的"彻"法产生了。

"取于民有制"是指国家赋税的课征应该有所节制，并且应该以制度化的方式固定下来。西晋傅玄在其著《傅子·安民篇》指出："上不兴非常之赋、下不进非常之贡，上下同也，以奉常教，民虽输力致财，而莫怨其上者，所以务公而制常也。反之，役无常，横求相仍，弱穿迫，不堪其命。"[1] 傅玄认为国家赋役的征发，要有制度的保证，视民力而定，适可而止，主张"赋役有常"[2]。

北宋苏轼在以拟人化手笔为茶叶所写的一篇传记文《叶嘉传》中也提到过"用于国有节，取于民有制"[3]。

## 三、《尚书》中的"任土作贡"

《尚书》又称《书》《书经》，是一部多体裁文献汇编，内容主要是君王任命官员或赏赐诸侯时发布的政令。该书分为《虞书》

---

[1][2]　魏明安、赵以武：《傅玄评传》，南京大学出版社 1996 年版，第 225 页。

[3]　［宋］苏轼撰，张志烈、马德富、周裕锴主编：《苏轼全集校注（第十一册文集二）·叶嘉传》，河北人民出版社 2020 年版，第 1417 页。原文是："夫先王用于国有节，取于民有制，至于山林川泽之利，一切与民。"

《夏书》《商书》《周书》。战国时期总称《书》，汉代改称《尚书》，即"上古之书"。《尚书》被称为"政书之祖，史书之源"，构建了华夏文明最早的知识体系。

《禹贡》是《尚书》中《夏书》的第一篇。"禹"指的是夏朝的第一位君主大禹，"贡"，通"功"，禹贡，就是大禹的功绩。《禹贡》一文最为人熟知的内容是关于"天下九州"的划分，即冀州、兖州、青州、徐州、扬州、荆州、豫州、梁州、雍州。在以自然地理实体（山脉、河流等）为标志划分九州的基础上，《禹贡》对每州的疆域、山脉、河流、植被、土壤、物产、贡赋、少数民族、交通等自然和人文地理现象作了简要的描述，是一部关于中国先秦时期行政区划、经济地理、贡赋制度的著作。

**原文**（以扬州为例，其他州略）：

禹别九州，随山浚川，任土作贡。

禹敷土，随山刊木，奠高山大川。

……

淮海惟扬州。彭蠡既猪，阳鸟攸居。三江既入，震泽底定。筱簜既敷，厥草惟夭，厥木惟乔。厥土惟涂泥。厥田唯下下，厥赋下上，上错。厥贡惟金三品，瑶、琨筱、簜、齿、革、羽、毛惟木。鸟夷卉服。厥篚织贝，厥包桔柚，锡贡。沿于江、海，达于淮、泗。

……

九州攸同，四隩既宅，九山刊旅，九川涤源，九泽既陂，四海会同。六府孔修，庶土交正，底慎财赋，咸则三壤成赋。中邦锡土、姓，祗台德先，不距朕行。[①]

**白话译文：**

大禹根据高山河流的位置和走势把天下版图划分为九州，依据

---

① ［春秋］孔丘原著，陈戌国校注：《尚书》，岳麓书社 2019 年版，第 26－31 页。

土地的具体情况，制定贡赋的品种和数量。他依山而行，砍削树木
以通道路，以高山大河奠定界域。

……

淮河与黄海之间是扬州：彭蠡泽已经汇集了深水，南方各岛可
以安居。三条江水已经流入大海，震泽也获得了安定。小竹和大竹
已经遍布各地，这里的草很茂盛，这里的树很高大。这里的土是潮
湿的泥。田是第九等，赋是第七等，杂出是第六等。进贡的物品是
金、银、铜、美玉、美石、小竹、大竹、象牙、犀皮、鸟的羽毛、
旄牛尾和木材。东南沿海各岛的人穿着草编的衣服。这一带把贝锦
放在筐子里，把橘柚包起来作为贡品。这些贡品沿着长江、黄海到
达淮河、泗水。

……

九州由此统一了，四方的土地都已经可以居住了，九条山脉都
伐木修路可以通行了，九条河流都疏通了水源，九个湖泽都修筑了
堤防，四海之内进贡的道路都畅通无阻了。水火金木土谷六府都治
理得很好，各处的土地都要征收赋税，并且规定慎重征取财物赋
税，都要根据土地的上中下三等来确定它。中央之国赏赐土地和姓
氏给诸侯，敬重以德行为先，又不违抗我的措施的贤人。

《史记》有云："自虞夏时，贡赋备矣。"[1] 其根据就是这篇
《禹贡》。

所谓"任土作贡"，就是"任其土地所有，定其贡赋之差"，
即根据各地物产不同而确定贡纳物品的不同。"任土作贡"要求各
地出产什么，就向王朝贡纳什么，体现的是实物贡纳原则。

分等征赋则是《禹贡》的贡赋制度中的另一原则。

---

[1] ［西汉］司马迁：《史记》卷2《夏本纪》，中华书局1999年简体字本，第
66页。

表2-2反映了《禹贡》中九州土地等级与赋税等级。

表2-2 《禹贡》"九州"简介

| 州名 | 对应当今地理位置 | 土地类别 | 土地等级 | 田赋等次 |
|---|---|---|---|---|
| 冀州 | 河北省西南部、山西省南部 | 白壤（盐渍土） | 中中（5等） | 上上错（一等和二等） |
| 兖州 | 河北省东南部、山东省西北部、河南省北部 | 黑坟（灰棕壤） | 中下（6等） | 贞(正也,起码税意,九等) |
| 青州 | 山东省北部及东北部 | 白坟、海滨广斥（灰壤、海滨盐渍土） | 上下（3等） | 中上（四等） |
| 徐州 | 江苏省北部、安徽省东北部、山东省中部及东南部 | 赤埴坟（棕壤） | 上中（2等） | 中中（五等） |
| 扬州 | 上海市全市、江苏省南部、浙江省全省、安徽省中部及南部、福建省北部、江西省北部、湖南省东北部 | 涂泥（湿土） | 下下（9等） | 下上上错（七等、六等） |
| 荆州 | 湖北省大部分地区、湖南省大部分地区、重庆市东部、贵州省东北部 | 涂泥（湿土） | 下中（8等） | 上下（三等） |
| 豫州 | 安徽省西北部、河南省大部分地区、湖北省西北部 | 壤，下土坟垆（石灰性冲积土） | 中上（4等） | 错上中（二等、一等） |
| 梁州 | 重庆市大部分地区、四川省中部及东部、陕西省南部、甘肃省南部、青海省东南部 | 青黎（无石灰性冲积土） | 下上（7等） | 下中三错（七、八、九等） |
| 雍州 | 陕西省北部、甘肃省北部、青海省东北部、宁夏回族自治区全区 | 黄壤（淡栗盖土） | 上上（1等） | 中下（六等） |

《禹贡》评定各州土类的等级，主要是从肥沃和宜耕性两大方面考虑的。

通常情况下，土地等级的高低应与田赋等次相对应，但表2-2

中二者很不一致，甚至有相当大的偏差。这是因为在确定田赋等次时，除了考虑土地的等级外，还参考了其他因素，如所在地与国都的距离、自然灾害的频次、耕作方式、农作物种类等。

《禹贡》确立的田赋等次说明早在虞夏时期，统治者就意识到在赋税征收中应该坚持平均负担的原则。

## 四、《春秋》中的"初税亩"

五经中的《春秋》是指鲁国的史书，以编年体的方式记载了从鲁隐公元年（公元前722年）至鲁哀公十四年（公元前481年）共242年鲁国的重大历史事件。

关于《春秋》的作者，一般认为是孔子，其根据出自《孟子·滕文公下》：

世衰道微，邪说暴行有作，臣弑其君者有之，子弑其父者有之。孔子惧，作《春秋》。《春秋》，天子之事也。是故孔子曰："知我者其惟《春秋》乎！罪我者其惟《春秋》乎！"……昔者禹抑洪水而天下平，周公兼夷狄，驱猛兽而百姓宁，孔子成《春秋》而乱臣贼子惧。[1]

后世儒家学者一致认为，孔子编定《春秋》，寓说理于叙事之中，体现出来的褒善贬恶的政治理性，成为后世所流传的"春秋大义"。希望借此提供"历史经验"，警戒后人。后来人们称这一写作方法为"春秋笔法"。《春秋》面世之后，世间有无数"微言大义"的论者，更有众多"成仁取义"的志士，让历代"乱臣贼子"为之却步。也就是"春秋大义"震慑了乱臣贼子，"春秋笔法"刺痛了乱臣贼子。

---

[1]　［战国］孟轲原著，方勇译注：《孟子》，中华书局2015年版，第121页。

后世的左丘明、公羊高、谷梁氏等学者对《春秋》进行了注释，各自编纂成书并产生了重大影响，也就是后世所说的春秋三传：《春秋左传》（简称《左传》）、《春秋公羊传》（简称《公羊传》）、《春秋谷梁传》（简称《谷梁传》）。后人对《春秋》的学习研究也主要是围绕着春秋三传展开的。

因为是对鲁国历史进行的记录，所以鲁国历史上的重要赋税改革在春秋三传中都有记载，这其中最著名的当数"初税亩"，记录在《宣公十五年》。

《春秋》经书中的原文如下：

十有五年春，公孙归父会楚子于宋。

夏五月，宋人及楚人平。六月癸卯，晋师灭赤狄潞氏，以潞子婴儿归。秦人伐晋。王札子杀召伯、毛伯。

秋，螽。仲孙蔑会齐高固于无娄。初，税亩。

冬，蝝生。饥。①

《春秋左传》中关于"初税亩"的解释如下：

初税亩，非礼也。谷出不过藉，以丰财也。②

意思是：鲁国开始按田亩征税，这是不合于礼的。过去的征税方法是所征的稻谷不超过"藉"的规定，这是用以增加财货的办法。

《春秋公羊传》中关于"初税亩"的解释如下：

初税亩。

初者何？始也。税亩者何？履亩而税也。

初税亩何以书？讥。何讥尔？讥始履亩而税也。

何讥乎始履亩而税？

古者什一而藉。古者曷为什一而藉？

---

① 傅隶朴：《春秋三传比义》（中），中国友谊出版公司 1984 年版，第 237 页。
② ［春秋］左丘明著，陈成国校注：《春秋左传》，岳麓书社 2019 年版，第 394 页。

什一者天下之中正也。

多乎什一，大桀、小桀；寡乎什一，大貉、小貉。

什一者天下之中正也，什一行而颂声作矣。①

意思是："初税亩"是按田亩征税的开端。按田亩征税并不合适，应该批评这种赋税制度。古代都实行的是什一税，即按收成的十分之一缴纳赋税，因为十分之一是最公正的。征收赋税比十分之一还多，就如同夏桀（夏朝的最后一位君主，横征暴敛，为后世公认的暴君）一样。征收赋税比十分之一还少，就如同北方的部落貉一样（"貉"，音mò，是古代东北方的一个少数民族部落，相传他们实行的是二十税一的税制，比什一税低一半），也不合适。天下的赋税，还是十分之一最合适，值得称颂。

《春秋谷梁传》中关于"初税亩"的解释如下：

初税亩。初者始也。

古者什一，藉而不税。

初税亩，非正也。

古者三百步为里，名曰井田。

井田者，九百亩，公田居一。

私田稼不善，则非吏；公田稼不善，则非民。

初税亩者，非公之去公田而履亩十取一也，以公之与民为已悉矣。②

意思是：初税亩违背了周礼正道。以前的井田制面积是九百亩，其中有一块是公田。公田的产出全部作为赋税，私田的产出则不用再交税。初税亩制度履亩而税，按田亩征税，不分公田、私田，凡占有土地者均按土地面积纳税，税率为产量的十分之一。

---

① ［战国］公羊高著，李维琦、邹文芳注译：《春秋公羊传》，岳麓书社2021年版，第243－244页。

② 傅隶朴：《春秋三传比义》（中），中国友谊出版公司1984年版，第237页。

春秋三传对"初税亩"的解释和评价基本一致。即初税亩取代了之前区分公田和私田的籍法，统一按田亩征税，是违背了周代礼法的，是不对的。

## 五、《论语》中的"五美四恶"

《论语》是孔子及其弟子的语录结集，由孔子弟子及再传弟子编写而成。《论语》是儒家最重要的经典之一，是了解儒家思想和中国传统文化最基本的典籍。全书共二十篇四百九十二章，以语录体为主、叙事体为辅，主要记录孔子及其弟子的言行，较为集中地体现了孔子的政治主张、伦理思想、道德观念及教育原则等。《论语》对中国的影响极其深远，其中做人的道理、处世的智慧，早已沉淀到中华民族的血液里，成为中华民族精神和智慧的源泉。

《论语》中的"五美四恶"说的是为官从政的要领。

**原文：**

子张问于孔子曰："何如斯可以从政矣？"

子曰："尊五美，屏四恶，斯可以从政矣。"

子张曰："何谓五美？"

子曰："君子惠而不费，劳而不怨，欲而不贪，泰而不骄，威而不猛。"

子张曰："何谓惠而不费？"

子曰："因民之所利而利之，斯不亦惠而不费乎？择可劳而劳之，又谁怨？欲仁而得仁，又焉贪？君子无众寡，无小大，无敢慢，斯不亦泰而不骄乎？君子正其衣冠，尊其瞻视，俨然人望而畏之，斯不亦威而不猛乎？"

子张曰："何谓四恶？"

子曰："不教而杀谓之虐；不戒视成谓之暴；慢令致期谓之贼；

犹之与人也，出纳之吝谓之有司。"①

**白话译文：**

子张问孔子说："怎样才可以治理政事呢？"

孔子说："尊重五种美德，排除四种恶政，这样就可以治理政事了。"

子张问："五种美德是什么？"

孔子说："君子要给百姓以恩惠而自己却无所耗费；使百姓劳作而不使他们怨恨；要追求仁德而不贪图财利；庄重而不傲慢；威严而不凶猛。"

子张说："怎样叫要给百姓以恩惠而自己却无所耗费呢？"

孔子说："让百姓们去做对他们有利的事，这不就是对百姓有利而不掏自己的腰包嘛。选择可以让百姓劳作的时间和事情让百姓去做。这又有谁会怨恨呢？自己要追求仁德便得到了仁，又还有什么可贪的呢？君子对人，无论多少、势力大小，都不怠慢他们，这不就是庄重而不傲慢吗？君子衣冠整齐、目不斜视，使人见了就让人生敬畏之心，这不也是威严而不凶猛吗？"

子张问："什么叫四种恶政呢？"

孔子说："不经教化便加以杀戮叫作虐；不加告诫便要求成功叫作暴；不加监督而突然限期叫作贼，同样是给人财物，却出手吝啬，叫作小气。"

这是子张向孔子请教为官从政的要领。孔子讲了"五美四恶"，这是他政治主张的基本点，其中包含有丰富的"民本"思想，比如，"因民之所利而利之""择可劳而劳之"，反对"不教而杀""不戒视成"的暴虐之政。从这里可以看出，孔子对德治、礼治社会有自己独到的主张，在今天仍不失其重要的借鉴价值。

---

① ［春秋］孔丘原著，陈晓芬译注：《论语》，中华书局 2015 年版，第 240 页。

这段关于"五美四恶"的对话虽然没有直接涉及赋税的内容，但其中的"劳而不怨""择可劳而劳之"实际上就是指君主在征发徭役的时候要在民众适合的时间，而不要违背农时，不要影响农业生产，这样才不会引起民众的怨恨。

## 六、《大学》中的"德本财末"

《大学》是一篇论述儒家修身治国平天下思想的散文，原是《礼记》第四十二篇，是一部中国古代讨论教育理论的重要著作，主要概括总结了先秦儒家道德修养理论，以及关于道德修养的基本原则和方法。宋、元以后，《大学》成为学校官定的教科书和科举考试的必读书，对中国古代教育产生了极大的影响。《大学》提出的"三纲领"（明明德、亲民、止于至善）和"八条目"（格物、致知、诚意、正心、修身、齐家、治国、平天下），强调修己是治人的前提，修己的目的是治国平天下，说明治国平天下和个人道德修养的一致性。《大学》全文文辞简约、内涵深刻、影响深远，对儒家政治哲学也有系统的论述，对做人、处事、治国等有深刻的启迪性。

《大学》中的《平天下先治国》是《大学》的最后一章，具有结尾的性质。全章在阐释"平天下在治其国"的主题下，具体展开"君子絜矩之道""民心的重要""德行的重要""如何用人""义利之争"五个问题，其中提到的君子应以德为本、财为末，实际上就隐含"轻徭薄赋"的思想。

**原文：**

……

是故君子先慎乎德。有德此有人，有人此有土，有土此有财，有财此有用，德者，本也；财者，末也。外本内末，争民施夺。是故财聚则民散，财散则民聚。①

······

**白话译文：**

······

有德行才会有人拥护，有人拥护才能保有土地，有土地才会有财富，有财富才能供给使用，德是根本，财是枝末，假如把根本当成了外在的东西，却把枝末当成了内在的根本，那就会和老百姓争夺利益。所以，君王聚财敛货，民心就会失散；君王散财于民，民心就会聚在一起。

······

这一段将薄赋敛的思想与国家社会治安结合起来，主张轻税，反对聚敛。对于国家的安危而言，"故财聚则民散，财散则民聚""得众则得国，失众则失国"，因此必尽疏民力。

这一段还将薄赋敛思想与思想道德联系在一起，提出"德本财末"的观点。"有德此有人，有人此有土，有土此有财，有财此有用，德者，本也；财者，末也。"即只有以德治国，税收才有可靠的基础；只有以义导利，税收才有充足的来源。这种德财思想，一直为后人所称道和继承。

## 第五节　四书五经中的赋税思想

### 一、《尚书》中的赋税思想

中国古代文献中，最早反映出税收思想的是《尚书》。

---

① ［春秋］曾子原著，徐儒宗译注：《大学》，中华书局 2015 年版，第 276 页。

《尚书·洪范》一文中提出了"农用八政，食货为先"的重视财政经济问题的观点。

《尚书·大禹谟》记载："禹曰：於！帝念哉。德惟善政，政在养民。"[①]其中"养民"隐含有发展社会经济以扩大税源之意，对以后的税收思想的形成与发展产生了深远的影响，也成为中国历代思想家谈论培养税源反对聚敛的专用名词。

《尚书·多方》记载："今尔奔走臣我监五祀，越惟有胥伯小大多正，尔罔不克臬。"[②]意思是：告诉你们各国官员和殷国的官员，到现在你们奔走效劳臣服我周国已经五年了，所有的徭役赋税和大大小小的政事，你们没有不能遵守法规的。

《多方》是《尚书·周书》中的一篇。这是周公赞许各诸侯在赋税徭役方面遵纪守法的一段话，表明了赋役应符合一定规范的思想，也是用于考察官员政务绩效的标准。

后人对《尚书》中研究颇深的《禹贡》体现的是量能负担和平均负担的思想。前已述及，根据大禹划分九州及土地等次和赋税等级的规定，可以反映出任土作贡的原则。如冀州、扬州、荆州、豫州地理条件比较好，赋税就相对较高；而兖州、青州、徐州、梁州、雍州则因为地理条件较差，税收负担就相对较轻。另外，除了考虑土地的质量，还要考虑距离国都的远近来确定赋税，甚至还要考虑到遭受自然灾害的频次，体现了税负平均的思想。如雍州和徐州虽然田地等级高，但因离国都较远或交通不便赋税等级就较低。兖州因常遭水患，在水灾年份会免缴赋税。

## 二、《诗经》中的赋税思想

《诗经》是描述民间劳动者的生产活动和统治阶级活动的文学

---

① ［春秋］孔丘原著，陈戍国校注：《尚书》，岳麓书社2019年版，第14页。
② ［春秋］孔丘原著，陈戍国校注：《尚书》，岳麓书社2019年版，第165页。

作品，尽管在大多数情况下，后人都不把《诗经》作为历史考察的论据，但在该书中仍然可以寻找到一些关于税收思想的词句。比如脍炙人口的"普天之下，莫非王土；率土之滨，莫非王臣"①，反映了天下所有土地都是征税范围、天下所有臣民都是纳税义务人的思想。

《诗经》中有相当多的词句是描写赋税沉重、人民不堪其苦的状况，都在不同程度折射出要求薄赋省敛的税收思想。

"四方有羡，我独居忧。民莫不逸，我独不敢休"②，出自《小雅·十月之交》，意思是：四方的人都富裕，我独一人困居悲忧。人民无不安逸，我独一人不敢休息。

"胡为我作，不即我谋？彻我墙屋，田卒污莱"③，出自《小雅·十月之交》，意思是：为什么让我服劳役，不来和我商谋。拆毁我们的墙屋，田里尽是污水野草。

"大夫不均，我从事独贤"④，出自《小雅·北山》，意思是：大夫派事不公平，我做的事最劳苦。

"人有土田，女反有之。人有民人，女覆夺之。此宜无罪，女反收之。彼宜有罪，女覆说之"⑤，出自《大雅·瞻卬》，意思是：人家有土田，你反而占有它。人家有奴隶，你倒夺取他。这人应该无罪，你反而拘捕他。那人应该有罪，你反而解脱他。

"九月筑场圃，十月纳禾稼。黍稷重穋，禾麻菽麦。嗟我农夫，我稼既同，上入执宫功。昼尔于茅，宵尔索绹，亟其乘屋，其始播百谷"⑥，出自《豳（bīn）风·七月》，意思是：九月筑打谷场，

---

①④　正坤编：《诗经》，中国文史出版社 2003 年版，第 402 页。

②　正坤编：《诗经》，中国文史出版社 2003 年版，第 359 页。

③　正坤编：《诗经》，中国文史出版社 2003 年版，第 358 页。

⑤　吴广平、彭安湘、何桂芬导读注译：《诗经》，岳麓书社 2019 年版，第 204 页。

⑥　吴广平、彭安湘、何桂芬导读注译：《诗经》，岳麓书社 2019 年版，第 129 页。

十月收藏庄稼。黍子高粱、早熟稻、晚熟稻，粟麻豆麦。叹我们这些农夫，我们的庄稼都已集中，还得入内做修房屋的事。白天割茅草，夜里搓绳子，赶快去修屋，将要开始播种百谷。

"坎坎伐檀兮，置之河之干兮，河水清且涟猗。不稼不穑，胡取禾三百廛兮？不狩不猎，胡瞻尔庭有县貆兮？彼君子兮，不素餐兮！"① 出自《魏风·伐檀》，意思是：坎坎地砍伐檀树啊，把它放在河的岸上啊。河水清清又起了微波哟。不播种不收割，为啥取禾把三百束啊。不冬狩不夜猎，为啥瞧你庭院里有挂着的猪獾啊？那位君子啊，不白吃饭啊！

以上这些诗句，都表达了劳动者对所承受的赋役负担强烈不满，以及对赋役不公的指责和对受苛税的反抗精神。而这些淳朴的语言，通过诗歌的形式表现出普遍要求减轻税收负担的强烈愿望。

## 三、孔子在《论语》《春秋》中体现的赋税思想

孔子的赋税思想体现在《论语》《春秋》中，可以归纳为"尊重周礼、轻薄赋敛、公平税负、使民有时"。

尊重周礼指的是赋税的征收要遵守周朝礼制的规定。就具体的制度而言，就是所谓"周公之籍"，即西周时期所实行"籍"法，也就是百姓助耕公田的劳役税制度。鲁国在公元前594年进行赋税制度改革，不分公田私田，一律按亩征税，也就是"履亩而税"，简称"税亩"。因为是鲁国首次实行，故又称为"初税亩"。在"税亩"之前加一个"初"字，是谴责这一改革开了破坏西周传统税制的头。春秋三传用不同的语言反映了孔子对"初税亩"的不满，如《春秋左传》中"非礼"、《春秋公羊传》中的"讥"、《春

---

① 吴广平、彭安湘、何桂芬导读注译：《诗经》，岳麓书社 2019 年版，第 102 页。

秋谷梁传》中"非正"。公元前 483 年，鲁国季孙氏进行"以田赋"的改革，并派冉求去征求孔丘的意见，孔丘拒不回答。由于季孙氏按田亩征收军赋违背了西周"籍田以力，而砥抵其远迩"的籍法，所以孔丘极为不满，大加鞭挞。在孔丘看来，任何违背周礼的赋税改革都是必须反对的。除了在税制上的"籍"法之外，在税率上，孔子强调应该坚持"彻"法，也就是十分之一，即什一税，这一思想也深刻影响了孔子的学生。这一点在孔子学生有若与鲁哀公的对话中体现得很明显。当鲁国国君问孔子的学生有若，如果发生了饥荒国家财用不足应该怎么办？有若回答说为什么不采用彻法呢？哀公说：现在抽十分之二，我还不够，怎么能实行彻法呢？有若说：如果百姓的用度够，您怎么会不够呢？如果百姓的用度不够，您怎么又会够呢？

这段对话在《论语》中的原文是这样的：

哀公问于有若曰：年饥，用不足，如之何？有若对曰：盍彻乎。曰：二，吾犹不足，如之何其彻也？对曰：百姓足，君孰与不足。百姓不足，君孰与足。①

"轻薄赋敛"是孔子又一重要的赋税思想。孔子特别强调"富民"的重要性，认为最重要的是"民、食、丧、祭"这四件事，在有了足够的人口以后，就要"富之"。循着这种富民思想的轨迹，必然得出轻薄赋敛的结论。他反对统治者对百姓的无厌搜刮即"聚敛"，主张"施取其厚，事举其中，敛从其薄"。当他的门人冉求帮助鲁国大夫季孙增加税赋时，孔子就指责他是"为之聚敛而附益之"，不承认他是门徒，要其他门人"鸣鼓而攻之"。总之，任何增加赋税的办法，不论增加多少及客观需要如何，他都指为"聚敛"而加以反对。同时，孔子主张要平均负担。耳熟能详的古语

① ［春秋］孔丘原著，陈晓芬译注：《论语》，中华书局 2015 年版，第 142 页。

"不患寡而患不均，不患贫而患不安"① 出自《论语·季氏篇》。

"使民以时"是孔子强调的另一条重要赋役原则。时，指一年中适合征调民夫从事徭役的时间。所谓"使民以时"，就是要求使民于农闲之时，徭役不影响农业生产。在《春秋》中，凡国家重大徭役，孔子都进行了记载。记载冬季征发徭役，是肯定其遵循了"使民以时"的原则。记载春夏秋征发徭役，则是对侵占农时的谴责。孔子认为，征发徭役必须符合礼。按照礼的要求役使百姓，百姓就乐于听从，"上好礼，则民易使也"。农闲时间使用民力，征发劳役，不影响生产，人民就会"劳而不怨""择可劳而劳之，又谁怨?"

孔子的赋税思想为后儒所继承，成为历代儒家的税收主张，尤其是在西汉武帝以后，孔子的思想成为两千年封建文化的正统，他的税赋思想对历代封建政府税收政策的制定有很大的影响。

## 四、《孟子》中的税收思想

孟子作为新兴地主阶级的代言人，基于时代的要求，在继承孔子若干经济原则的基础上，提出了自己的赋税思想，在《孟子》中有所反映，主要体现在以下两个方面。

### （一）制民恒产

税收来源于社会剩余产品，是社会剩余产品的一部分，是广大劳动人民生产创造出来的。税收来源的根本在于劳动力与生产资料，因此税收政策既要考虑如何开辟税源，又要保护税本。孟子提出保护税本的方法就是制民恒产。因为人民是创造财富的主体，土

---

① ［春秋］孔丘原著，陈晓芬译注：《论语》，中华书局 2015 年版，第 198 页。

地是最基本的生产资料。人民和土地是国家税收之根本。这里的政事就包括制定赋税政策，让人民拥有土地，即"易其田畴"，"易"指"治理"，"田畴"指土地。人民该拥有多少土地才能解决温饱问题？孟子给出了明确的答案："五亩之宅，树墙下以桑，匹妇蚕之，则老者足以衣帛矣……百亩之田，匹夫耕之，八口之家足以无饥矣。"[①] 即"五亩之宅"和"百亩之田"就可以满足人民的基本生活需要。

### （二）取民有制

孟子主张国家赋税的征收应该有一个明确固定的制度，不能由统治者随心所欲地任意开征。具体就税制而言应该是符合什一之税的税率要求和不违农时的征收时间。在征收的税率方面，孟子主张对农村实行九分之一赋率的助法，对城市采用十分之一税率的贡法："耕者九一""国中什一使自赋"。

孟子在参考了夏商周三代的赋税法之后得出结论：在农业税收上"助"是最好的课税方式，而"贡"是最差的课税方式。他引用了古代一位贤者龙子的话来证明，"龙子曰：'治地莫善于助，莫不善于贡'"[②]。

孟子强调国家财政收入必须满足一般性的国家机器正常运转，如城郭、宫室、宗庙、祭祀支出，诸侯币帛、百官有司的行政费用，都需要征税来提供，因此税率不能太低，因此孟子反对重税也反对轻税，"白圭曰：'吾欲二十而取一，何如？'孟子曰：'子之道，貉道也。万室之国，一人陶，则可乎？'……陶以寡，且不可以为国，况无君子乎？欲轻之于尧舜之道者，大貉、小貉也；欲重

---

① ［战国］孟轲原著，方勇译注：《孟子》，中华书局 2015 年版，第 268 页。
② ［战国］孟轲原著，方勇译注：《孟子》，中华书局 2015 年版，第 90 页。

之于尧舜之道者，大桀、小桀也"①。

孟子的税收思想是继承孔子而来，但是相比起来更具体。孟子的税赋思想主要体现为其民本思想，同时也是孟子仁政学说的重要内容之一，他在税收中提出的"仁政"的观点对后世影响很大。

---

① ［战国］孟轲原著，方勇译注：《孟子》，中华书局2015年版，第248－249页。

# 3

# 史学专著中的税收

中国有着悠久的历史，记录历史的书籍可谓汗牛充栋。

从最早的编年体史籍《春秋左传》，到"成一家之言"的《史记》，再到被统治者评价为"鉴于往事，有资于治道"的恢宏世著《资治通鉴》，无不凝结着历代治史学者的智慧与心血。对历代统治者而言，财税赋役制度对国计民生、社会稳定、阶级关系和经济增长都有着重大的影响，因此也成为历代史籍的重要内容，不少史学专著有专门的篇章来记叙，如《史记》中的《平准书》《货殖列传》和二十四史中的《食货志》等，本章就这些内容进行重点介绍。

## 第一节　《史记》中的税收

### 一、《史记》简介

"史家之绝唱，无韵之离骚。"① 这是鲁迅先生对《史记》的评价。

---

① 鲁迅：《中国小说史略》，商务印书馆 2017 年版，第 393 页。

这一评价的前一部分"史家之绝唱"指的是《史记》的史学价值，即作品中的记载使后世有案可稽、有史可究。后一部分"无韵之离骚"则是对《史记》文学手法的肯定。《离骚》是著名爱国诗人屈原的诗词名作，是浪漫主义的代表作品，抒发了屈原的所思所悟所感。而鲁迅先生称《史记》为不押韵的《离骚》，实则就是肯定了它文末笔者的主观想法（即每一章的"太史公曰"部分）以及其所带有的文学性。

《史记》是西汉史学家司马迁撰写的纪传体史书，是中国历史上第一部纪传体通史，记载了上至上古传说中的黄帝时代、下至汉武帝太初四年间共三千多年的历史。司马迁于太初元年（公元前104年）开始《史记》（时称《太史公书》）的创作，历时十四年才得以完成。《史记》全书包括十二本纪（记历代帝王政绩）、三十世家（记诸侯国和汉代诸侯、勋贵兴亡）、七十列传（记重要人物的言行事迹，少数列传则是少数民族史和外国史，其中最后一篇为自序）、十表（大事年表）、八书（记各种典章制度记礼、乐、音律、历法、天文、封禅、水利、财用），共一百三十篇，五十二万六千五百余字。

《史记》被列为"二十四史"之首，与后来的《汉书》《后汉书》《三国志》合称"前四史"，对后世史学和文学的发展都产生了深远影响。《史记》首创的纪传体编史方法为后来历代"正史"所传承。

《史记》不仅是一部史学世著，还被公认为是一部优秀的文学著作，具有很高的文学价值，在中国文学史上有重要地位。

秦的统一，结束了春秋战国时期百家争鸣的局面，但这种统一只是政治上的。具有敏锐历史感的人都意识到，为适应政治上大一统的需要，学术文化上的综合整理、归纳总结的工作势在必行。司马迁的父亲司马谈的《论六家要旨》，正是这些工作的一部分。

司马迁撰著《史记》，也体现了这种意识，用司马迁自己的话说："究天人之际，通古今之变，成一家之言。"[1] 在司马迁看来，周公之后五百年，孔子撰著《春秋》，孔子至今，又五百年过去了，应该有人来"厥协《六经》异传，整齐百家杂语"[2]。司马迁宽广的视野和不羁之才，以及史官世家的职守，都让他成为这一使命当仁不让的承担者。

《史记》在史学上的主要成就是开创了纪传体史书的编纂体例。司马迁第一次将本纪、表、书、世家和列传五种体裁综合运用，而且十分纯熟，成为后世史书的范例。

《史记》的不朽，不仅仅在于它史实的准确，更在于其中贯穿着一种恢宏的历史意识。这种意识使司马迁把眼光投射到社会各个阶层。他不仅为王公贵胄、地主商贾、文人学者立传，甚至为游侠刺客、龟策日者等社会底层人物写了传记。这种意识使司马迁不仅注意到境内的少数民族，如匈奴、西南夷、东越和南越，而且注意到了境外的世界，如大宛、乌孙、大月氏和安息等。同样是这种意识，使司马迁认清了现实社会的弊病，不仅批评前代皇帝，而且批评本朝皇帝甚至当今皇帝，如"赏太轻、罚太重"说的是汉文帝、"穷兵黩武，卖官鬻爵"说的是汉武帝。这一切都使得《史记》成为一部真正的"通古今之变，成一家之言"的通史。

《史记》不仅记载了社会表面的政治现象、记载了思想文化，甚至对经济活动也著书立传，《平准书》《货殖列传》就是典型代表。《史记》中与税收有关的内容也主要出自这些部分。

---

① ［东汉］班固：《汉书》卷62《司马迁传》，中华书局1999年简体字本，第2068页。

② ［西汉］司马迁：《史记》卷130《太史公自序》，中华书局1999年简体字本，第2508页。

## 二、《平准书》中的税收

"书"是关于对社会的经济、政治、文化各个方面的专题记载和论述。《史记》之后的正史称为"志"。

《平准书》是《史记》的八书之一。其他七书为：《礼书》《乐书》《律书》《历书》《天官书》《封禅书》《河渠书》。

"平准"一词源自春秋时期的管仲。管仲辅助齐桓公治理齐国时，通轻重之权，曰：

> 岁有凶穰，故谷有贵贱；令有缓急，故物有轻重。人君不理，则畜贾游于市，乘民之不给，百倍其本矣。故万乘之国必有万金之贾，千乘之国必有千金之贾者，利有所并也。计本量委则足矣，然而民有饥饿者，谷有所藏也。民有余则轻之，故人君敛之以轻；民不足则重之，故人君散之以重。凡轻重敛散之以时，即准平……①

"平准"当由此"轻重敛散之以时"的"准平"演变而来。

所谓"平准"，就是以国家之力平抑物价，保证国家财政收入与商业的正常流通，也就是国家实行宏观调控来调节经济发展。《平准书》主要介绍自西汉建国以来到汉武帝即位时的经济状况，以推求社会演变和社会风气的变化情形。《太史公自序》云："维币之行，以通农商，其极则玩巧，并兼兹殖，争于机利，去本趋末。作《平准书》以观事变。"②

作为先秦时期就有的经济思想，汉武帝的财经大臣桑弘羊（其官职为大农令）将其进行了制度化设计。他从中央派了几十个大农

---

① ［东汉］班固：《汉书》卷24《食货志》，中华书局1999年简体字本，第965页。

② ［西汉］司马迁：《史记》卷130《太史公自序》，中华书局1999年简体字本，第2498页。

部丞到各地贸易中心任职，主要观察当地的生产和市场：当这个地方生产的货物盛产、价钱低廉的时候，就进行大量收购；等到货物缺乏、价钱腾高的时候，再把收购的货卖出去，或者运到比较缺乏这个货物的地方。这样，朝廷又能获得一笔相当可观的收入。桑弘羊建立了这套朝廷买卖系统主要工作有两个方面：一个是"平"，在当时的意思就是看时机，贱买贵卖；另一个叫作"准"，借由各个地方之间的互通有无，把一个地方盛产因而价值比较低的东西，运到不产或少产这个东西的地方，换来比较高的价值。这套制度就叫作"平准"。

司马迁在《史记》八书中的《平准书》里，特别凸显"平准"两个字，以此彰示汉武帝时期国家财政的重要性。

《平准书》是司马迁对于"通古今之变"在经济方面的一个积极思考。不论是"盐铁专营"还是"算缗令"，从财政税收的角度来看，都是政府从民间取得财富，或者说是财富在国家和民间的重新分配。那么该如何分配？或者换一个问法，是该"藏富于国"还是"藏富于民"？司马迁在《平准书》里面并没有直接回答，但仔细品读《平准书》，尤其是读其中与司马迁极其推崇的人物卜式有关的细节，不难发现，司马迁是反对国家与民争利的。

卜式是《平准书》中一个非常关键的人物。

卜式是河南人，来自一个农牧家庭，双亲很早过世，只剩下他和一个弟弟。待弟弟稍微长大之后，卜式就主动跟弟弟分家，怎么分呢？他把家里面最有价值的田宅、财物等，通通留给了弟弟，自己只留了百余头羊，然后进山以牧羊为生。过了十几年，卜式的羊群长得非常好，百余头羊变成千余头，他也买了田宅，他弟弟却已经把家财都败光了。卜式非常慷慨，弟弟败光原来的家产后，他又把财产分了一部分给弟弟。

卜式不只对弟弟慷慨，他对朝廷也很慷慨。汉武帝的时候，最重要的军事行动就是要攻打匈奴，所以卜式主动上书，愿意捐出家产的一半，并特别指定用途是要助边。这个捐献家财的奇特愿望当然让汉武帝很好奇，就派人去问卜式说："你献出家财是要当官吗？"

卜式说："我从来就只会牧羊，没学过怎么样当官，我不要当官。"

使者问："那你家里有冤屈吗？是要通过献出财产上报你的冤屈吗？"

卜式说："没有。我毕生跟别人没有任何纷争。我的邻居如果有人穷，我就借钱给他；有不好的人，我就想尽办法教他怎么样变好。我周围的人跟我都很好，跟随着我，我怎么可能跟别人有那么复杂的恩怨，还需要请天子或公家帮忙处理呢？这也不是我要的。"

使者又问："那你到底要干什么呢？"

卜式很直接地回答说："天子诛匈奴，愚以为贤者宜死节于边，有财者宜输委，如此而匈奴可灭也。"

使者把这些话带回朝廷，大家都开始讨论，丞相公孙弘一听就说："此非人情，不轨之臣，不可以为化而乱法。"他的意思是，哪有人单纯天真到真的只是为了帮助朝廷打匈奴，就把家产分一半？里面一定有诡诈，绝对不能鼓励这种行为，即使卜式没有承认，"愿陛下勿许"。所以，汉武帝就没理卜式。但卜式还是一而再再而三地上书，要把家产捐出来，汉武帝依然没理。过了好几年，卜式才放弃了。

可是经过了几年，又发生了"县官废重、仓府空"的情况。由于不断开边的耗费，以及水涝、旱灾造成的歉收，出现了大量吃不饱饭的贫民和流民。卜式知道了，就拿了二十万钱给了河南太守，让他用来赈济这些贫民和流民。

后来，河南太守将捐钱的富人名单送到朝廷，汉武帝就看到了熟悉的名字——卜式。他说："这不就是上次要捐一半家产来助边的那个人吗？看来，我不答应他助边，他还是用这种方式慷慨地捐输。"这个时候，他觉得一定要鼓励卜式，让卜式赈济四百个人，这四百个人可以免除田赋和徭役。

在《平准书》里面，这段历史被司马迁分成前后两件事来写。在前面，主要讲经过国家财政的各种变化，由于朝廷没有足够的用度，就把脑筋动到了那些富人的财产身上。朝廷恢复了一条古老的法令，开始征收财产税，且特别针对那些有钱的富人家。

这就回到了刚刚所提到的，这个帝国有很多统治机制其实是不完整的。在现代，政府用什么样的方式征税、知道你有多少的财产、该怎么征，这是一套非常复杂的机制。更重要的是，它必须掌握一套非常庞大的数据，让这些数据彼此之间互相考稽，要不然政府怎么会知道一个人究竟有多少财产，又怎么以他的财产作为基数来征财产税呢？

那时候当然不可能有这种庞大的资料库，在如此早熟、粗糙的国家统治机制条件下，朝廷只能用最简单的方法——自告，你自己说有多少财产。如果你说自己有四百钱，政府就按一定的比例征收你的赋税。我们或许觉得这个办法很可笑，因为每个人私心里，一定是想尽办法少报，最好是说自己完全没有财产，怎么可能自告出真实的状态呢？没错。所以和这个自告相应，就有了另外一种方法，就是同时征集"能告者"，每个人都被用各种方式监视着，鼓励知道你家里状况的人来告密。

举个简单的例子，比如说一个有钱人，说家里的全部财产是四千钱，可是他的邻居去告诉朝廷："不是不是，我们算过了，他应该有一万钱。"于是朝廷就可以去调查这个人。如果调查后发现他的确有一万钱，就把其中的一半，也就是五千钱，送给告密的人，另外五千钱没收充公。用这种方式，其实是对每个人的威吓，同时也就鼓励了各式各样的告密者，一时之间告密者满天下。基本上所有有钱的人都被告了，而且大概有九成的有钱人都被发现没有忠实地报告自己的财产。

为什么讲完这一段之后，就特别讲卜式的故事呢？这是司马迁用曲笔在告诉我们，为了让国家有更多的收入，汉武帝的做法在社会上产生的扭曲效果。

汉武帝后来表扬卜式："是时富豪皆争匿财，唯式尤欲输之助费。天子于是以式终长者，故尊显以风百姓。"

这么多有钱人，每个人都想尽办法来隐匿，以至必须要用告密的方式让他们把钱财拿出来。而卜式，没有人去跟他要，他却主动要把一半家产送给朝廷，当时从天子到丞相都不相信他的诚意，即使如此，他都没有改变对国家的耿耿效忠，在国家有难的时候继续大批捐输。皇帝就想，如果有钱人都像卜式一样，那我们国家的财用不就没有问题了吗？

按照汉武帝表扬卜式的用心，他希望豪富之家都学卜式，国家财政问题自然就解决了，社会问题、社会风气也维持住了。但事实当然不可能如此，所以司马迁在后面用了很简短的一句话："天子既下缗钱令而尊卜式，百姓终莫分财佐县官。"①

天子再怎样表扬卜式，还是没有人愿意把钱捐出来给朝廷用，这就意味着朝廷不可能不采取强迫的手段了。于是，环绕着国家财政的政策，汉武帝实质上在鼓励酷吏们用最残酷的方式来欺压这个社会，让社会不得不把钱财拿出来。司马迁用他敏锐的观察告诉我们，整个汉武帝朝的酷吏风气的起源，不完全是因为治安不好，还来自经济、财政。用这种方法将这些历史现象牵连起来之后，对于我们如何思考政府统治、法令，以及社会之间的关系，都有非常多

---

① ［西汉］司马迁：《史记》卷30《平准书》，中华书局1999年简体字本，第1214页。

的启发。

汉武帝表扬主动贡献财产的卜式，接下来，他还要对卜式进行奖赏。他把卜式招到宫廷里来，要拜卜式为郎。卜式一开始说不想当官，也不会当官，于是汉武帝就对他说："我没有让你当官，你不是会养羊吗？你来帮我养羊吧。我的上林苑里也有羊，我把这些羊交给你，你作为一个郎，唯一需要做的事情就是帮我养羊。你不用穿官服，也不用参加所有的仪式。"

所以，表面上卜式做了官，但是真正的工作是在上林苑帮皇帝养羊。过了一年多，他养的羊非常好，汉武帝特别高兴，就问："你怎么那么会养羊？"卜式说："不只是羊，我养羊的道理可以拿来跟治民的方法相通。你看这群羊，如果里面有恶劣的羊，你把它排斥在外，不让它影响到羊群，就能够把羊养得很好。"

如此，汉武帝就发觉，卜式的见识和能力显然不仅是养羊而已，于是开始在政治体系上重用他。他先把卜式派为缑氏令，作为试验，接下来把他迁为成皋令，然后拜为齐王太傅。

《平准书》里卜式和汉武帝最后一次互动，是有一年朝廷因为旱灾严重而发动了求雨的仪式。这时候卜式特别上书，说汉武帝如果真心想要求雨，就"烹弘羊，天乃雨"。他针对的是当时帮汉武帝主持国家财政政策的重要人物桑弘羊。他认为必须要杀了桑弘羊，才能够求得老天爷愿意下雨。换句话说，他觉得老天不下雨是桑弘羊的做法带来的惩罚。而桑弘羊大力推行的"盐铁专营"政策就是典型的与民争利，藏富于国。

《平准书》中的这一段是这么记叙的：

是岁小旱，上令官求雨，卜式言曰："县官当食租衣税而已，今弘羊令吏坐市列肆，贩物求利。亨弘羊，天乃雨。"①

---

① ［西汉］司马迁：《史记》卷30《平准书》，中华书局1999年简体字本，第1219页。

**白话译文：**

这一年有轻微的旱灾，天子派遣官员求雨。卜式说道："县官应该以租税为衣食，如今桑弘羊使官吏坐于列肆中买卖货物，求取利润，将桑弘羊下锅煮了，天才会下雨。"

卜式的这句话有很明确的价值取向：政府收人民的租税，就应该提供人民所需要的服务，而桑弘羊的方式很不一样，他让政府做生意，跟人民争夺利益，这显然是错误的。

除此之外，《平准书》中有许多关于赋税的记叙。

1. 关于以量出为入确定赋税的记叙

**原文：**

天下已平，高祖乃令贾人不得衣丝乘车，重租税以困辱之。孝惠、高后时，为天下初定，复弛商贾之律，然市井之子孙亦不得仕宦为吏。量吏禄，度官用，以赋於民。而山川园池市井租税之入，自天子以至于封君汤沐邑，皆各为私奉养焉，不领於天下之经费。漕转山东粟，以给中都官，岁不过数十万石。①

**白话译文：**

天下平定后，高祖便下命令，商人不许穿丝绸、不许乘车行路，加重征收他们的租税，使他们经济遭困境，人格受侮辱。孝惠帝、高后时期，因为天下初得安定，重又放宽对商人的法律，然而商人子孙仍不许当官为吏。国家计算官吏俸禄和其他用度，向百姓按需收税。而山林、河川、园囿、陂地、市场的租税收入，以及自天子以下至于大小封君汤沐邑的收入，都作为各主管官员的私人费用，不从国家经费中支出。所以从山东漕运粮食，以供给京都中的官员，每年不过数十万石。

---

① ［西汉］司马迁：《史记》卷30《平准书》，中华书局1999年简体字本，第1204页。

2. 关于新征领地的治理的记叙

**原文：**

汉连兵三岁，诛羌，灭南越，番禺以西至蜀南者置初郡十七，且以其故俗治，毋赋税。南阳、汉中以往郡，各以地比给初郡吏卒奉食币物，传车马被具。而初郡时时小反，杀吏，汉发南方吏卒往诛之，间岁万馀人，费皆仰给大农。大农以均输调盐铁助赋，故能赡之。然兵所过县，为以訾给毋乏而已，不敢言擅赋法矣。[①]

**白话译文：**

汉朝接连打了三年仗，杀掉了西羌入侵的军队，灭了南越国，番禺以西直到蜀南初次设了十七郡，姑且按照他们原来的风俗加以治理，不征收赋税。南阳至汉中之间旧有的郡县各自承担与自己毗邻的新设郡中吏卒的薪俸、食品、钱物，以及驿传所用的车马被服等具的一切费用。而新设郡县还时常有小规模的反叛，诛杀官吏，汉朝调发南方的官吏兵卒前往镇压，每年有万余人，费用都靠大农支给。大农以均输法调各地盐铁所得，以补充赋税的不足，所以才能应付得了。然而士兵路过的县城，不过做到供给无缺就是了，再也谈不上遵守赋税成法了。

3. 关于盐铁专营的记叙

**原文：**

大农上盐铁丞孔仅、咸阳言："山海，天地之藏也，皆宜属少府，陛下不私，以属大农佐赋。原募民自给费，因官器作煮盐，官与牢盆。浮食奇民欲擅管山海之货，以致富羡，役利细民。其沮事之议，不可胜听。敢私铸铁器煮盐者，钛左趾，没入其器物。郡不出铁者，置小铁官，便属在所县。"使孔仅、东郭咸阳乘传举行天

---

① ［西汉］司马迁：《史记》卷30《平准书》，中华书局1999年简体字本，第1218页。

下盐铁，作官府，除故盐铁家富者为吏。吏道益杂，不选，而多贾人矣。[①]

**白话译文：**

大农奏上盐铁丞孔仅、东郭咸阳的话说："山海是天地藏物的大仓库，都应该属于少府，陛下不为私有，命属于大农作为赋税的补充。请准于招募百姓自备经费，使用官府器具煮盐，官府供给牢盆。一些浮游无籍的人欲独占山海的利益，求取财富，奴役贫民取利。他们阻挠此事的议论，听不胜听。建议对于敢于私铸铁器、煮盐的，钛其左脚趾，没收其器物用具。不产铁的郡设置小铁官，隶属于所在县。"于是使孔仅、东郭咸阳乘着传舍的车子到各地去督促实行官办盐铁，建立官府，除授原来经营盐铁的富家为吏。吏制更加杂乱，不再行选举制，官吏中有许多是商人。

### 4. 关于算缗的记叙

**原文：**

商贾以币之变，多积货逐利。於是公卿言："郡国颇被菑害，贫民无产业者，募徙广饶之地。陛下损膳省用，出禁钱以振元元，宽贷赋，而民不齐出於南亩，商贾滋众。贫者畜积无有，皆仰县官。异时算轺车贾人缗钱皆有差，请算如故。诸贾人末作贳贷卖买，居邑稽诸物，及商以取利者，虽无市籍，各以其物自占，率缗钱二千而一算。诸作有租及铸，率缗钱四千一算。非吏比者三老、北边骑士，轺车以一算；商贾人轺车二算；船五丈以上一算。匿不自占，占不悉，戍边一岁，没入缗钱。有能告者，以其半畀之。贾人有市籍者，及其家属，皆无得籍名田，以便农。敢犯令，没入田僮。"[②]

---

①② ［西汉］司马迁：《史记》卷30《平准书》，中华书局1999年简体字本，第1211－1212页。

**白话译文：**

商人因钱经常改变，就多积货物以追逐利润。于是公卿建议说："郡国颇受灾害，贫民没有产业的，招募他们迁徙到地多而富饶的地方。陛下为此降低膳食等级、节省费用，拿出皇宫中的钱来赈济百姓，放宽借贷的利率和赋税等级，然而百姓仍不能都去田亩中耕作，商人数目不断增加。贫民没有积蓄，都仰赖县官供给衣食。以前轺车、商人所有的缗钱都要征收多少不等的算赋，请准许像往时一样出算赋。那些属于末作的商人凡赊贷买卖、囤积居奇，以及营商取利的人，即使没有市籍，也要各自按自己的货物、资产认定应占的算赋等级，通常是缗钱二千为一算。诸种手工行业有租税以及冶铸业的人家，大抵四千缗为一算。不属于官吏的三老、北部边境的骑士，有轺车一辆为一算；商人有轺车一辆为二算；有船长五丈以上的为一算。有隐匿不自度资产或隐瞒部分资产的，罚到边境戍守一年，没收资产。有能告发的，给予被告发者资产的一半。商人有市籍的，连同他的家属，都不许占有土地，以有利于农民。有敢违犯此令的，没收为他种田的田仆入官。"

## 5.《平准书》中的"太史公曰"

**原文：**

太史公曰：农工商交易之路通，而龟贝金钱刀布之币兴焉。所从来久远，自高辛氏之前尚矣，靡得而记云。故书道唐虞之际，诗述殷周之世，安宁则长庠序，先本绌末，以礼义防于利；事变多故而亦反是。是以物盛则衰，时极而转，一质一文，终始之变也。禹贡九州，各因其土地所宜，人民所多少而纳职焉。汤武承弊易变，使民不倦，各兢兢所以为治，而稍陵迟衰微。齐桓公用管仲之谋，通轻重之权，徼山海之业，以朝诸侯，用区区之齐显成霸名。魏用李克，尽地力，为疆君。自是以后，天下争於战国，贵诈力而贱仁义，先富有而後推让。故庶人之富者或累巨万，而贫者或不厌糟糠；有国疆者或并群小以臣诸侯，而弱国或绝祀而灭世。以至於秦，卒并海内。虞夏之币，金为三品，或黄，或白，或赤；或钱，或布，或刀，或龟贝。及至秦，中一国之币为等，黄金以溢名，为上币；铜钱识曰半两，重如其文，为下币。而珠玉、龟贝、银锡之属为器饰宝藏，不为币。然各随时而轻重无常。於是外攘夷狄，内兴功业，海内之士力耕不足粮饟，女子纺绩不足衣服。古者尝竭天下之资财以奉其上，犹自以为不足也。无异故云，事势之流，相激使然，曷足怪焉。①

**白话译文：**

太史公说：农工商之间相互贸易的路子沟通了，就有龟贝金钱刀布等货币产生。这是很久的历史了，自高辛氏以前年代太远，无从记述。所以《尚书》最早讲到唐虞时期，《诗经》最早讲到殷周时期，一般是世道安宁就要重视教育。先农本而后商末，以礼义为限制物利的堤防；世道变乱就会与此相反。所以物太盛就会转为衰落，时事达到极点就会转变，一质之后有一文，与终后有始，始后有终的终始之变是一样的。《禹贡》中的九州，各自根据其土地所适宜、人民所多所少缴纳职贡。商汤和周武王承前朝弊政之后有所改易，使百姓不致疲弊困乏，各自都小心谨慎地致力于自己所从事的事业，而与禹时相比，已稍微有缓慢衰落的气象了。齐桓公采用管仲的计谋，统一货币，从山海的事业中求取财富，以朝会诸侯，利用区区齐国成就了霸主的威名。魏国任用李克②，充分利用地力，发展农业生产，成了强国。从此以后，在战国时期天下互相争夺，以诡诈武力为贵，轻视仁义道德，以富有之道为先、以推让等礼仪为后。所以百姓中间富有的积财产上亿计，而贫穷的糟糠之食尚不

---

① ［西汉］司马迁：《史记》卷30《平准书》，中华书局1999年简体字本，第1219－1220页。

② "李克"又名"李悝"。

能满足；诸侯国强大的或至并吞诸小国而使诸侯称臣，弱小者有的至于断绝祭祀而亡国。延续到秦，终于使海内统一。虞、夏时的货币，金有三种，或者黄、或者白、或者赤；此外，或者用钱、或者用布、或者用刀、或者用龟贝。及至秦朝之间，一国货币分为二等：黄金以溢为单位，是上等货币；铜钱上的文识为"半两"，重量与文识相同，是下等货币。而珠玉、龟贝、银锡之类只作为器物的装饰，作为宝藏，不作货币使用。然而其价格随时不同，高低无常。于是外对夷狄作战，内部兴利除弊建立功业，天下百姓尽力耕种不够供给粮饷，女子纺织不足穿衣。古时曾经竭尽天下的资财以奉献给天子，天子仍以为不够使用。没有别的缘故，主要是当时各种事务互相影响、共同作用造成的，有什么可奇怪呢？

《平准书》对我们认知和理解中国历史上经济变化与国家财政之间的关系有着极为重大的突破性价值。在这篇文章中，司马迁有意识地从商业、贸易、经济的行为来看历史变化，展现出一种经济史概念和角度上的思考，这在中国的历史上是空前的。

## 三、《货殖列传》中的税收

列传是史学体裁之一，是各方面代表人物的传记，记录了重要人物的言行事迹。

《史记》中的列传共有七十篇，主要是人物方面的传记，少数列传则是少数民族史和外国史。如果除开列传的最后一篇《太史公自序》，《货殖列传》其实为《史记》的最后一篇。《货殖列传》作为《史记》的终卷，显然有它特殊的地位，体现在和司马迁不太一样的写法上。司马迁要表达一个跟当时的传统、世俗智慧不太一样的判断，也就是商人、货殖不应该被放在最低的社会层级，被人看不起，商业贸易有其根本的价值和智慧。

"货殖"是指谋求"滋生资货财利"以致富，即利用货物的生产与交换进行商业活动，从中生财求利。司马迁所指的"货殖"，还包括各种手工业，以及农、牧、渔、矿山、冶炼等行业的经营在内。在《太史公自序》中，司马迁十分明确而简要地道出了写作《货殖列传》的动机与主旨，曰："布衣匹夫之人，不害于政，不妨百姓，取之于时而息财富，智者有采焉。作《货殖列传》。"①

《货殖列传》主要是为春秋末期至秦汉以来的名商巨贾（大货殖家），如范蠡、子贡、白圭、猗顿、卓氏、程郑、孔氏、师氏、任氏等作传。通过介绍他们的言论、事迹、社会经济地位，以及他们所处的时代、重要经济地区的特产商品、有名的商业城市和商业活动、各地的生产情况和社会经济发展的特点，叙述他们的致富之道，表述自己的经济思想。

在中国历史相当长的时期里，商人是没有地位的，职业划分的"士农工商"，直接把商排在了最后一位。在很多统治者看来，商人不直接参加生产财富，往往投机取巧、唯利是图，就应该大力打压。从汉高祖"令贾人不得衣丝乘车，重租税以困辱之"②到汉武帝开征的算缗赋，莫不如此。汉代名臣晁错也撰文抨击商人，说他们"故其男不耕耘，女不蚕织，衣必文采，食必粱肉；无农夫之苦，有阡陌之得"③。在这样一种抑商的大背景下，司马迁公然为这些精于发财之术的工商业者立传，以赞赏的笔墨叙述蜀地卓氏、宣曲任氏、宛地孔氏等大富翁的祖先们的致富之道，并称他们为贤人，供后世学习，显得极其难能可贵。司马迁如此推崇商人，是基于他对工商业的社会功能的精辟见解。在《货殖列传》里，司马迁

---

① ［西汉］司马迁：《史记》卷130《太史公自序》，中华书局1999年简体字本，第2507页。

② ［西汉］司马迁：《史记》卷30《平准书》，中华书局1999年简体字本，第1204页。

③ ［东汉］班固：《汉书》卷49《晁错传》，中华书局1999年简体字本，第1758页。

明确指出商作为独立的社会职业在价值分配活动中的流通职能，强调了商业流通对社会物质扩大再生产的必要性。他运用了大量史实，论证了商业活动在各个历史时代的国民经济运行中发挥的重要作用。在司马迁看来，百姓都喜好丰盛的物质，正所谓"谣俗被服饮食奉生送死之具也。故待农而食之，虞而出之，工而成之，商而通之"①。司马迁很认同《周书》里"农不出则乏其食，工不出则乏其事，商不出则三宝绝，虞不出则财匮少"的观点，所以他认为农、工、商应该同样被重视，三者都是富国富家富民的良策。《货殖列传》中的这些观点放在两千年后的今天，也有借鉴意义。

在《货殖列传》中，司马迁重点写了子贡。子贡的其他事迹写在《仲尼弟子列传》当中，所以这里讲得非常简短。司马迁一定要在《货殖列传》里面提一下子贡，也是为了破除当时普遍认为的儒家的基本态度。子贡作为孔子身边最重要的弟子之一，在孔子死后结庐守丧，守得最久，对孔子极其敬重。然而作为儒家、作为孔子弟子，怎么可以做生意、怎么可以去逐利呢？在《仲尼弟子列传》当中也许不会问这个问题，但是到了《货殖列传》，司马迁事实上就在回答这个问题。简单地说，居丧是需要物质条件的。子贡是孔子弟子当中最有钱的一个，他的经济基础可以让他无所事事，只在那边守丧。子贡是孔子的弟子，他离开孔子之后曾经在卫担任一段时间公职，后来在曹、鲁之间做生意，所以他在七十弟子中是最有钱的。同样是孔子的弟子，原宪是连糟糠都不见得可以随时吃到、吃饱的，更不要说他的居所永远都在穷巷里了。反观子贡，一出门就是一大车队随行的派头。因为他有这样的财货，所以无论走到哪个国家，国君都非常尊重他，需要用对待另一位国君的礼节去招待子贡。而且，能够让孔子名扬天下最关键的人物、最关键的支持力

---

① ［西汉］司马迁：《史记》卷129《货殖列传》，中华书局1999年简体字本，第2461页。

量，也是子贡，所以司马迁说，"此所谓得势而益彰者"。孔子本来就非常了不起，因为有子贡这种"得势者"，能够让孔子的光亮传播得更远，得到更高的地位。

用这种方式，司马迁在《货殖列传》中再度表现出一个史学家的追求——成一家之言。《货殖列传》是一个独立思考者的示范。在那个时候只有几家的思想和立场，儒家、道家又是主流当中的主流，但是司马迁在《货殖列传》一开头就挑战了老子。从他的角度看，老子也不是每句话都是真理。相反，老子自己的道理中也可能存在矛盾，是需要读者去认真检验的。后面，当他在讲子贡的时候，也是在破除人们对儒家的许多刻板印象。如果继续追溯下去，司马迁还在《太史公自序》里面引用了父亲司马谈的《论六家要旨》。更进一步地说，司马迁的立场叫作"史家的立场"，是一个更高、更超越的立场，不依循任何一家，用来自历史的积累去评价判断各家的主张。从历史的角度，必须要观察、记录不同的现象，在观察与记录的过程当中也就不得不承认人的现象的多元性。在这样的情形底下，跟随任何一套理论都不会是史家的立场和态度。一个史家，非得是一个独立思考者不可——正是在独立思考当中，诞生了一家之言。

民国教育家、经济学家潘吟阁先生对《货殖列传》极尽赞美，他对《货殖列传》的评价经常被引用。在他的著作《史记货殖传新诠》如是评价："《货殖传》一篇，讲的是种种社会的情形，且一一说明它的原理。所写的人物，又是上起春秋，下至汉代。所写的地理，又是北至燕、代，南至儋耳。而且各人有各人的角色，各地有各地的环境。可当游侠读，可当小说读。读中国书而未读《史记》，可算未曾读书；读《史记》而未读《货殖传》，可算未读《史记》。美哉《货殖传》！"① 这样的评价可见司马迁在《货殖列传》

---

① 潘吟阁：《史记货殖传新诠》，商务印书馆1931年版，第59页。

中体现出卓绝千古的见识和精妙绝伦的文笔。

《货殖列传》作为《史记》的压轴之作，传中的人物各具特色、各怀其才，篇中叙事行云流水、自然流畅；文中说理鞭辟入里、无懈可击；全篇辞章奇传雄浑、波澜壮阔、博大精深，浑然一体，实为中华优秀传统文化中璀璨夺目的光辉篇章。

直到今天，《货殖列传》中的很多名言仍常见于各类文章。

如："以末致财，用本守之"①。

又如："贵出如粪土，贱取如珠玉"②。

最耳熟能详的莫过于"天下熙熙，皆为利来；天下攘攘，皆为利往"③。

《货殖列传》中反映赋税的地方只有以下一处。

**原文：**

封者食租税，岁率户二百。千户之君则二十万，朝觐聘享出其中。庶民农工商贾，率亦岁万息二千，百万之家则二十万，而更徭租赋出其中。④

**白话译文：**

有封地的人享受租税，每户每年缴入二百钱。享有千户的封君，每年租税收入可达二十万钱，朝拜天子、访问诸侯和祭祀馈赠，都要从这里开支。普通百姓如农、工、商、贾，家有一万钱，每年利息可得二千钱，拥有一百万钱的人家，每年可得利息二十万钱，而更徭租赋的费用要从这里支出。

---

① ［西汉］司马迁：《史记》卷129《货殖列传》，中华书局1999年简体字本，第2481页

② ［西汉］司马迁：《史记》卷129《货殖列传》，中华书局1999年简体字本，第2463页。

③ ［西汉］司马迁：《史记》卷129《货殖列传》，中华书局1999年简体字本，第2463页。原文为：天下熙熙，皆为利来；天下壤壤，皆为利往。

④ ［西汉］司马迁：《史记》卷129《货殖列传》，中华书局1999年简体字本，第2474页。

史记中的《平准书》和《货殖列传》放在一起，基本上就是汉代前期在时代发展及变化上的一套清楚的经济制度史和商业贸易史。二者也有所侧重。《平准书》是以今为镜，关注了从西汉政权建立到汉武帝时期，特别是司马迁本人亲身经历的正在如火如荼进行的社会经济改革，着重探讨了国家这一经济伦理主体通过宏观经济调控手段干预微观经济的探索，及其对经济伦理关系发展和经济伦理活动的影响，同时，隐晦地表达了自己的价值判断。《货殖列传》是以史为鉴，时间跨度从三皇五帝至汉武帝时期，它对于经济伦理的探讨更偏重于从义利关系这一基本伦理关系，以此来探讨社会经济伦理关系及其活动，其最根本的目的是为商业或商人正名。如此看来，《平准书》中与赋税有关的内容会更多一些，也就不奇怪了。

## 第二节 《食货志》中的税收

### 一、"食货"概述

《尚书·洪范》中记述了西周时代统治阶级治国理政的八项原则，也称"洪范八政"，这八项原则是：一曰食，二曰货，三曰礼祀，四曰司空，五曰司徒，六曰司寇，七曰宾，八曰师。用现在的话说就是治理国家要管理八件事情：一是管理民食，二是管理财货，三是管理祭祀，四是管理居民，五是管理教育，六是治理盗贼，七是管理朝觐，八是管理军事。"食""货"被排在"洪范八政"的前两位，是因为"食""货"被公认为是生民之本。这是"食""货"的最早出处。

将"食"与"货"二字作为"食货"一词作为一个整体使用源自东汉史学家班固。东汉中后期，班固完成了千古不朽的史书名篇《汉书》（其中部分篇章由班固胞妹班昭完成），其中有专门篇章记录西汉时期的财政经济制度，名曰《食货志》。班固在《汉书·食货志》中开宗明义，指出："《洪范八政》，一曰食，二曰货。食谓农殖嘉谷可食之物，货谓布帛可衣，及金刀龟贝，所以分财布利通有无者也。二者生民之本。"[①] 由此可见，"食""货"二者是有区别的。"食"指的是生产范围内的事情，在农业社会主要是土地制度和农业生产；"货"指的是流通范围内的事情，在封建社会时代是以工商业和货币制度为主。

在《汉书·叙传》中，班固阐明了编纂《食货志》的目的：

阙初生民，食货惟先。割制庐井，定尔土田，什一供贡，下富上尊。商以足用，茂迁有无。货自龟贝，至此五铢。扬榷古今，监世盈虚。述《食货志》。[②]

意思是说，"食货"涉及国计民生，记述"食货"政策、制度的得失，旨在使后人吸取经验教训。从叙传中可以很清晰地看出，《汉书·食货志》的编纂目的是记录历代田制、赋税、商业、货币政策，将古今之策举而引之，观察不同政策引起的经济变化。自班固创设"食货"专名后，"食货"这一概念得到了历代广大学者的认同。《汉书》之后，历代的正史中大都有《食货志》，专篇叙述该朝的财政经济活动、财政制度、财政措施、财政理论等内容。

对治国而言，"食货"之事本来十分重要，历代帝王也很重视，但是《食货志》在各正史中的地位并不显赫。直到唐代的杜佑编修《通典》，按照"经邦济世，富国安民"的原则选定了"食货""选

---

① [东汉] 班固：《汉书》卷24《食货志》，中华书局1999年简体字本，第943页。
② [东汉] 班固：《汉书》卷100《叙传》，中华书局1999年简体字本，第3112页。

举""职官""礼""乐""兵刑""州郡""边防"八典，将"食货"典推居诸典之冠，"食货"地位擢升。

大多数熟悉中国经济思想史或中国财政史的人，对"食货"一词都不会陌生。

20世纪三四十年代，时任北京大学教授陶希圣先生创办了《食货》杂志（半月刊），以此为平台，一批从事中国社会经济史研究的学人聚集于此，形成名盛一时的"食货学派"。

时至今日，"食货"一词仍被从事经济史研究学者广泛使用。有学者对"食货"作出了如下解释："食货"所论，实际上是从国家的立场出发，上及国家、下及百姓的经济活动。换言之，"食货"不是百姓的私人经济活动的理论与实践，而是国家经济活动的理论与实践，是国家（或政权）处理国与民相互之间利益分配关系的经济活动及其政策、制度、措施的理论和实践。"食货"一词不是一般意义上的社会经济概念，也不是国家财政经济的统称，而是具有特定含义的财政概念，更是对中国封建社会财政完整、系统的诠释。①

## 二、正史中的《食货志》

当前公认的正史是指在编修《四库全书》时认定的二十四史，最早的是《史记》，最晚的是《明史》。二十四史中，其中有十二部正史有专门的《食货志》篇章。

表3-1列出了二十四史中《食货志》篇目数量情况（没有《食货志》的以"无"表示）。

---

① 孙文学：《"食货"：中国封建社会的财政诠释》，载于《社会科学辑刊》2003年第5期，第84-90页。

表 3 – 1 二十四史《食货志》简况

| 正史名称 | 食货志篇目，卷号 |
|---|---|
| 史记 | 无 |
| 汉书 | 两篇，卷24 食货（上、下） |
| 后汉书 | 无 |
| 三国志 | 无 |
| 晋书 | 一篇，卷26 食货 |
| 宋书 | 无 |
| 南齐书 | 无 |
| 梁书 | 无 |
| 陈书 | 无 |
| 魏书 | 一篇，卷110 食货 |
| 北齐书 | 无 |
| 周书 | 无 |
| 南史 | 无 |
| 北史 | 无 |
| 隋书 | 一篇，卷24 食货 |
| 旧唐书 | 两篇，卷48 食货上、卷49 食货下 |
| 新唐书 | 五篇，卷51 – 卷55（食货一～食货五） |
| 旧五代史 | 一篇，卷146 食货 |
| 新五代史 | 无 |
| 宋史 | 十四篇，卷173 – 卷186（食货上一～食货上六，食货下一～食货下八） |
| 辽史 | 两篇，卷59 食货上、卷60 食货下 |
| 金史 | 五篇，卷46 – 卷50（食货一～食货五） |
| 元史 | 五篇，卷93 – 卷97（食货一～食货五） |
| 明史 | 六篇，卷77 – 卷82（食货一～食货六） |

注：表中的正史资料为《"二十四史"简体字本》（中华书局1999 – 2000 年版）。

最早的《食货志》出自《汉书》，《汉书》之前的《史记》无《食货志》，不过《史记》中的《平准书》也有上古到秦汉时期的财政经济内容。

自《汉书》以后、《隋书》之前，其间有十部正史缺少《食货志》，分别为《后汉书》《三国志》《宋书》《南齐书》《梁书》《陈书》《北齐书》《周书》《南史》《北史》。自《隋书》之后，除《新五代史》外，历代正史都有《食货志》。除《后汉书》外，缺少《食货志》的大多是大分裂时期，这些时期的特点是政权交替频繁、制度混乱、经济统计困难，这些都是造成这种情况产生的原因。

从体裁上看，《食货志》分为通史和断代史两种。十二部《食货志》中，《汉书·食货志》是通史体裁，记载时间段从上古至王莽败亡，全面反映了这一时期的社会经济状况。特别是有关商、周时期的井田制问题记载得很详尽。其余的十一部《食货志》都是断代史体裁。

从总的内容上看，历代《食货志》都是两大内容，即"食"与"货"，前者包括田制、人丁、户口、赋税等，后者包括贸易、流通、货币、商税等。

## 三、历代《食货志》中的赋税

以下就按朝代顺序将从《汉书》至《明史》中的《食货志》进行简要介绍，并列举其中有关赋税的记述。

### （一）《汉书·食货志》

《汉书·食货志》是汉书十志之一，分为上、下两篇，上篇谈"食"，下篇论"货"，均以编年体、按时间顺序叙述。其中"食"的部分包括土地制度、户口制度、劝课农桑之法、田租、徭役、卖官鬻爵、屯田、官俸、赏赐、皇室费用、预算制度（量吏禄，度官用，以赋于民）等，系统地叙述了从夏朝到王莽时期的农业情况、土地制度和田租制度。"货"的部分，包括军饷、商税、财产税

（算缗钱、算商车等）、治理水患、盐铁专卖、铸钱、贩济、借贷等；在经济措施方面，涉及了均输、平准、会计、漕运、常平等。《汉书·食货志》实际上是一部从上三代到西汉这一段时期的经济发展史。作者班固借鉴历史经验，以"理民之道，地著为本"的思想，对西汉所施行的财政经济措施及其得失作了探讨，在如何做到"食足民安"的问题上提出了自己的见解。《汉书·食货志》对研究西汉的财政措施和财政制度以及财政经济改革具有较高的史料价值。

**原文：**

平帝崩，王莽居摄，遂篡位。

……

又动欲慕古，不度时宜，分裂州郡，改职作官，下令曰："汉氏减轻田租，三十而税一，常有更赋，罢癃咸出，而豪民侵陵，分田劫假，厥名三十，实十税五也。"①

**白话译文：**

平帝驾崩以后，王莽摄政，他便篡夺了帝位。

……

又动辄仿效古代，不考虑时宜，分裂州郡，改变官员的职能，下令说："汉代减轻田租，收取三十分之一的税，常常有出钱以代服兵役的赋税，残疾和有疾病的人也要缴纳，而且豪民侵犯，分田夺取税收。名义上是收三十分之一的税，实际上收十分之五的税。"

**（二）《晋书·食货志》**

《晋书·食货志》仅一卷，此前两朝的《后汉书》和《三国志》都没有《食货志》，因此，《晋书·食货志》向前追述了东汉和三

---

① ［东汉］班固：《汉书》卷24《食货志》，中华书局1999年简体字本，第961页。

国时期的社会经济情况。西晋政权建立后，司马炎为恢复经济、安定社会秩序，在面临极度困难的财政经济情况下进行了赋税和货币两个方面的改革。其中的"户调方式"诏令，就是为了召集流民归田，迅速恢复农业生产，增加赋税收入。诏令规定了赋税、占田、课田等制度，同时发展了曹魏的"九品中正"制中的以品取人、按品占田。这种做法出于两个目的，一是给支持司马政权的官僚、地主相应报偿，二是防止他们过多侵夺朝廷的财政收入。食货方面，统治者的做法是发展农业生产，止役禁夺，通达财货，而不是废钱用谷帛，改善了国家的财政状况，甚至出现了"地方野丰，民勤本业，一岁或稔，则数邦忘饥"的大好局面。但是到了东晋后期，朝廷实行按口税米的方法，农民负担由轻转重，同时杂税又日益增多，财政制度逐渐被破坏。《晋书·食货志》叙述了关于铸钱和用实物交换的争论，这是东汉末至魏晋时期的一个大问题，反映了从实物货币向金属货币过渡的实际情况。

**原文：**

又制户调之式：丁男之户，岁输绢三匹，绵三斤，女及次丁男为户者半输。其诸边郡或三分之二，远者三分之一。[①]

**白话译文：**

又确定了户调制度：凡是丁男（男、女 16 岁以上至 60 岁为正丁）立户的，每年交纳户调绢三匹、绵三斤；丁女及次丁男（男女 15 岁以下至 13 岁、61 岁以上至 65 岁为次丁）立户的，交纳半数。边郡民户的户调，交纳规定数目的三分之二，更远的交纳三分之一。

### （三）《魏书·食货志》

《魏书·食货志》是学者研究北魏和北魏之后近三百年封建土

---

① ［唐］房玄龄：《晋书》卷26《食货志》，中华书局2000年简体字本，第512页。

地所有制的基本史料，北魏时期的一些重要财政改革在《魏书·食货志》中都可以找到。其中尤其珍贵的有"均田制""三长制""租调制"等。这些制度对发挥农民积极性以及开垦土地都发挥着重大作用。北魏一朝突出特点是北方游牧文明和中原农耕文明相结合，统治者通过将都城从平城（今山西大同）迁至洛阳以及对鲜卑旧俗的改革，最终脱离了游牧生活，完成了封建化的过程。到了 6 世纪初，北方经济有了明显的发展，黄河中游许多荒地得到开垦，民间手工业生产及交换日益活跃，官僚贵族普遍经商，日本、朝鲜以及中亚等地同北魏都有商业往来。但随着经济的好转，统治者却日益腐败，封建贵族地主侵占良田、垄断工业商业、加重租调、对百姓派发无止境的徭役，普通百姓困苦不堪。随着寺院经济的扩大，均田制遭到破坏，北魏政权也随着财政的破产而土崩瓦解。

**原文：**

于是杂营户帅遍于天下，不隶守宰，赋役不周，户口错乱。①

**白话译文：**

结果天下到处是管理杂户、营户的官员，人口不再归地方政府管理，造成了赋役不完整、人口管理的混乱。②

### （四）《隋书·食货志》

前面提到南北朝正史中只有《魏书》有食货志，南北朝之后的《隋书·食货志》则将前朝的食货内容包含进来。隋朝虽然短暂，但在中国历史上却占有重要地位。隋朝统一了三百多年

---

① ［北齐］魏收：《魏书》卷 110《食货志》，中华书局 2000 年简体字本，第 1904 页。

② 注：北魏官府占有的绫罗户、细茧户、罗谷户等工匠杂户，其户口不属于州郡，分别由杂户帅或营户帅管理。这些杂户身份低于平民，北魏初以未著户籍的漏户充当。因赋额低，又无其他杂役，逃亡农民往往私附在此类户名下，以避赋役。

的分裂局面，并根据新的形势采取了一系列措施，比如在经济上实行均田，轻徭薄赋；在人口管理上实行检括户口，行输籍之法。再加上统一货币以及开凿大运河等有利于统一全国市场的做法，有力地促进了社会经济的恢复和发展。隋文帝末年"天下储积，约供五六十年"，财政之充盈为各代之冠。隋文帝的继任者隋炀帝滥兴土木、大事征伐，激起民变，结果隋朝二世而亡。《隋书·食货志》记载了隋朝的经济发展情况并保存了一些珍贵的原始资料。

**原文：**

闵帝元年，初除市门税。及宣帝即位，复兴人市之税。

……

高祖登庸，罢东京之役，除人市之税。①

**白话译文：**

北周闵帝元年（公元 557 年），曾经废除了商税。到了北周宣帝即位时（公元 579 年），又恢复了商税。

……

高祖（杨坚）代周建隋后，停止了东京洛阳的工程（也就停止了相应的民役），并且再次废除了商税。

### （五）《旧唐书·食货志》

《旧唐书·食货志》分为上下两卷，记载了唐代近三百年的财政经济情况。唐代的土地制度、"租庸调"、"两税法"等赋税制度以及盐、铁、茶等生活必需品的管理都在《旧唐书·食货志》中有较为详细的记录。唐初，由于连年战乱，经济萧条，财政困难。统治者为了稳定社会秩序，缓和阶级矛盾，财政开支的做法是"赏赐

---

① ［唐］魏征：《隋书》卷 24《食货志》，中华书局 2000 年简体字本，第 461 页。

给用，皆有节制"，设定官员俸禄也不高，军队实行兵农结合的府兵制。为了大力发展农业生产，唐朝统治者继续推选均田制及租庸调法。这一系列做法使得国家财产逐渐富裕起来。但后来的土地兼并使均田制受到破坏，租庸调制失去了基础。唐代中后期，针对安史之乱后的财政困顿情况，刘晏整顿漕运改革盐政，杨炎创行"两税法"，使唐朝后期的财政经济状况有所好转。《旧唐书·食货志》详细记述了这些情况。

**原文：**

大抵有唐之御天下也，有两税焉，有盐铁焉，有漕运焉，有仓廪焉，有杂税焉。[①]

**白话译文：**

唐朝统一天下后，在财政制度方面，有夏秋两税、有盐铁专营、有漕运制度、有仓储制度，还有各类杂税。

## （六）《新唐书·食货志》

欧阳修等北宋学者将《旧唐书·食货志》从两卷增加为五卷，记述了授田及租庸调法，收集了大量社会经济资料。《新唐书·食货志》前三卷叙述"食"，包括田制、户口制度、田赋制度、徭役制度、漕运制度、屯田制度、商税制度等；后两卷叙述"货"，包括盐法、茶法、各色矿课、铸钱、官俸等。

**原文：**

五年，始定法：夏，上田亩税六升，下田亩税四升；秋，上田亩税五升，下田亩税三升。[②]

---

① ［后晋］刘昫：《旧唐书》卷48《食货志》，中华书局2000年简体字本，第1407页。

② ［宋］欧阳修：《新唐书》卷51《食货志》，中华书局2000年简体字本，第885页。

**白话译文：**

大历五年（公元 770 年），确定了收田租的具体方法：夏季，上等田每亩收税六升，下等田每亩收税四升；秋季，上等田每亩收税五升，下等田每亩收税三升。

### （七）《旧五代史·食货志》

《旧五代史·食货志》记载了唐哀宗后，后梁、后唐、后晋、后汉、后周五个政权和吴、南唐、吴越、楚等十个割据势力的经济状况。五代中的前四代，即后梁、后唐、后晋、后汉的统治者都很残忍，争夺激烈，破坏性大，百姓受尽苦难，社会长期动荡不安。在赋役方面，统治者横征暴敛，造成了"鱼烂鸟散""人烟断绝，荆榛蔽野"的凄惨景象。后周的统治者为了稳定封建政权，采取了惩办贪吏、停废营田、均定田租、改革税制、整顿漕运等一系列措施，对恢复经济起了很大作用，也为后面宋朝的统一奠定了基础。南方十国受战乱祸害较小，很多地方经济都有所发展。《旧五代史·食货志》记述的田制、租赋、榷酒、货币等经济事项大都比较简略。

**原文：**

应有往来盐货悉税之，过税每斤七文，住税每斤十文。①

**白话译文：**

所有通过本地的盐货都要纳税，经过本地的盐（不在本地销售）按每斤七文钱纳税，在本地销售的盐按每斤十文钱纳税。

### （八）《宋史·食货志》

《宋史·食货志》是所有食货志中篇幅最大的一部，共十四卷

---

① ［宋］薛居正：《旧五代史》卷 146《食货志》，中华书局 2000 年简体字本，第 1349 页。

近二十万字，仅其子目录就达二十多条，分门别类地记载了农田、赋税、布帛、和籴、漕运、屯田、常平、义仓、役法、赈恤、会计、钱币、盐法、茶法、商税、市易、均输等。《宋史·食货志》记述了宋代的社会经济情况和财政经济措施以及有关制度的沿革。内容侧重于财利，对赋税、货币、榷商、贸易等均有记述。宋代将总管国家财政大权、掌握财赋收入的三司称为"计省"，后改三司为"总计司"，管理全国财政，自下而上逐级核算，全国统一考查，为以后的财务核算方法开创了先例，也是我国会计史上的一大进步。

**原文：**

宋制岁赋，其类有五：曰公田之赋，凡田之在官，赋民耕而收其租者是也。曰民田之赋，百姓各得专之者是也。曰城郭之赋，宅税、地税之类是也。曰丁口之赋，百姓岁输身丁钱米是也。曰杂变之赋，牛革、蚕盐之类，随其所出，变而输之是也。①

**白话译文：**

宋朝的赋税有五种：第一类是公田上的赋税，这种赋税是指百姓在官田上耕作的产出，全部上交国家。第二类是民田上的赋税，指百姓将自有土地上耕种的产出农作物一部分上交给国家。第三类是城市里的房产赋税，以房屋、土地为征税对象。第四类是人头税，百姓每年按人头缴纳。第五类是各种杂税，征税对象根据具体的产出实物来确定，如牛皮革、蚕丝、盐货等。

### （九）《辽史·食货志》

《辽史·食货志》有上、下两卷，概括了辽政权两百多年的财政经济措施和有关经济制度的沿革。《辽史·食货志》的编撰者

---

① ［元］脱脱：《宋史》卷174《食货志》，中华书局2000年简体字本，第2815页。

"表辽初用事之臣，亦善裕其国者"，将辽代鼎盛时期的经济政策概括为"食莫大于谷，货莫大于钱"。

**原文：**

各部大臣从上征伐，俘掠人户，自置郭郭，为头下军州。凡市井之赋各归头下，惟酒税赴纳上京，此分头下军州赋为二等也。①

**白话译文：**

各类大臣贵族跟随着领主征伐，以俘掠或受赐的人口和自己原有的奴隶、部曲②，在自己割占或分赐的土地上建立城郭，称其为头下军州。③头下军州征收的商税、田赋等都归属领主。而征收的酒税必须输纳给上京，所以头下军州又称为二税户（既向领主纳税，又向朝廷纳税）。

## （十）《金史·食货志》

《金史·食货志》有五卷，各卷名称是："户口、通检推排""田制、赋税、牛具税""钱币""盐、酒、醋、茶、诸征商、金银税""榷场、和籴、常平仓、水田、区田、入粟鬻度牒"。《金史·食货志》系统记叙了金代的社会经济，其突出的特点是租佃制取代了授田制，农业和畜牧业得到了快速的发展，同时手工业、冶矿、印刷、造船发展较快。

---

① ［元］脱脱：《辽史》卷59《食货志》，中华书局2000年简体字本，第567页。

② 部曲：辽、金对奴隶、农奴的称谓。属于奴主的部曲即奴隶，属于地主、牧主的部曲即农奴、牧奴。奴隶主的部曲，隶属于他们的本主，不隶州县；身份由国家规定，本主无权改变部曲的隶属或依附地位。头下主（奴主）可以在自己的州县内设官，建立自己的行政和司法，管理自己的部曲。依附地主的部曲，受朝廷管辖。他们是通过土地或者其他生产资料成为部曲的，主人只能随同土地出售。部曲对主人有一定的人身依附关系，受主人奴役，有自己的家庭和财富。不论奴役或农奴，不管是朝廷赏赐的，或者私下招纳投附的，或其他原因沦为部曲的，和头下户同样，也是双重依附关系。当时一般的契丹部落贵族，大都占有部曲和奴隶，部曲依附关系比奴隶占有关系更为流行。

③ 赵德馨主编：《中国经济史大辞典》，崇文书局2022年版，第263－264页。

**原文：**

牛头税，即牛具税，猛安谋克部女直户所输之税也。其制每耒牛三头为一具，限民口二十五受田四顷四亩有奇，岁输粟大约不过一石，官民占田无过四十具。①

**白话译文：**

牛具税，也就是牛头税，是女真族猛安谋克部户向国家承担的一种地税。牛具税制的基本规定是，以每耒牛三头为一具，以民口二十五为限，受土地四顷四亩有奇，按年输纳大约不超过一石的粟，官与民占有的土地不超过四十具。

## （十一）《元史·食货志》

《元史·食货志》共五卷，记载了元朝的社会经济及人民的生活状况。元世祖忽必烈为了巩固其政权，在政治上遵用汉法，经济上采取了一系列恢复和发展生产的措施，如禁止改民田为牧地、大力鼓励垦殖、修治水利等，使农业生产得到了较快的恢复和发展。在财政制度上，元朝采取南北不同的做法。北方实行税粮和科差制度，南方则沿用南宋的两税法。元朝统治者推行民族歧视和民族压迫政策，激起了各族人民的强烈反抗。元朝后期，土地高度集中，赋税繁重，财政支出毫无节制，国库空虚，元帝国迅速灭亡。《元史·食货志》比较详细地记述了元代的经济发展历程。

**原文：**

元之取民，大率以唐为法。其取于内郡者，曰丁税，曰地税，此仿唐之租庸调也。取于江南者，曰秋税，曰夏税，此仿唐之两税也。②

---

① ［元］脱脱：《金史》卷47《食货志》，中华书局2000年简体字本，第704页。
② ［明］宋濂：《元史》卷93《食货志》，中华书局2000年简体字本，第1565页。

**白话译文：**

元朝的税制，很大程度上是效法唐朝。北方诸州郡，有人头税和土地税，这是效仿唐朝的租庸调制。江南等地，称为秋税和夏税，这是效仿唐朝的两税法。

## （十二）《明史·食货志》

与《宋史·食货志》一样，《明史·食货志》内容也十分浩繁。《明史·食货志》一共有六卷，前三卷着重记述户口、田制、赋役、漕运、仓库等，后三卷记述盐法、茶法、钱纱、商税、坑冶、市舶、马市、采造、织造、烧造、俸饷、会计等，不仅涉及传统的"食货"内容，也涉及与"食货"相关的各方面。明代在财政制度方面较前朝有较大的变革和发展，如管理人口的黄册和管理土地的鱼鳞册保证了国家的财政来源。明朝中后期张居正的"一条鞭法"改革和明末"三饷"（辽饷、剿饷和练饷）则是明代财政历史中不可忽视的重要内容。《明史·食货志》对这些都有详细的记载。

**原文：**

即位之初，定赋役法，一以黄册为准。册有丁有田，丁有役，田有租。租曰夏税，曰秋粮，凡二等。夏税无过八月，秋粮无过明年二月。[①]

**白话译文：**

太祖即位之初就确定了赋税徭役的制度，其最根本的是黄册制度。黄册上记载有人口和土地，人口就对应徭役，土地就对应田租。田租有两类——夏税和秋粮。夏税的征收在八月份，秋粮的征收不超过第二年的二月份。

---

① ［清］张廷玉：《明史》卷78《食货志》，中华书局2000年简体字本，第1263页。

历代《食货志》在记录历史的同时，也提出了很多有关经济财政的思想和见解，而赋税制度是其中的重要方面。对中国的财税史进行深入研究，历代《食货志》是必不可少的文献资料。

## 第三节 《资治通鉴》中的税收

### 一、《资治通鉴》简介

《资治通鉴》是北宋著名思想家、政治家、史学家司马光及其团队（当时的著名史学家刘攽、刘恕、范祖禹等）历时近二十年完成的一部史学专著，被公认为是中国编年体史书的集大成者。《资治通鉴》以其杰出的史学成就，在我国史学史上树立了一座丰碑，是中华民族文化珍贵的历史遗产之一。

《资治通鉴》撰述目的是为了借鉴历史上治理国家过程中兴衰成败的经验教训，原名《通志》。宋神宗以该书"鉴于往事，有资于治道"，故赐名《资治通鉴》。

《资治通鉴》篇幅大、字数多、年代长。全书共二百九十四卷，上起周威烈王二十三年（公元前403年）战国初期韩、赵、魏三家分晋，下迄后周世宗显德六年（公元959年）宋太祖赵匡胤建国前夕，前后共一千三百六十二年，含周秦两汉、魏晋南北朝、隋唐五代各朝的历史。全书正文有三百多万字，司马光参考了三百多部著作。对于史料矛盾或记载不清之处，还进行了比较、考订，撰写《通鉴考异》三十卷。

经世致用是《资治通鉴》另一个突出的特点。全书按时间先后编次史事，但往往用倒叙、插叙或总结的方式，交代史事的前因后果。重要人物逝世、重大事件的得失，作者会有一段盖棺论定的评价，或者引据史书，或者用"臣光曰"的形式，使纷纭的历史事实与人物，呈现出系统而明晰的头绪。

作为一部时间跨度一千三百多年，记述事关国家兴衰、民生休戚的重大事件和人物的编年体史书，《资治通鉴》自问世以来，倍受人们的推崇。后世的很多帝王、权臣、学者都对《资治通鉴》给予极高的评价。

元代学者胡三省说："为人君而不知《通鉴》，则欲治而不知自治之源，恶乱而不知防乱之术。为人臣而不知《通鉴》，则上无以事君，下无以治民。为人子而不知《通鉴》，则谋身必至于辱先，作事不足以垂后。"①

明朝开国皇帝朱元璋对《资治通鉴》情有独钟。

清朝康熙、乾隆等帝王也都通过阅读《资治通鉴》学习治国之道，并作"御批"（读书笔记）传世。

明清之际的著名学者顾炎武在《日知录》中评述《资治通鉴》"以一生精力成之，遂为后世不可无之书"②。同一时期的另一位大儒王夫之写过一本《读通鉴论》（专门对《资治通鉴》记载的史实进行评点），在该书的结尾，王夫之指出了读《资治通鉴》的三重境界：自淑（提升自己）、诲人（与人分享）、知道而乐（知道治国之道、为人之道、处事之道，而感到很愉悦、很快乐）。

清代的王鸣盛则评价《资治通鉴》为："此天地间必不可无之书，亦学者必不可不读之书。"③

位极人臣的曾国藩更向人推荐说："窃以为先哲经世之书，莫

---

① ［宋］司马光主编，［元］胡三省音注：《资治通鉴》（第一册），中华书局1956年版，第29页。

② ［清］顾炎武著，黄汝成集释：《日知录集释》（卷十九），上海古籍出版社2006年版，第1445页。

③ ［清］王鸣盛著，黄鸣辉点校：《十七史商榷》，上海书店出版社2005年版，第933页。

善于司马温公《资治通鉴》。其论古皆折衷至当，开拓心胸。"①

近代著名学者梁启超评价说："司马温公《通鉴》，亦天地一大文也。其结构之宏伟，其取材之丰赡，使后世有欲著通史者，势不能不据以为蓝本，而至今卒未有能愈之者焉。温公亦伟人哉！"②

作者司马光，除了留下了这部恢宏巨著，更为人熟知的是其小时候砸缸救友的故事。事实上，司马光更重要的身份是当时最大的政治家之一。司马光二十岁考中进士，此后历仕北宋中期仁宗、英宗、神宗、哲宗四朝，最后薨在宰相的位置上。可以说在中国古代著名的历史学家里面，司马光是最懂政治的。他编写《资治通鉴》的初衷，也是为了让历史给未来提供借鉴，以迎来更好的政治。所以，有别于以往的其他史学著作，《资治通鉴》是以政治家的眼光重新选择历史、重新解读历史。

既然是以政治家的眼光来编写该书，那什么样的历史人物和历史故事可以进入《资治通鉴》呢？司马光的标准是："专取关国家兴衰，系生民休戚，善可为法，恶可为戒者。"由此不难想象，《资治通鉴》中与赋役有关的事件和人物无外乎两类：一类是值得效仿的善政，如"轻徭薄赋""与民休息"；另一类是引以为戒的恶政，如"横征暴敛""繁刑重赋"。

以下就选取《资治通鉴》中几个与赋税有关的故事。

## 二、《资治通鉴》中的税收故事

### （一）三家分晋

"三家分晋"是《资治通鉴》里讲的第一个故事。

---

① ［清］曾国藩纂：《经史百家杂钞》，岳麓书社 2015 年版，第 885 页。
② 梁启超：《中国历史研究法》，中华书局 2015 年版，第 8 页。

熟悉中国古代历史的读者对"三家分晋"都不会陌生。"三家分晋"也是史学领域划分春秋、战国两个时期的分界点。魏斯、韩虔、赵籍原本是晋国的卿大夫，周天子下令他们三人升格成为诸侯，魏、韩、赵正式建国，而晋国就不复存在了。

"三家分晋"事情的原委要从魏、韩、赵三家联合起来消灭智氏家族的事情说起。智氏家庭其实是晋国世袭卿大夫中实力最强的一个。智氏家庭的最后一任卿大夫智伯，为人嚣张跋扈、刻薄寡恩，不懂得笼络人心。智伯假借晋国国君之命筹措军费，要求魏、韩、赵三家各出一块城邑。魏、韩两家屈从于智伯的淫威，各自献出了一块城邑。而赵氏大夫赵襄子拒绝了智伯的要求，智伯于是联合魏、韩两家准备攻打赵氏。面对气势汹汹的智氏联军，赵襄子有三个战略要地可选：邯郸、长子或晋阳。邯郸是今天的河北邯郸，长子是今天的山西长治，晋阳是今天的山西太原。长子的优势是城高池深，邯郸的优势是粮草丰足，而赵襄子都不去，他选择去晋阳。他选择的依据是百姓赋役负担的轻重。赵襄子认为：城高池深，是因为老百姓的徭役繁重；粮草丰足，说明老百姓的赋税沉重！这些有什么可依恃的？让老百姓去筑城挖池，大肆征收老百姓的赋税粮草，现在又让那些人把命拿出来，跟你一块守城守池，老百姓肯定不干。而尹铎当初治理晋阳，轻徭薄赋深得民心，这才是最可依赖的。所以赵襄子最后选择去了晋阳。

事情的发展果然和赵襄子预计的差不多。当赵襄子逃回晋阳的时候，智伯率领三家联军紧追，把晋阳围得水泄不通，掘城灌水围了两年，水高到差一点就要漫过城墙了，灶间都是青蛙钻来游去的，但晋阳军民同仇敌忾，毫不动摇，坚定支持抗敌。

关于这一段，《资治通鉴》的原文是这样的：

智伯又求蔡、皋狼之地于赵襄子，襄子弗与。智伯怒，帅韩、魏之甲以攻赵氏。襄子将出，曰："吾何走乎?"从者曰："长子近，且城厚完。"襄子曰："民罢力以完之，又毙死以守之，其谁与我！"从者曰："邯郸之仓库实。"襄子曰："浚民之膏泽以实之，又因而杀之，其谁与我！其晋阳乎，先主之所属也，尹铎之所宽也，民必和矣。"乃走晋阳。

三家以国人围而灌之，城不浸者三版。沉灶产蛙，民无叛意。①

故事后来出现了反转，赵襄子后来联合魏、韩两家反攻智伯，最后智氏覆灭，魏、韩、赵三家尽分晋地。

在长子、邯郸、晋阳三城之间做选择时，赵襄子既没有选择城高池深的长子，也没有选择粮草丰足的邯郸，而是选择了表面上优势并不明显的晋阳。事实上，赵襄子的父亲赵简子早就把晋阳定位为坚固的后方。《资治通鉴》记述了这样一件事：

简子使尹铎为晋阳，请曰："以为茧丝乎？抑为保障乎？"简子曰："保障哉！"

尹铎损其户数。

简子谓无恤曰："晋国有难，而无以尹铎为少，无以晋阳为远，必以为归。"②

这件事用白话文讲是这样的：

赵简子派尹铎去晋阳，临行前尹铎请示说："您是打算让我去抽丝剥茧般地搜刮财富呢？还是作为保障之地？"赵简子说："作为保障。"

尹铎便少算居民户数，减轻赋税。

赵简子又对儿子赵无恤说："一旦晋国发生危难，你不要嫌尹铎地位不高，不要怕晋阳路途遥远，一定要以那里作为归宿。"

司马光通过前后铺垫的两个故事在给读者讲述一个道理：危难的时候，物质基础（包括城池、粮草）固然重要，但最重要的还是

①②　［宋］司马光：《资治通鉴·周纪一》，中华书局2009年版，第3页。

人心，而轻徭薄赋是获取人心最有效的手段。

### （二）七亡而无一得

鲍宣是西汉末年的朝廷大夫，字子都，渤海高城（今河北盐山东南）人。西汉哀帝时为谏大夫，敢于上书直言，抨击时政。他在给汉哀帝谏书中所总结的"民有七亡而无一得"中明确指出繁重的赋税和徭役是百姓生活困顿的重要原因。

《资治通鉴》原文是这样的：

今民有七亡：阴阳不和，水旱为灾，一亡也；县官重责更赋租税，二亡也；贪吏并公，受取不已，三亡也；豪强大姓，蚕食亡厌，四亡也；苛吏徭役，失农桑时，五亡也；部落鼓鸣，男女遮列，六亡也；盗贼劫略，取民财物，七亡也。

七亡尚可，又有七死：酷吏殴杀，一死也；治狱深刻，二死也；冤陷亡辜，三死也；盗贼横发，四死也；怨仇相残，五死也；岁恶饥饿，六死也；时气疾疫，七死也。

民有七亡而无一得，欲望国安，诚难；民有七死而无一生，欲望刑措，诚难。此非公卿、守相贪残成化之所致邪![1]

这段话用白话文解释是这样的：

现在人民生业有七失：阴阳不和，出现水旱灾，是一失；国家加重征收更赋和租税，苛责严酷，是二失；贪官污吏借口为公，勒索不已，是三失；豪强大姓蚕食兼并小民土地，贪得无厌，是四失；苛吏横征滥发徭役，耽误种田养蚕的农时，是五失；发现盗贼，村落鸣鼓示警，男女追捕清剿，是六失；盗贼抢劫，夺民财物，是七失。

七失尚可勉强忍受，然而还有七死：被酷吏殴打致死，是一

---

① ［宋］司马光：《资治通鉴·汉纪二十六》，中华书局 2009 年版，第 387 页。

死；入狱被虐致死，是二死；无辜被冤枉陷害而死，是三死；盗贼劫财残杀致死，为四死；怨仇相报残杀而死，为五死；荒年饥馑活活饿死，为六死；瘟疫流行染病而死，为七死。

人民生业有七失而没有一得，想让国家安定，也实在困难；百姓有七条死路而没有一条生路，想要无人犯法，废弃刑罚，也实在困难。这难道不是公卿、守相贪婪残忍成风所造成的后果吗？

### （三）魏明帝开征的"牛肉小赋"

三国时期曹魏政权的第二任皇帝曹叡（ruì），是曹操的孙子、曹丕的儿子。其母亲文昭甄皇后，史称甄夫人，相传是《洛神赋》中洛神的原型甄宓（fú）。

曹叡二十三岁即位，在位期间指挥曹真、司马懿等人成功防御了吴、蜀的多次攻伐，并且平定鲜卑、攻灭公孙渊，颇有建树。景初二年（公元 238 年），曹叡病逝于洛阳，时年三十六岁，庙号烈祖，谥号明皇帝，葬于高平陵。曹叡与其祖曹操、父曹丕并称"魏氏三祖"。

相传曹叡本来不是其父曹丕心中的太子人选，但一件事情改变了曹丕的初衷。曹叡曾经跟从曹丕狩猎，见到母子两鹿。曹丕射杀了鹿母，命令曹叡射杀子鹿，曹叡不从，并且说："您已经杀掉了母鹿，我实在不忍心再杀掉它的孩子。"说完哭泣不已。曹丕于是放下了弓箭，因为此事对曹叡的仁孝深感惊奇，于是立其为太子的心意已经确定。

曹叡统治的初期，还是比较勤勉的，也取得了一定的成就。有史家论云："曹叡统治时期，是魏王朝的全盛时期。"[1] 他对内加强中央集权，对外则抵御诸葛亮的北伐，不战而屈人之兵；同时积蓄

---

[1] 王仲荦：《魏晋南北朝史》（上册），上海人民出版社 1983 年版，第 134 页。

国力，图谋规划天下，并基本奠定了曹魏统一吴、蜀的胜局。但在执政的后期，尤其是蜀相诸葛亮死后，大患解除，魏明帝奢侈淫逸的本性就充分暴露出来了。他大兴土木、营建宫殿、广辟园囿、扩充后宫，改变了曹操以来的节俭政策，形成了奢靡风尚。这一做法耗费了大量的人力与财力，妨碍了社会经济的发展和人民生活的稳定，导致工商业的畸形发展和吏治的腐化。对此，不少朝臣进行了劝谏和批评。"牛肉小赋"的故事就是出自魏明帝的名臣高堂隆对明帝的劝谏上疏。

《资治通鉴》里的原文是这样的：

隆又上疏曰："昔洪水滔天二十二载，尧、舜君臣南面而已。今无若时之急，而使公卿大夫并与厮徒共供事役，闻之四夷，非嘉声也，垂之竹帛，非令名也。今吴、蜀二贼，非徒白地、小房、聚邑之寇，乃僭号称帝，欲与中国争衡。今若有人来告，'权、禅并修德政，轻省租赋，动咨耆贤，事遵礼度'，陛下闻之，岂不惕然恶其如此，以为难卒讨灭而为国忧乎！若使告者曰：'彼二贼并为无道，崇侈无度，役其士民，重其赋敛，下不堪命，吁嗟日甚'，陛下闻之，岂不幸彼疲敝而取之不难乎！苟如此，则可易心而度，事义之数亦不远矣！亡国之主自谓不亡，然后至于亡；贤圣之君自谓亡，然后至于不亡。今天下雕敝，民无儋石之储，国无终年之蓄，外有强敌，六军暴边，内兴土功，州郡骚动，若有寇警，则臣惧版筑之士不能投命虏庭矣。又，将吏奉禄，稍见折减，方之于昔，五分居一，诸受休者又绝禀赐，不应输者今皆出半，此为官入兼多于旧，其所出与参少于昔。而度支经用，更每不足，牛肉小赋，前后相继。反而推之，凡此诸费，必有所在。且夫禄赐谷帛，人主所以惠养吏民是为之司命者也，若今有废，是夺其命矣。既得之而又失之，此生怨之府也。"①

---

① ［宋］司马光：《资治通鉴·魏纪五》，中华书局 2009 年版，第 859 页。

这段话用现代白话文讲是这样的：

高堂隆又上书说："古代洪水泛滥，波浪滔天，历时二十二年，唐尧、虞舜依然面朝南方而坐，平安无事。如今没有那时的紧急情况，可是却让三公九卿大夫等官员与厮役共同从事力役，让四方蛮夷知道，记载在史书上，不是好的名声。而今吴、蜀二敌，不是大漠游散的胡人以及占据乡邑的盗贼，而是僭号称帝、欲与中原抗衡。如果现在有人来报告：'孙权、刘禅都在修德政，减轻田租赋税，有事向前辈贤者咨询，事事遵循礼仪法度。'陛下听到这些，难道能不警惕、厌恨他们，感到将难以很快消灭他们，而为国家忧虑吗？如有人说，'那两个敌国都行无道，崇尚奢华没有限度，奴役它的士人与庶民，加重田租赋税，下面承受不了，怨叹之声一天比一天厉害。'陛下听到这些，难道不庆幸他们的疲惫败落而认为攻取他们不会很难吗？如果是这样，那么可以变换位置思考一下，掌握事物的道理便不远了。将要亡国的君主自以为不会灭亡，然后导致亡国；圣贤的君主自认为有亡国之危，然后才不会亡国。而今天下凋敝衰败，人民没有一石以上的存粮，国家没有维持一年的储备，外有强敌虎视眈眈，大军只能长期驻守边防，国内大兴土木工程，州郡骚动不安，万一有敌人入侵的警报，那么，恐怕修建宫墙的官员便不能舍命破敌了。加之武将文官的俸禄逐渐减少，与从前相比，只有五分之一，很多受命退休的官员，不再发给生活费用，不应该交纳赋税的如今都要交纳一半，国家的收入比以前多出一倍，而支出比以前减少三分之一。可是，预算支出、筹划经费，愈加不够，缴纳牛肉税作为额外赋税，接连不断。反过来推算，多出的费用必定另有用途。俸禄发给米谷和布帛，是君王恩待官吏，让他们赖以为生，如果现在取消，就是夺去他们的性命了。已然得到的又失去，是怨恨集聚的根源。"

## （四）上与群臣论止盗

"上与群臣论止盗"是《资治通鉴》中非常有名的篇章，经常出现在中学生文言文的学习资料中，出自《资治通鉴》第一百九十二卷，是皇上与群臣议论怎样禁止盗贼的对话。

《资治通鉴》中的原文是这样的：

上与群臣论止盗。或请重法以禁之，上哂之曰："民之所以为盗者，由赋繁役重，官吏贪求，饥寒切身，故不暇顾廉耻耳。朕当去奢省费，轻徭薄赋，选用廉吏，使民衣食有余，则自不为盗，安用重法邪？"自是数年之后，海内升平，路不拾遗，外户不闭，商旅野宿焉。

上又尝谓侍臣曰："君依于国，国依于民。刻民以奉君，犹割肉以充腹，腹饱而身毙，君富而国亡。故人君之患，不自外来，常由身出。夫欲盛则费广，费广则赋重，赋重则民愁，民愁则国危，国危则君丧矣。朕常以此思之，故不敢纵欲也。"①

翻译成白话文是这样的：

皇上与群臣议论怎样禁止盗贼。有人请求使用严厉的刑法来制止。皇上微笑着对那官员说："老百姓去做盗贼的原因，是由于赋税太多，劳役、兵役太重，官吏们又贪得无厌，老百姓吃不饱、穿不暖，这是切身于实际的问题，所以也就顾不得廉耻了。我应该不奢侈，节省开支，减轻徭役，少收赋税，选用廉洁的官吏，使老百姓穿的吃的都有富余，那么他们自然就不会去做盗贼了，何必要用严厉的刑法呢？！"从这以后，过了几年，天下太平，没有人把别人掉在路上的东西拾了据为己有，大门可以不关，商人和旅客可以露宿。

---

① ［宋］司马光：《资治通鉴•唐纪八》，中华书局2009年版，第2320－2321页。

皇上曾对身边的大臣说："君主依靠国家，国家依靠民众。依靠剥削民众来奉养君主，如同割下身上的肉来充腹，腹饱而身死，君主富裕国家就会灭亡。所以，君主的忧患，不是来自外面，而是常在自身。欲望兴盛，费用就会增大；费用增大，赋役就会繁重；赋役繁重，民众就会愁苦；民众愁苦，国家就会危急；国家危急，君主就会丧失政权。我常常思考这些，所以就不敢放纵自己的欲望了。"

这里的皇上是唐太宗李世民。唐太宗提出禁止盗贼的方法是：去掉奢侈，节省开支，减轻徭役，少收赋税，选拔和任用廉洁的官吏，使老百姓穿的吃的都有富余。

"上与群臣论止盗"的故事告诉我们劝导阻止不去做坏事或者不利于他人事情，不能一味地"堵"，有时"疏"达到的效果可能更好。作为官员或者统治者，要学会体谅百姓，理解他们的难处，这样这个社会才会更加和谐与安宁。更为重要的是，统治者一定要控制欲望，统治者欲望的满足往往都是以损害百姓利益为代价，长此以往，就有可能动摇国本、丧失政权。

## 第四节　重大赋税改革在史学专著中的记载

历史上所有朝代都或多或少地进行过赋税改革。纵观中国古代史，目睹前朝统治者横征暴敛导致亡国惨痛教训的后朝统治者在新王朝建立初期往往都会实行"轻徭薄赋"的财税政策，但随着岁月的推移，各类开支越来越多，财政压力越来越大，统治者不得不想尽办法增加赋税收入，从而引发了一次又一次的赋税改革。其中唐代的"两税法"、明代的"一条鞭法"以及清代的"摊丁入亩"是最为著名的三次改革。本书所指的史学专著指的是二十四史及《资治通鉴》，其中二十四史到《明史》就结束了，因此以下仅介绍

"两税法"和"一条鞭法"在史学专著中的记载。

## 一、唐代"两税法"改革在史书中的记载

唐建中元年（公元780年），为了规范名目繁多的杂派和解决财政危机，唐德宗采纳宰相杨炎的建议，实行从田而税的"两税法"。两税法是以唐初以来的户税、地税为主，统一各项税收发展而成的并税制改革，它分夏、秋两季征收，故称为两税。夏税不超过六月、秋税不超过十一月，以资产、田亩为纳税依据。

《旧唐书》中关于这一段是这样记载的：

建中元年二月，遣黜陟使分行天下，其诏略曰："户无主客，以见居为簿。人无丁中，以贫富为差。行商者，在郡县税三十之一。居人之税，秋夏两征之。各有不便者，三之。余征赋悉罢，而丁额不废。其田亩之税，率以大历十四年垦数为准。征夏税无过六月。秋税无过十一月。违者进退长吏。令黜陟使各量风土所宜、人户多少均之，定其赋，尚书度支总统焉。"①

《新唐书》关于这一段的记载如下：

自代宗时，始以亩定税，而敛以夏秋。至德宗相杨炎，遂作两税法，夏输无过六月，秋输无过十一月。置两税使以总之，量出制入。户无主、客，以居者为簿；人无丁、中，以贫富为差。商贾税三十之一，与居者均役。田税视大历十四年垦田之数为定。遣黜陟使按比诸道丁产等级，免鳏寡惸独不济者。敢有加敛，以枉法论。②

《资治通鉴》中同样也有关于"两税法"的记载：

唐德宗建中元年（庚申，公元780年）。

---

① ［后晋］刘昫：《旧唐书》卷48《食货志》，中华书局2000年简体字本，第1410页。

② ［宋］欧阳修：《新唐书》卷52《食货志》，中华书局2000年简体字本，第887页。

春，正月，丁卯朔，改元。群臣上尊号曰圣神文武皇帝，赦天下。始用杨炎议，命黜陟使与观察、刺史"约百姓丁产，定等级，改作两税法。比来新旧徵科色目，一切罢之；二税外辄率一钱者，以枉法论"。[①]

翻译成白话文的意思是：

唐德宗建中元年（农历庚申年，公元780年）。

春季，正月，丁卯朔（初一），更改年号。群臣为德宗进献尊号，称作圣神文武皇帝，大赦天下。德宗开始采用杨炎的建议，命令黜陟使和观察使、刺史"估量百姓的人丁财产，定出等级，改变旧税法，实行两税法。将近年来原有和新增的各项征收名目一律取消。在两税以外，就是向百姓再收敛一个铜钱，便以违法论处"。

"两税法"制度是以田亩为单位确定地税，以贫富为标准确定户税，以货币替代谷米和绢帛进行缴纳，每年不晚于六月和十一月征收，其他的苛捐杂税全免。

"两税法"之前的"租庸调制"，因为唐朝人口日益增加、土地紧缺而出现"水土不服"，从而不适用于长期统一和平的唐帝国，反而成为拖累它发展的又一重要因素。因此，在经过艰难抉择之后，租庸调制和府兵制退出历史舞台，"两税法"应运而生。"两税法"与"租庸调制"相比，最显著的特点是不再以人口为基础，而是着眼于实际的亩数和家庭资产。这种征收赋税的方式，使得帝国财政和相应的负担能力转为一致，并为巩固帝国根基找到了新的基础。

"两税法"的改革在我国赋税改革史上具有划时代的意义，它顺应了土地私有化快速发展、豪强兼并愈演愈烈、均田制基础遭到严重破坏、人口加速流动、商品经济日益活跃的客观经济形势，对

---

① ［宋］司马光：《资治通鉴·唐纪四十二》，中华书局2009年版，第2793页。

弥补"租庸调制"的缺陷、保证财政收入、简化税制、巩固财税基础、抑制豪强兼并、公平税收负担、缓和社会矛盾都具有重要意义，因而受到历代史学家的高度赞赏，也对明清两朝彻底回归税地的改革产生了重大影响。

## 二、明代"一条鞭法"在史书中的记载

"一条鞭法"，初名条编法，又名类编法、明编法、总编法。字面意思就是化繁为简，把徭役与地税合并，按亩征纳，将繁杂的赋役项目合编为一条。

《明史》中关于"一条鞭法"是这样记载的：

一条鞭法者，总括一州县之赋役，量地计丁，丁粮毕输於官。一岁之役，官为佥募。力差，则计其工食之费，量为增减；银差，则计其交纳之费，加以增耗。凡额办、派办、京库岁需与存留、供亿诸费，以及土贡方物，悉并为一条，皆计亩微银，折办於官，故谓之一条鞭。立法颇为简便。①

"一条鞭法"具体来说就是：（1）以州县为单位，将所有赋税（包括正税、附加税、土贡方物以及中央和地方需要的各种经费）和全部徭役（包括里甲、均徭和杂泛）统一编派，总为一项收入，统一征收，使国家容易掌握、百姓明白易知，防止官吏豪强从中贪污作弊。（2）取消按户计征的里甲役，把不役者缴纳的全部"门银"（户银）同按丁分派的"丁银"合并。其中力差（以身应役）按承担均徭、杂泛的"工"（劳动）和"食"（服役期间全部生活费用）折算"丁银"，"银差"（纳银代役）则按纳银数加少量"银耗"核算"丁银"。全部役银综合考虑"丁"和"地"两大因

---

① ［清］张廷玉：《明史》卷78《食货志》，中华书局2000年简体字本，第1269页。

素的权重统一编派。自此，户不再是分派徭役的根据，丁的负担也部分转到"地"或"粮"中。（3）赋、役之中，除国家必需的米麦丝绢仍交实物和丁银的一部分仍归于人丁承担外，其余"皆计亩征银、折办于官"。（4）官府用役，一律"官为金募"，雇人从役。过去由户丁承担的催税，以及解送田粮之差、伐薪、修路、搬运、厨役等杂役一律免除。

"一条鞭法"改变了赋、役并行以及实物与货币并行的传统征收模式，实行赋役并轨、计亩征银的新型征收制度，大大简化了赋役征收手续，提高了征管效率，对遏制贪官的徇私舞弊，减轻农民的赋役负担，调动农民的生产积极性，弱化农民对封建国家的人身依附关系，促进资本主义工商业的发展，增加国家财政收入，都具有重要意义，是中国古代赋税制度改革史上的里程碑。

# 4 第四章

# 古代诗词中的税收

## 第一节 诗词概述

诗词是一种抒情言志的文学体裁，是用高度凝练的语言，生动形象地表达作者丰富的情感，集中反映社会生活并具有一定节奏和韵律的文学体裁。

古时候信息技术不发达，所以人们从这一个地区到那一个地区传递信息都非常不方便，于是他们将写好的诗编成歌，而诗歌就可以口口相传。诗歌起源于上古的社会生活，是由劳动生产、两性相恋、原始宗教等产生的一种有韵律、富有感情色彩的语言形式。

《尚书·虞书·舜典》记载："诗言志，歌咏言，声依永，律和声。"[①]

《礼记·乐记》记载："诗，言其志也；歌，咏其声也；舞，动其容也；三者本于心，然后乐器从之。"[②]

早期，诗、歌与乐、舞是合为一体的。诗即歌词，在实际表演中总是配合音乐、舞蹈而歌唱，后来诗、歌、乐、舞各自发展，独

---

① ［春秋］孔丘原著，陈戍国校注：《尚书》，岳麓书社 2019 年版，第 12 页。
② ［春秋］孔丘原著，陈戍国导读校注：《礼记》，岳麓书社 2019 年版，第 271 页。

立成体。以入乐与否，区分歌与诗，入乐为歌，不入乐为诗。也就是《文心雕龙·乐府》中所谓的"乐词曰诗，咏声曰歌"①。诗从歌中分化而来，为语言艺术，而歌则是一种历史久远的音乐文学。

《诗经》是入乐歌唱的，严格地说它是歌，正因为如此，《诗经》被一些学者称为是我国音乐文学成熟的标志。

中国的诗歌从《诗经》开始，先后经历了《楚辞》、汉乐府诗、魏晋南北朝民歌、唐诗、宋词、元曲、明清诗歌、现代诗、新诗等阶段。

文人对"诗"这一文学体裁所给的定义有以下几种。

《文心雕龙·明诗》有云："在心为志，发言为诗，舒文载实，其在兹乎。故诗者，持也，持人情性。"②

南宋严羽《沧浪诗话》有云："诗者，吟咏性情也。"③

我国现代诗人、文学评论家何其芳曾说："诗是一种最集中地反映社会生活的文学样式，它饱含着丰富的想象和感情，常常以直接抒情的方式来表现，而且在精炼与和谐的程度上，特别是在节奏的鲜明上，它的语言有别于散文的语言。"④ 这段话精准地概括了诗歌的几个基本特点：第一，高度集中，概括地反映生活；第二，抒情言志，饱含丰富的思想感情；第三，丰富的想象、联想和幻想；第四，形式上以行为单位而不是以句子为单位。

按音律分，诗歌可以分为古体诗和近体诗两类。古体诗和近体诗是唐代形成的概念，是从诗的音律角度来划分的。

古体诗包括唐以前的诗歌、楚辞、乐府诗。古体诗不讲对仗，

---

① ［南朝梁］刘勰著，［清］黄淑琳注，［清］纪昀评，戚良德辑校，李祥补注，刘咸炘阐说：《文心雕龙》，上海古籍出版社 2015 年版，第 42 页。

② ［南朝梁］刘勰著，［清］黄淑琳注，［清］纪昀评，戚良德辑校，李祥补注，刘咸炘阐说：《文心雕龙》，上海古籍出版社 2015 年版，第 31 页。

③ ［宋］严羽著，郭绍虞校释：《沧浪诗话》，人民文学出版社 1983 年版，第 3 页。

④ 何其芳：《诗歌欣赏》，复旦大学出版社 2004 年版，第 2 页。

押韵较自由。

与古体诗相对的近体诗又称今体诗，是唐代形成的一种格律体诗，分为两种，其字数、句数、平仄、用韵等都有严格规定。一种称"绝句"，每首四句，五言的简称五绝，七言的简称七绝。另一种称"律诗"，每首八句，五言的简称五律，七言的简称七律，超过八句的称为排律（或长律）。

说起古代诗歌，不能不提唐诗宋诗（词）。唐宋时期的诗词作品，不仅数量丰富，而且名家辈出、群星荟萃，像李白、杜甫、白居易、苏轼等，这些才华卓著的诗人把中华民族最丰富、最美好的思想情感用最美的语言向人们表达出来，留给后世一笔巨大的精神遗产。唐宋诗词不仅包含巨大的审美价值，而且也充溢着丰富的精神内涵。

唐诗，泛指创作于唐朝的诗，为唐代文人儒客的智慧佳作。唐诗是中华民族珍贵的文化遗产之一，是中华文化宝库中的一颗明珠，同时也对世界上许多国家的文化发展产生了很大影响，对于后人研究唐代的政治、民情、风俗、文化等都有重要的参考意义。从形式上分类，唐诗基本上有六种：五言古体诗、七言古体诗，五言绝句、七言绝句，五言律诗、七言律诗。不仅形式多样，唐诗的风格同样丰富多彩，并且不断推陈出新。唐诗不仅继承了汉魏民歌、乐府传统，并且大大发展了歌行体的样式。唐诗不仅继承了前代的五言、七言古诗，并且发展为叙事言情的鸿篇巨制；不仅扩展了五言、七言形式的运用，还创造了风格特别优美整齐的近体诗。近体诗是唐代诗歌发展史上的一件大事，它把我国古曲诗歌的音节和谐、文字精练的艺术特色，推到前所未有的高度，为古代抒情诗找到一个最典型的形式，至今还特别为群众所喜闻乐见。但是近体诗中的律诗，由于它有严格的格律的限制，容易使诗的内容受到束缚，不能自由创造和发挥，这是它的局限。唐代出现了大量著名诗人，初唐时期的王勃、杨炯、卢照邻、骆宾王、陈子昂等（前四位被后世称为"初唐四杰"），盛唐时期的李白（诗仙）、杜甫（诗圣），中唐时期的白居易、刘长卿、韦应物、元稹、刘禹锡、李贺（诗鬼）等，晚唐时期的温庭筠、李商隐、杜牧、韦庄等。

　　唐代之后的宋代在诗歌上也取得了很大的成就，与唐诗显著不同的是宋诗体现出散文化、议论化的鲜明特点。这是因为在宋代，绝大多数诗人具有官僚和知识分子的双重身份，"开口揽时事，论议争煌煌"① 是这批诗人的共同特征。除了议论，宋诗还经常把人生哲理寄寓在诗歌中。宋代诗词名人也有很多，如苏轼、王安石、黄庭坚、陈师道、陆游、范成大、辛弃疾等。

　　孔子曾说："诗，可以兴，可以观，可以群，可以怨。"② 将诗歌怨刺与批判社会的功能放在了非常重要的位置。唐宋之际的诗人大多受儒家思想的影响，将诗歌赋予重大的社会意义，对社会的关切是唐宋诗词中一个核心主题。而赋役制度本身就是社会制度中一个十分重要的内容，很多涉及赋税的诗词不仅表现了作者强烈的社会改良意识与批判精神，还体现了作者深厚的社会责任感和爱国情怀。这些都是和中国古代文人士大夫的忧国忧民情怀分不开的，心忧天下，关怀天下苍生，让他们时常以一种忘我的状态去体察社会民情，揭露社会黑暗。这其中的代表性人物为唐代的白居易和宋代的苏轼。本章后面的内容将以白居易、苏轼为代表，探寻诗词中的税收。

## 第二节　白居易诗词中的税收

### 一、白居易简介

　　白居易，唐代伟大的现实主义诗人，与"诗仙"李白、"诗圣"

---

① 出自欧阳修的《镇阳读书》。
② ［春秋］孔丘原著，陈晓芬译注：《论语》，中华书局 2015 年版，第 211 页。

杜甫并称为唐代三大诗人。其一生创作的诗有近三千首，包括《琵琶行》《长恨歌》等叙事诗名篇，也包括《秦中吟》《新乐府》等讽喻诗佳作。时至今日，白居易的很多诗句依然脍炙人口，如"同是天涯沦落人，相逢何必曾相识"（出自《琵琶行》），又如"天长地久有时尽，此恨绵绵无绝期"（出自《长恨歌》）。

《新唐书·白居易传》中是这样记叙其生平事迹的：

白居易，字乐天，其先盖太原人。

居易敏悟绝人，工文章。未冠，谒顾况。况，吴人，恃才少所推可，见其文，自失曰："吾谓斯文遂绝，今复得子矣！"贞元中，擢进士、拔萃皆中。元和元年，对制策乙等，调盩厔尉，为集贤校理，月中，召入翰林为学士。迁左拾遗。四年，天子以旱甚，下诏有所蠲贷，振除灾沴。居易见诏节未详，即建言乞尽免江淮两赋，以救流瘵，且多出宫人。宪宗颇采纳。李师道上私钱六百万，为魏征孙赎故第，居易言："征任宰相，太宗用殿材成其正寝，后嗣不能守，陛下犹宜以贤者子孙赎而赐之。师道人臣，不宜掠美。"帝从之。度支有囚系阌乡狱，更三赦不得原。又奏言："父死，絷其子，夫久系，妻嫁，债无偿期，禁无休日，请一切免之。"奏凡十余上，益知名。后对殿中，论执强鲠，帝未谕，辄进曰："陛下误矣。"帝变色，罢，谓李绛曰："是子我自拔擢，乃敢尔，我叵堪此，必斥之！"绛曰："陛下启言者路，故群臣敢论得失。若黜之，是箝其口，使自为谋，非所以发扬盛德也。"帝悟，待之如初。岁满当迁，帝以资浅，且家素贫，听自择官。居易请如姜公辅以学士兼京兆户曹参军，以便养，诏可。明年，以母丧解，还，拜左赞善大夫。河朔复乱，贼取弓高，绝粮道。于是，天子荒纵，宰相才下，赏罚失所宜，坐视贼，无能为。居易虽进忠，不见听，乃丐外迁。为杭州刺史，始筑堤捍钱塘湖，钟泄其水，溉田千顷。复浚李泌六井，民赖其汲。复拜苏州刺史，病免。六年，卒，年七十五，赠尚书右仆射，宣宗以诗吊之。遗命薄葬，毋请谥。居易于文章精切，然最工诗。至数千篇，当时士人争传。

赞曰：居易在元和、长庆时，与元稹俱有名，最长于诗，它文未能称是也，多至数千篇，唐以来所未有。其自叙言："关美刺者，谓之讽喻；咏性情者，谓之闲适；触事而发，谓之感伤；其它为杂律。"又讥"世人所爱惟杂律诗，彼所重，我所轻。至讽喻意激而言质，闲适思澹而辞迂，以质合迂，宜人之不爱也"。今视其文，信然。而杜牧谓："纤艳不逞，非庄士雅人所为。流传人间，子父女母交口教授，淫言媟语入人肌骨不可去。"观居易始以直道奋，在天子前争安危，冀以立功，虽中被斥，晚益不衰。呜呼，居易其贤哉！①

用现代白话文翻译如下：

白居易，字乐天，他的祖先是太原人。

居易聪明过人，擅长做文章。未成年时，谒见顾况。顾况，是吴人，倚仗才华很少推崇称赞别人，见了白居易的文章，脱口而出说："我以为文人已经灭绝了，现在又发现了一个你！"贞元年间，白居易应考进士，拔萃科都中。元和元年，对制策为乙等，调任盩厔尉（周至尉），任集贤校理，在这个月中，召白居易入翰林院任学士。后升任左拾遗。元和四年，天子因旱灾严重，下诏对租赋有所宽免，赈济民众减轻灾害。白居易见诏书细节不够详尽，就建议请求免除江淮两地的赋税，来赈救逃荒的饥民。宪宗有所采纳。李师道献上私款六百万，为魏征的孙子赎老宅。白居易说："魏徵任宰相，太宗用皇宫大殿的木料修建成府第赐给他，后人不能守成，陛下也应当因他是贤者的子孙赎回并赐还给他。李师道作为臣下，不应当掠取美名。"皇帝同意。度支司有囚犯拘禁在闻（wén）乡狱中，经过三次大赦没有得到宽免。白居易又上奏说："父亲死去，拘禁他的儿子，

---

① ［宋］欧阳修：《新唐书》卷119《白居易传》，中华书局2000年简体字本，第3406页。

丈夫长久拘禁，妻子改嫁，债务没有偿还的日期，囚禁没有休止的日子，请求完全赦免他们。"白居易一共上奏十余次奏章，更加知名。后来白居易在殿中答对时，辩论刚正耿直，皇帝不理解，白居易就进言说："陛下错了。"皇帝不高兴，答对结束后，皇帝对李绛说："这个人是我亲自提拔的，却敢这样，我不堪忍受他这样做，一定赶走他（贬逐）！"李绛说："陛下开启进言之路，所以群臣敢于议论得失。如果贬黜他们，这是封住（堵塞）他们的口，使他们为自身谋划，这不是用来彰显皇上高尚品德的做法。"皇帝领悟，对待白居易如同当初。白居易任职期满应当升官，皇帝认为他资历浅，而且家庭一向贫困，允许他自己选择官职。白居易请求如同姜公辅以学士兼任京兆户曹参军，以便奉养（家人），皇帝下诏许可。第二年，白居易因母亲去世解官，守丧期满还朝，授任左赞善大夫。河朔再次出现叛乱，叛贼攻取弓高，断绝粮道。在这时候，天子迷乱放纵，宰相才能低下，赏罚不当，坐视贼兵，无能为力。白居易虽然进谏忠言，却不被皇帝听取，就乞请调任外官。白居易任杭州刺史，开始修筑堤坝保护钱塘湖，用钱塘湖蓄洪和放水，灌溉千顷农田。又治理疏通李泌六井，民众依赖它饮用。又授任苏州刺史，因病免官。（武宗）会昌六年，去世，终年七十五岁，追赠尚书右仆射，宣宗写诗悼念他。白居易留下遗言要求薄葬，不请求谥号。白居易写文章精细确切，但最擅长作诗。达到数千篇，当时被士人争相传诵。

评论：白居易在元和、长庆年间，与元稹都很有名气，最擅长写诗，其他体裁文章，未足称佳，诗多至数千篇，为唐以来所没有的。他自己说："有关歌颂或讽刺的，叫作讽喻诗；歌咏性情的，叫作闲适诗；碰到事情有感而发的，叫作感伤诗；其他的为杂律诗。"又自讽说："世人所钟爱的只是杂律诗，他们看重的，正是我所轻视的。至于讽喻诗，含意激切但言辞是质朴的，闲适诗思虑恬静澹泊而文辞迂缓，由于语言质朴再加上文辞不够流畅，人们不喜爱

也是应该的了。"现在读他的诗文，的确如此。但是杜牧说："纤艳
不检点的诗文，不是庄重高雅的人所做的。这种诗流传人间，父子母
女口口相教授，淫词亵语入人肌骨而不能消除。"审视白居易，最初
竭力直言，在天子面前为政局的安危诤谏，希望以此立功，虽然中
道被斥贬，但后来更为坚定不衰。呜呼，白居易是个贤达的人哪！

白居易一生共创作了近三千首诗，分为杂律诗、闲适诗、感伤
诗、讽喻诗四类。他不但是个多产的作家，还提出了一套诗歌理
论。安史之乱后的唐朝国势衰微，各种社会矛盾凸显并加剧，白居
易总结了陈子昂、杜甫等人关于诗歌的进步理论，结合时代的需
要，把诗歌与现实的关系及社会作用阐述得很明确。他认为诗歌创
作不能离开现实，必须取材于现实生活中的事件，积极反映社会生
活和政治状况，明确诗歌创作的目的应是"补察时政"与"泄导
人情"，语言力求浅显易懂。白居易富有战斗性的诗歌理论具有重
要意义，历来都为学界所关注。白居易有"诗魔"和"诗王"之
称，和元稹并称"元白"，和刘禹锡并称"刘白"。

白居易被后世认为是"新乐府运动"的执牛耳者。

"新乐府运动"是唐朝元和年间（公元 806～820 年）发生的
用通俗化的乐府体写时事和社会生活的诗歌运动。除了白居易外，
乐府诗的作者主要还有元稹、李绅、张籍和王建等人。新乐府运动
是贞元、元和年间特定时代条件下的产物。这时，安史之乱已经过
去，唐王朝正走向衰落。一方面，藩镇割据，宦官擅权，赋税繁
重，贫富悬殊，外族侵扰，战祸频仍，社会生活各方面的矛盾进一
步显露出来；另一方面，统治阶级中一部分有识之士，对现实的弊
病有了更清楚的认识，他们希望通过改良政治，缓和社会矛盾，使
唐王朝中兴。这种情况反映在当时的文坛和诗坛上，便分别出现了
韩愈、柳宗元倡导的古文运动和白居易、元稹倡导的新乐府运动。
新乐府运动的诗歌创作，实践了上述理论主张。白居易、元稹等人

的乐府诗及其他的一些作品，反映了中唐时期极为广阔的社会生活面，从各个方面揭示了当时存在的社会矛盾，提出了异常尖锐的社会问题。白居易在《与元九书》中提出："文章合为时而著，歌诗合为事而作。"① 白居易所强调的要为"时"、为"事"而作，是指政教的得失、国家的兴衰、民生的疾苦，具体到创作方法上就是"补察时政，泄导人情"。"泄导人情"是诗人的创作导向，"补察时政"是执政者的观诗施政。本着这一原则，白居易写下了大量的讽喻诗，《新乐府》就是在这一时期创作的优秀之作。在《新乐府序》中全面提出了新乐府诗歌的创作原则，要求文辞质朴易懂，便于读者理解；说的话要直截了当、切中时弊，使闻者足戒；叙事要有根据，令人信服；还要词句通顺，合于声律，可以入乐。宣称要为君、为臣、为民、为物、为事而作，不为文而作。在《寄唐生》一诗里，白居易也有表达出这样的观点："不能发声哭，转作乐府诗。篇篇无空文，句句必尽规。"② 这实际上就是说，写诗要反映现实，批判现实，要注意民生疾苦，对症下药，有的放矢，不为艺术而艺术。白居易的很多诗都具有高度的思想性，他竭力反对统治阶级对劳动人民的残酷压迫和剥削，从白居易的诗文中透露出作者强烈的反抗性和疾恶如仇的斗争精神，这些都昭示着白居易的不朽与伟大。

白居易的新乐府诗词，是我国古代诗歌演进历程上非常关键的一个环节。在白居易之前，人们对文学本质特征的认识，主要是"言志"的或者"缘情"的。所谓"言志"，指的是"喻象"文学，其代表作品有《诗经》、屈原的《离骚》、阮籍的《咏怀》等，这些诗歌的特点是其属意所在都是比喻、象征、寄托，而所喻与被

---

① ［唐］白居易著，孙安邦解评：《白居易集》，山西古籍出版社 2006 年版，第287 页。

② ［唐］白居易著，孙安邦解评：《白居易集》，山西古籍出版社 2006 年版，第33 – 34 页。

喻、所托与被托之间，都必须找到某种相互对应的似同性，这实际
是原始先民简单朴素的求同思维观念的理性化。这些诗歌中所表现
的仅是某种抽象的认识或概念，所以必须借助于类同对应的具体事
物形象，也就是常说的"比""兴"等修辞手法。所谓"缘情"，
指的是魏晋之后的"意象"文学，这类诗歌的特点是在写物时不再
如《诗经》《离骚》那样出于理性的类比认同，而是由于心物之间
形成的某种同构、情景之间产生的某种契合，所表现的也不再是某
种抽象的概念思想，而仅仅是一种直觉的感触、意绪或情思，作者
的笔触已由显意识向隐意识沉淀。不论是"言志"诗还是"缘情"
诗，诗歌的现实品质和生活本体内容要么被忽视、要么根本未引起
注意。而白居易从他"为时为事"的新创作基点出发，要求"即
事名篇""刺美见事""因事立题""歌民病痛"，对诗歌创作提出
崭新理解：不再以主体精神世界为创作的主要表现对象，而是以再
现客体生活本身为其根本目的。白居易是古代诗歌由传统的表现性
文学向新兴再现文学转变的杰出代表。除了"为时为事"的创作主
张外，白居易的诗歌还体现出了内容上的"真实性"、思想上的
"人民性"、语言上的"通俗性"三大特点。这三大特点使诗歌从
贵族身份中解脱出来而更接近人民、接近生活，也使白居易的作品
不仅在国内广为流传，且远诵于国外。以下就通过白居易创作的几
首诗来认识一下白居易诗中的税收。

## 二、《欢刈（yì）麦》

**原文：**

田家少闲月，五月人倍忙。

夜来南风起，小麦覆陇黄。

妇姑荷箪食，童稚携壶浆，

相随饷田去，丁壮在南冈。

足蒸暑土气，背灼炎天光，

力尽不知热，但惜夏日长。

复有贫妇人，抱子在其旁，

右手秉遗穗，左臂悬敝筐。

听其相顾言，闻者为悲伤。

家田输税尽，拾此充饥肠。

今我何功德，曾不事农桑。

吏禄三百石，岁晏有余粮。

念此私自愧，尽日不能忘。

**白话译文：**

农民终年没有闲暇，到了五月加倍繁忙。

夜里吹来暖暖南风，地里小麦盖垄熟黄。

妇女用筐挑着食物，孩子提壶盛满水汤。

相伴到田里送饭食，男人劳作在南山冈。

脚被地面热气熏蒸，背烤着火辣的阳光。

精疲力竭不觉酷热，只是珍惜夏日昼长。

又见一位贫苦农妇，抱着孩子跟在人旁。

右手拿着捡的麦穗，左臂挂着一个破筐。

听她回头述说家境，听的人都为她悲伤。

为了缴税家田卖尽，靠捡麦穗填充饥肠。

如今我有什么功德，从来没有种田采桑。

一年俸禄有三百石，到了年底还有余粮。

想到这些暗自惭愧，整日整夜念念不忘。

《观刈麦》是白居易任周至县尉时有感于当地人民劳动艰苦、生活贫困所写的一首诗。刈，动词，割（草或谷类）的意思。县尉在县里主管缉捕盗贼、征收捐税等事务。正因为白居易主管此事，所以他对劳动人民在这方面所受的灾难也最清楚。

这是一首著名的讽喻诗。无论是对比手法，还是翻进一层的写法，都相当成功。而作者在客观的叙述中抨击了和籴制度（朝廷向民间强制征购粮食的措施），在自责中谴责了官吏的掠夺行径，在含蓄中矛头直指最高封建统治者，看似不经意的记述叙事，实际上字里行间充满了对农民的同情、对官吏的谴责，这是该诗最大的艺术成功之处。

这首诗叙事明白，结构自然，层次清楚，顺理成章。

诗一开头，先交代背景，表明是五月麦收的农忙季节。接着写妇女领着小孩往田里去，给正在割麦的青壮年送饭、送水。随后就描写青壮年农民在南冈麦田低着头割麦，脚下暑气熏蒸、背上烈日烘烤，已经累得筋疲力尽还不觉得炎热，只是珍惜夏天昼长能够多干点活。写到此处，这一家农民辛苦劳碌的情景已经有力地展现出来。接下来又描写了另一种令人心酸的情景：一个贫妇人怀里抱着孩子、手里提着破篮子，在割麦者旁边拾麦。她来拾麦的原因是她家的田地已经"输税尽"——为缴纳官税而卖光了，如今无田可种、无麦可收，只好靠拾麦充饥。这两种情景交织在一起，有差异又有关联：前者揭示了农民的辛苦，后者揭示了赋税的繁重。繁重的赋税既然已经使贫妇人失掉田地，那就也有可能会使这一家正在割麦的农民失掉田地。今日的拾麦者，乃是昨日的割麦者；而今日的割麦者，也可能成为明日的拾麦者。强烈的讽喻意味，自在不言之中。作者由农民生活的痛苦联想到自己舒适的生活，感到惭愧，内心久久不能平静。

在《观刈麦》里，作者虽然着墨不多，但是却把割麦者与拾麦者在夏收时那种辛勤劳碌而又痛苦的生活情景描写得生动真切、历历如画。不仅写了事，而且写了心，包括作者本人的心和劳动人民的心。诗人的心弦显然是被耳闻目睹的悲惨景象震动了，所以才提起笔来直歌其事，所以在字里行间都充满对劳动者的同情和怜悯。像"足蒸暑土气，背灼炎天光""家田输税尽，拾此充饥肠"这样的诗句，里面包含着作者无限的同情之感与怜悯之意。作者在真实地写劳动人民之事的同时，还能够真实地写出劳动人民之心。

《观刈麦》中的"力尽不知热，但惜夏日长"与作者另一首诗《卖炭翁》中的"可怜身上衣正单，心忧炭贱愿天寒"有异曲同工之妙。"身上衣正单"，正常心理应该是希望天暖，然而卖炭翁是把解决衣食问题的全部希望寄托在卖炭所得上的，所以他"心忧炭贱愿天寒"，在冻得发抖的时候，一心盼望天气更冷。《观刈麦》中的割麦者在足蒸背烤的炎热环境中，正常心理是希望早早收工，但是为了多一点收获，割麦者珍惜白天的劳动时间，所以他"不知热"，希望夏日还要再长一些。明明已经很热了，但割麦者不觉得热；明明已经很冷了，但卖炭翁希望更冷，两者都刻画出劳动人民在某种特定情况下的非正常心理。

本诗的最后两句"吏禄三百石，岁晏有余粮。念此私自愧，尽日不能忘"是全诗的精华所在。它是作者触景生情的产物，表现了诗人对劳动人民的深切同情。在这首诗中，他以自己切身的感受，把农民和作为朝廷官员的自己进行鲜明对比，就是希望"天子"有所感悟，手法巧妙而委婉，可谓用心良苦。

《观刈麦》一诗对农民的辛勤劳动和苦难生活都作了真实而形象的描绘，并把作者自己放进去和他们作对比，从而看出作者深切同情农民、反对残酷的经济剥削的思想。

## 三、《赠友》

原文：

私家无钱炉，平地无铜山。

胡为秋夏税，岁岁输铜钱。

钱力日已重，农力日已殚。

贱粜粟与麦，贱贸丝与绵。

岁暮衣食尽，焉得无饥寒。

吾闻国之初，有制垂不刊。

庸必算丁口，租必计桑田。

不求土所无，不强人所难。

量入以为出，上足下亦安。

兵兴一变法，兵息遂不还。

使我农桑人，憔悴畎亩间。

谁能革此弊，待君秉利权。

复彼租佣法，令如贞观年。

## 白话译文：

老百姓家里没有铸钱的匠炉，平地上也没有铜山。

为什么要夏秋两次纳税，年年要缴纳铜钱呢？

铜钱的力量越来越大，农民的财力越来越枯竭。

因为要用铜钱缴纳税赋，老百姓不得不贱卖农作物以换成铜钱。

其结果是劳动人民一年到头缺吃少穿、挨饿受冻。

听说建国初年，颁布了妥善的法令。

那时征收徭役要看壮年男子的多少，征收租谷要根据土地的亩数。

政府不向人民勒索土地上不出产的东西，不强求人们做办不到的事情。

国家繁荣昌盛，人民安居乐业，正是政府采用了按照收入计划支出的财政原则。

如今的税制是因为战乱导致军事开支增加而推行的，但现在战乱已经平息了，税制却没有恢复原样。

这使得从事农业生产的百姓越来越辛苦困顿。

要是能够革除这些弊病，恢复均田制和租庸调制度，使国家像贞观盛世那样繁荣昌盛，国家的政权就让谁去掌管。

《赠友》一诗写于唐宪宗元和十年（公元815年）。

作者用了对比的手法，揭露了德宗以后实行的"两税法"的弊病，抨击了"量出制入"的财政原则；同时赞美了贞观时代实行的"均田制"和"租庸调"制，肯定了"量入为出"是国富民安的财政原则。作者在本诗中所向往的，正是唐初由于实行均田制和租庸调制所带来的"太平盛世"；所揭露和抨击的，也正是两税法的弊病对社会造成的恶果。在作者看来，两税法最大的弊端是必须用钱来缴纳赋税，这与此前的"租庸调"相比，对百姓的剥削又增加了。因为农业生产的直接产品是粟、麦、丝、帛等物品，为了缴纳赋税，必须将这些实物出售以换成铜钱，可是出售价格却完全由统治者来确定，为了换铜钱缴纳赋税，农民不得不贱卖农产品。与此同时，"量出制入"的原则也使得统治者可以此为借口，随意挥霍浪费，可以对劳动人民毫无限制地进行掠夺。朝廷的腐败、税制的弊病、民不聊生的社会状况，非常自然地引起了作者对唐初贞观盛世的赞颂以及对"量入为出"的财政原则的向往。

白居易所称赞的均田制是唐初的土地制度，主要内容是农民按户籍丁口授田、贵族官僚按品级授田。与均土制对应的赋税制度是租庸调制。唐初租庸调规定：丁男（二十一岁到五十九岁）每年向政府交纳粟二石或稻三解，叫"租"，交纳绢或其他丝织品二丈、绵三两，或交纳布二丈五尺、麻三斤，叫"调"；丁男每年服徭役二十天、闰年加二天，若不服役，每天折纳绢三尺或布三尺七寸半，叫"庸"。唐朝著名宰相陆贽有云"有田则有租，有家则有调，有身则有庸，天下为家，法制均一"。①

① ［后晋］刘昫：《旧唐书》卷48《食货志》，中华书局2000年简体字本，第1407页。

租庸调的固定额是以"授田"足数为标准计算的。由于均田制是官僚地主阶级的土地政策,是在保证地主阶级占有土地的前提下,授于农民少量的土地,大部分农民没有得到法令上规定的土地数目,所以让农民按足数纳税,实际上就大大加重了农民的负担。尽管均田制没有认真执行,但这种用法令强制土地与劳力相结合的办法,再加上禁止随意买卖土地和无限占田的法律的颁布,多少起了抑制土地兼并和维持小农经济的作用。加上多年无战事,劳动人民在实际占有的土地上辛勤开垦,均田制和租庸调制对唐初的经济恢复和发展,起到了一定的作用。

## 四、《缭绫》

**原文:**

缭绫缭绫何所似?不似罗绡与纨绮。

应似天台山上明月前,四十五尺瀑布泉。

中有文章又奇绝,地铺白烟花簇雪。

织者何人衣者谁?越溪寒女汉宫姬。

去年中使宣口敕,天上取样人间织。

织为云外秋雁行,染作江南春水色。

广裁衫袖长制裙,金斗熨波刀剪纹。

异彩奇文相隐映,转侧看花花不定。

昭阳舞人恩正深,春衣一对值千金。

汗沾粉污不再着,曳土踏泥无惜心。

缭绫织成费功绩,莫比寻常缯与帛。

丝细缲多女手疼,扎扎千声不盈尺。

昭阳殿里歌舞人,若见织时应也惜。

**白话译文:**

缭绫缭绫,跟什么相似?既不似罗、绡,也不似纨、绮。

该是像那天台山上，明月之前，流下的四十五尺的瀑布清泉。

织在上面的图案美得令人叫绝，底上铺了一层白烟，花儿攒成一丛白雪。

织它的是什么人？穿它的又是谁？分别是越溪的贫女、宫中的艳姬。

去年太监来宣布皇帝口授的诏令，从宫中取来式样，命民间照式纺织。

织成飞在云上的一行行秋雁，染上江南一江春色。

宽幅裁作衫袖，长幅制成衣裙，用熨斗熨平褶皱，用剪刀剪出花纹。

奇异的色彩和纹饰相互隐映，正面看、侧面看，鲜艳的花色闪烁不定。

宫廷舞姬深受皇帝恩宠，赐她一套春衣，价值千金。

只要汗、粉玷污，她就不愿意再穿，在地上拖来踩去，毫无爱惜之心。

要知道缭绫织成费尽了心力，莫把它与寻常的缯帛相比。

煮茧抽丝痛煞了织女的双手，扎扎千声，缭绫还织不满一尺。

宫廷里轻歌曼舞的艳姬，如果见到织造的艰辛，应该也会爱惜。

缭绫是一种精美绝伦的丝织品，织女们为织缭绫需要耗费极大的精力和心血。唐代有人统计，织一匹缭绫所耗费的劳力超过织十匹普通绸缎。当凝结着织女们无数心血的成品缭绫作为贡品献入皇宫后，却被糟蹋。作者为此十分痛心，这就是本诗的创作背景。诗中"越溪寒女"的勤劳智慧与"昭阳舞人"的奢侈淫逸形成了鲜明的对比，表达了作者对织女的深切同情。

诗的一开头通过与"罗""绡""纨""绮"其他几种丝织品的比较，突出缭绫的精美。这样精美的缭绫由谁人制造？又供谁人使用？作者通过设问的方式提出这两个问题，并进行了明确回答。

将贫家织女辛苦劳作与宫廷妃子的奢侈享乐对比起来，原来后者的享乐生活完全是建立在前者的艰辛劳动之上的。作者在诗中用比喻的手法极力描写缭绫的异彩奇纹、花样绚丽、色泽鲜艳，这些都是为了充分证明织女们织造缭绫的艰辛。如此精美的缭绫，织迁过程又是如此艰辛，按理说应该倍加爱护和珍惜，可是统治者却十分浪费，又是"广裁"又是"长制"，甚至一经汗水沾湿、粉迹弄脏，就弃之不用，织女们历尽千辛万苦用缭绫做成的价值千金（"值千金"）的春衣，轻而易举地就被糟蹋浪费，如何叫人不痛心？最后作者在痛惜之余，对统治者提出了劝告。最后一句"昭阳殿里歌舞人，若见织时应也惜"，表面上是对昭阳舞人说的，实际上是对最高统治者皇帝说的，希望皇帝能够了解人民的困苦、珍惜人民辛苦劳动的成果。《缭绫》这首诗深度刻画了以"昭阳舞人"为代表剥削阶级和以"越溪寒女"的被剥削阶级的两种截然不同的思想情感与生活方式，形成了强烈的对照，极大地增强了该诗的艺术感染力。

《缭绫》一诗通过形象生动的细腻描写和一连串的影射对比，突出了缭绫织染的精美奇绝；设以问答，点明了织者和衣者；又以强烈的对比，突出了织者辛劳、衣者奢靡的悬殊差距。全诗层次分明、错落有致，最后曲折又隐讳地映衬出最高统治者的穷奢极侈和荒淫享乐。

## 五、《杜陵叟》

**原文：**

杜陵叟，杜陵居，岁种薄田一顷余。

三月无雨旱风起，麦苗不秀多黄死。

九月降霜秋早寒，禾穗未熟皆青乾。

长吏明知不申破，急敛暴征求考课。

典桑卖地纳官租，明年衣食将何如？

剥我身上帛，夺我口中粟。

虐人害物即豺狼，何必钩爪锯牙食人肉？

不知何人奏皇帝，帝心恻隐知人弊。

白麻纸上书德音，京畿尽放今年税。

昨日里胥方到门，手持敕牒榜乡村。

十家租税九家毕，虚受吾君蠲免恩。

**白话译文：**

杜陵老头居住在杜陵，每年耕种一顷多贫瘠的田地。

三月份没有雨，刮着旱风，麦苗不开花，大多枯黄了。

九月份降霜时节，秋天寒冷来得早，禾穗没熟就都已经干枯了。

官吏明明知道但不报告真相，只知道急迫收租、凶暴征税以求通过考核获得奖赏。

靠典当桑园、出卖田地来缴纳官府规定的租税，明年的衣食将怎么办？

剥去我们身上的衣服，夺掉我们口中的粮食。

虐害人伤害物的就是豺狼行径，为何要爪牙象钩、牙齿像锯一样地吃人肉啊！

不知什么人报告了皇帝，皇帝心中怜悯、了解人们的困苦。

白麻纸上书写着施恩布德的诏令，京城附近全部免除了今年的租税。

昨天里长才到门口来，手里拿着公文张贴在乡村中。

十户人家的租税有九户已经缴纳完毕，没有享受到我们君王免除租税的恩惠。

《杜陵叟》是反映农民痛苦生活的一首名诗。作者通过"杜陵叟"这个艺术形象概括了当时所有农民的惨痛情况，用十分愤恨的口吻表达了他坚持斗争、维护正义的心情。诗中的主人公"杜陵叟"经历了一系列困苦之事：先是久旱无雨致使庄稼颗粒未收，紧接着寒气早至，稻谷枯死田中，一年的收成都化为乌有。但悲剧并未就此停止，更残酷的情节接踵而来。面对官府的急征暴敛、巧夺豪取，这位农家老者不得不典卖家中的桑麻、变卖赖以生存的薄田。最后，租税如数缴纳，可农家的日子却陷入了步履维艰的苦境。农家老者的愤怒咒骂真是倾吐了天灾人祸之下贫苦大众的心声。故事讲述到此，情绪渐入高潮。而正当悲剧到达顶峰之时，叙述试图变调，故事出现一派虚幻的明亮："不知何人奏皇帝，帝心恻隐知人弊。白麻书上书德音，京畿尽放今年税。"皇恩降临，但农人的悲苦却未消泯，故事最终停留在一种无奈和讽刺之中："十家租税九家毕，虚受吾君蠲免恩。"

唐元和四年（公元809年），长安附近一个叫作杜陵的地方旱灾严重，田亩里的麦苗枯死，收成无望，农民生活困难程度达到了极点。然而官吏们全然不顾百姓死活，明知道当地灾情严重，还一如既往地强迫百姓缴纳钱粮，三天两头催科逼租。百姓们无可奈何，只有典桑卖地，用换取的钱财缴纳赋税。有些官吏借催租为名，将农民的收获据为己有。当时的赋税有上供的、有送使的，还有留州的（即唐代的"两税三分"），然后更多的是各级官员假公济私、中饱私囊。白居易曾经担任过县尉，亲眼看到过政府官吏剥削百姓的惨事，使得他对各级欺压百姓的官吏十分痛恨，"剥我身上帛，夺我口中粟。虐人害物即豺狼，何必钩爪锯牙食人肉？"这一句则将他对官吏的痛恨之情表现得淋漓尽致，远远超过了作者对《卖炭翁》中"回车叱牛牵向北"的"黄衣使者白衫儿"的不满，后者只是执行强买强卖的宫市制度，逼卖炭翁贱卖烧炭，而《杜陵叟》中的官吏对百姓的剥削宛如豺狼，啖食人肉。诗中的最后一句"十家租税九家毕，虚受吾君蠲免恩"深刻揭露出封建统治阶级的虚伪性，因为"白麻纸"上书写的关于蠲免租税的通知昨天才送到，但这时大部分人家的租税已经交过了。迟来的圣明体恤，在现实面前没有丝毫的价值和意义，那些唯利是图、不恤民情的官吏们早已用他们的残暴和苛刻将这些贫苦之人推向了近乎灭亡的境地。读完这首诗，会深深感受到作者对农民痛苦生活的同情以及疾恶如仇的斗争精神。

《缭绫》《杜陵叟》都是白居易《新乐府》作品中的名篇，前者是"苦女工之劳"，后者是"伤农夫之困"。在白居易五十首《新乐府》诗篇中，有近四十首的篇章都是从"戒""刺""恶""愍""伤""忧""疾""诮""哀"等角度揭示中唐社会政治的种种弊端，近百分之九十的内容都是在展现中唐社会的疲敝之状。强调真实性是白居易的新乐府诗歌的重要特点，所以这些诗歌有着强烈的针砭时弊、励精图治的政治目的。

除了以上四首有代表性的诗外，白居易还有其他的诗也涉及赋税，如：

《别州民》

耆老遮归路，壶浆满别筵。

甘棠无一树，那得泪潸然。

税重多贫户，农饥足旱田。

唯留一湖水，与汝救凶年。

《大水》

浔阳郊郭间，大水岁一至。

闾阎半飘荡，城堞多倾坠。

苍茫生海色，渺漫连空翠。

风卷白波翻，日煎红浪沸。

工商彻屋去，牛马登山避。

况当率税时，颇害农桑事。

独有佣舟子，鼓枻生意气。

不知万人灾，自觅锥刀利。

吾无奈尔何，尔非久得志。

九月霜降后，水涸为平地。

《登阊门闲望》

阊门四望郁苍苍，始觉州雄土俗强。

十万夫家供课税，五千子弟守封疆。

阖间城碧铺秋草，乌鹊桥红带夕阳。

处处楼前飘管吹，家家门外泊舟航。

云埋虎寺山藏色，月耀娃宫水放光。

曾赏钱唐嫌茂苑，今来未敢苦夸张。

《秦中吟·重赋》

厚地植桑麻，所要济生民。

生民理布帛，所求活一身。

身外充征赋，上以奉君亲。

国家定两税，本意在忧人。

厥初防其淫，明敕内外臣：

税外加一物，皆以枉法论。

奈何岁月久，贪吏得因循。

浚我以求宠，敛索无冬春。

织绢未成匹，缫丝未盈斤。

里胥迫我纳，不许暂逡巡。

岁暮天地闭，阴风生破村。

夜深烟火尽，霰雪白纷纷。

幼者形不蔽，老者体无温。

悲喘与寒气，并入鼻中辛。

昨日输残税，因窥官库门：

缯帛如山积，丝絮似云屯。

号为羡余物，随月献至尊。

夺我身上暖，买尔眼前恩。

进入琼林库，岁久化为尘！

通过对以上诗词作品的解读和分析，白居易的财税思想至少可以归纳为以下几个方面：第一，主张实物征税，废除折征代金（如《赠友》中"私家无钱炉，平地无铜山"）；第二，提出赋税减免应让百姓得到实惠，而不是徒有虚名（如《杜陵叟》中的"十家租税九家毕，虚受吾君蠲免恩"）；第三，禁止税外加征的行为（如《秦中吟·重赋》中的"税外加一物，皆以枉法论"）；第四，提倡统治者要爱惜民力、节欲省用（如《缭绫》中的"缭绫织成费功绩，莫比寻常缯与帛"）。

## 第三节　苏轼诗词中的税收

### 一、苏轼简介

苏轼（公元 1037～1101 年），字子瞻，一字和仲，号东坡居士，眉州眉山（今四川省眉山市）人，为唐宋八大家之一。嘉祐年间（公元 1056～1063 年）进士，曾上书力言王安石新法之弊，后因作诗讽刺新法而下御史狱，被贬黄州。宋哲宗时任翰林学士，曾出知杭州、颍州（今安徽省阜阳市），官至礼部尚书，后又贬谪惠州、儋州，在各地均有惠政。学识渊博，喜好奖励后进，又工书画。与父苏洵、弟苏辙合称"三苏"。其文纵横恣肆，其诗题材广阔，清新豪健，善用夸张比喻，独具风格。与黄庭坚并称"苏黄"，词开豪放一派，与辛弃疾并称"苏辛"。其作品有《东坡七集》《东坡易传》《东坡书传》《东坡乐府》等。

　　苏轼为后世熟知，可能更多的是他留下的诗文和书法作品。而事实上，苏东坡更是一位优秀的治州理政的地方官员。除了在京城为官外，他先后在密州（今山东省诸城市）、徐州、湖州、黄州、颍州（今安徽省阜阳市）、扬州、杭州、惠州、儋州等多个地方任职，其中黄州、惠州、儋州三地是他仕途三落时的被贬谪之地。在对自己人生进行总结的《自题金山画像》一诗中，苏轼发出了"问汝平生功业，黄州惠州儋州"的感慨。苏轼的三次被贬，表面上似乎是他在朝廷的党派之争中的失利，而更深层次的原因则是他对广大被剥削的劳苦大众的深切同情而得罪了既得利益集团。无论是反对新法、救灾治盗、奏免积欠，还是上书呼吁减税，直接进行税收治理，他始终关注老百姓的赋役负担，牵挂着最底层的劳动人民。难怪林语堂先生在《苏东坡传》中有这样的结论："苏轼首先是一个伟大的人道主义者、一个百姓的朋友，其次才是一个大文豪、大书法家、创新的画家。"[1] 苏轼在为官过程中，坚持以民为本、富民为先，不计个人得失，千方百计呼吁朝廷减轻百姓赋役负担，并在具体施政中身体力行地加以实施，这在他留下的诸多诗文中可以找到印证。以下就从苏轼的诗中探寻与此有关的部分。

## 二、《寄刘孝叔》

**原文：**

君王有意诛骄虏，椎破铜山铸铜虎。

联翩三十七将军，走马西来各开府。

南山伐木作车轴，东海取鼍漫战鼓。

汗流奔走谁敢后，恐乏军兴污质斧。

---

[1]　林语堂著，张振玉译：《苏东坡传》，陕西师范大学出版社2005年版，第6页。

保甲连村团未遍，方田讼牒纷如雨。

尔来手实降新书，抉剔根株穷脉缕。

诏书恻怛信深厚，吏能浅薄空劳苦。

平生学问止流俗，众里笙竽谁比数。

忽令独奏凤将雏，仓卒欲吹那得谱。

况复连年苦饥馑，剥啮草木啖泥土。

今年雨雪颇应时，又报螟虫生翅股。

忧来洗盏欲强醉，寂寞虚斋卧空瓿。

公厨十日不生烟，更望红裙踏筵舞。

故人屡寄山中信，只有当归无别语。

方将雀鼠偷太仓，未肯衣冠挂神武。

吴兴丈人真得道，平日立朝非小补。

自从四方冠盖闹，归作二浙湖山主。

高踪已自杂渔钓，大隐何曾弃簪组。

去年相从殊未足，问道已许谈其粗。

逝将弃官往卒业，俗缘未尽那得睹。

公家只在霅溪上，上有白云如白羽。

应怜进退苦皇皇，更把安心教初祖。

**白话译文：**

君王要讨伐骄横的夷虏，要它们臣服，用椎击破铜山，开发铜矿，铸制铜虎符。

朝廷接连派遣了三十七位将军，不断走马西来各自开设军府。

南山砍伐木材作战车的轴，东海取出鼍（音 tuó，指扬子鳄）的血涂抹战鼓。

佚役汗流奔走，哪一个都不敢放慢步子，恐怕影响军需供应而死于刀斧之下。

保甲法因遭到老百姓抵制，还未完全组织起来，对方田法的诉状如雨，乡民纷纷诉苦。

近来新降公文要实行手实法，挖掘剔括到口粮和种粮，还要沿着百姓的各条生计脉络，仔细搜求以至一丝一缕。

皇上诏书怜惜老百姓痛苦的情意实在是深厚，官吏办事的才能浅薄，辜负朝廷希望，白费许多劳苦。

平生的学问平平常常，只属于流俗，混在吹笙吹竽的队伍中哪能和别人比教。

忽然命令我单独演奏《凤将雏》，仓促之间想吹好，哪里能得到曲谱？

朝廷派我独当一面来密州做知州，我实在没有现成的好办法为老百姓服务。

况且密州这些年连年苦于饥荒，老百姓剥树皮啮草根甚至吃泥土。

今年雨雪颇能应时令，偏又报蝗虫长起了翅膀，长壮了腿股。

发起愁来，洗洗酒盏，想勉强喝几杯，寂寞空荡的书斋里，只躺卧着空酒壶。

公家厨房已经整整十天没有炊烟，岂敢奢望红裙舞女踏着筵席起舞。

老朋友多次从山中寄信来，信上只有"当归"（古时当归表示应当归去）两个字，没有别的言语。

正准备和雀鼠一样偷太仓的粮维持自己混下去，还不想辞职不干，不愿挂冠神武。

吴兴丈人（指刘孝叔）您世事看得透辟，淡泊名利，平日立朝办了许多好事非问小补。

自从朝廷派遣使者到各地，各地闹得不安宁，您回到了二浙家乡，做起了湖山主（指刘孝叔挂冠归去）。

那些置身于渔钓者之间的隐士，行踪是高尚的。身居朝市过着隐居生活的大隐士，何曾放弃过簪组（官服）。

您现在身为宫观，就享受着这种闲悠。想起去年（指熙宁七年春苏轼与刘孝叔相会于虎丘）相从的岁月，还感到很大的不满足，我向您求教问道，您允许我做一些粗略的陈述，但表达得很不够。

我准备弃官不做，跟随您完成学业，无奈俗缘未尽，那能拜见您呢？只得作罢。

您的家就在霅溪上，我知道那个地方，上面有白云如白羽毛一般，环境很清幽。

您应当怜惜我进退不得、到处奔波的苦衷，像达摩大师那样教会我安下心来，安心于密州。

这首诗可分为三部分，其中的第一部分是自首句到"吏能浅薄空劳苦"；第二部分从"平生学问止流俗"到"更望红裙踏筵舞"；剩下的为第三部分，分别对应"讥时""自嘲""寄故友"。第一部分中提到的保甲、方田都是王安石新法的主要内容。这一部分是讥刺宋神宗，王安石对外开边、对内变法，本想富国强兵，结果事与愿违。神宗即位不久，鉴于宋王朝同辽国和西夏的屈辱和约，有增强兵备、"鞭笞四夷"之意，先后对西夏和南方少数民族用兵，故此诗前八句首先讥刺开边。为了铸造铜制虎符以调发军队，已"椎破（以椎击破）铜山"，大量采铜，可见征调军队之多，这是夸张的写法；但熙宁七年（公元1074年）九月置三十七将，皆给虎符，则史有明文记载；这一年八月遣内侍征调民车以备边，十一月又令军器监制造战车，"伐木作车轴"也是事实；取鼍皮以蒙鼓，虽史无明文，但征集牛皮以供军用却与此相似。而这一切征调，谁也不敢怠慢，否则就有资斧（利斧）之诛。苏轼并不反对抵抗辽国和西夏，他青年时代就表示要"与虏试周旋"（《和子由苦寒见寄》），就在写这首诗前不久还表示"圣明若用西凉簿，白羽就能效一挥"（《祭常山回小猎》）。但是，他反对"首开边隙"，反对为此而开矿、置将、伐木、取鼍，加重百姓负担，闹得鸡犬不宁。"保甲连村团未遍，方田讼牒纷如雨。尔来手实降新书，抉剔根株穷脉缕。"这四句是讥刺新法的。这里重点提一下"保甲法""方田均税法""手实法"。

"保甲法"规定，每一都保分为五团，大保长学成武艺，再对保丁实行团教。保丁既是农户又是乡兵，需要参加校阅，这不仅严重影响农业生产，还饱受保正等上级的欺凌和勒索，给他们带来非常深重的苦难。因此出现了"团未遍"，指的是"保甲法"因遭到一些老百姓的抵制（有人为了不作保丁而采取截指断腕的方式自残），还未完全组织起来。

"方田均税法"的主要内容是对各州县耕地进行清查丈量，以东南西北4边长各1000步为1方，核定各户占有的数量，然后把土地分为五等，确定各等土地的每亩税额，并编制地籍及赋役簿册。实行"方田均税法"虽然可以增加土地面积和税源、减轻农民负担，但清丈土地十分繁难，产生了很多弊端，引发民间田地纠纷，所以"方田讼牒纷如雨"。

"手实法"是一项与赋役有关的财产申报制度，"手实法"要求百姓自行申报田地财产，然后根据财产情况重新编制五等丁产簿，作为官府征收免役钱的依据。但该规定对民户申报审核极为严苛，尺瓦寸土、鸡犬家畜都要申报，如有隐匿少报者，允许他人告发，并把查获财产的三分之一赏给告发者，因而不断引发邻里纠纷，百姓不胜其烦。"手实法"和汉代的"告缗令"如出一辙。苏轼本人对"手实法"也不赞同。据传，朝廷派来的官员要求苏轼在密州实行"手实法"。苏轼表示：手实法如果出自朝廷，我自然奉命，但据我所知，此法是出自司农寺，属于擅造法律，我密州恕不执行。苏轼在给朝廷的上书里也明确表示反对"手实法"，尤其"恶告讦之乱俗"。他认为手实法"抉剔根株穷脉缕"，清查百姓的财产就像伐树一样，连根带须一起挖出，过于严苛，而且奖励互相告发的做法败坏社会风气，滋事扰民，后患无穷。"诏书恻怛信深厚，吏能浅薄空劳苦"二句是对第一部分的小结。这些诏书表现了宋神宗对民间疾苦有深厚的哀怜同情之心，但这些新法一个接一个地颁布，事目繁多、吏能浅薄，并未取得实效。

第二部分"自嘲"和第三部分"寄故友"用了很多典故。如"众里笙竽谁比数"用了"滥竽充数"的典故。又如"自从四方冠盖闹，归作二浙湖山主。高踪已自杂渔钓，大隐何曾弃簪组"用到了"小隐隐陵薮，大隐隐朝市"，意思是要过隐士生活也不一定非弃官不可。这样既赞美了刘孝叔的"高踪"，又为自己暂不归隐作了辩护。最后的"更把安心教初祖"则是佛家"吾与汝安心竟"的典故。

## 三、《鱼蛮子》

**原文：**

江淮水为田，舟楫为室居。

鱼虾以为粮，不耕自有余。

异哉鱼蛮子，本非左衽徒。

连排入江住，竹瓦三尺庐。

于焉长子孙，戚施且侏儒。

擘水取鲂鲤，易如拾诸途。

破釜不著盐，雪鳞芼青蔬。

一饱便甘寝，何异獭与狙。

人间行路难，踏地出赋租。

不如鱼蛮子，驾浪浮空虚。

空虚未可知，会当算舟车。

蛮子叩头泣，勿语桑大夫。

**白话译文：**

贫苦的渔民以江河湖泊为田，把舟船当作房屋居住。

河里的鱼虾就是他们的食物，不需要耕耘仍有富余。

这些可怜的渔民，并不是少数民族。

他们以舟船为屋成排地住在江河里，船舱的高度不过三尺。

由于船舱低矮，他们的子女长得像侏儒一样矮小。

渔民们从水里熟练捞鱼，就如同在陆地上捡鱼一样容易。

将捞起的鱼直接放到破锅里面，和着青菜一起煮，连盐都舍不得放。

孩子们吃完就睡在船舱里，没什么消遣活动，这和水獭和猴子有什么不一样呢？

人世间的生活太不容易了，在陆地上需要承担官府的赋税和徭役。

不如这些生活在船上的渔民，没有缴纳赋税和承受徭役的负担。

但是这也说不准，要当心被官府知道了，派人来征收船税。

渔民听了，吓得赶忙跪下磕头，哭着恳求我千万不要告诉官府。

《鱼蛮子》是苏轼在被贬黄州时（任黄州团练副使）写的一首诗。"蛮子"本意是指南方蛮夷之人（《礼记·王制》记：东方曰夷，被发文身，有不火食者矣。南方曰蛮，雕题交趾，有不火食者矣。西方曰戎，被发衣皮，有不粒食者矣。北方曰狄，衣羽毛穴居，有不粒食者矣。[1]），诗里说"异哉鱼蛮子，本非左衽徒"，明确说明他看到的鱼蛮子并非少数民族，而是未开化的贫苦渔民。苏轼看到鱼蛮子尽管过着"何异獭与狙"的艰辛生活，却仍然甘心以打渔为生，不由联想起新法实施后陆地上百姓的悲惨生活，发出了"人间行路难，踏地出赋租"的感慨。新法之后，百姓承担的除了

---

① ［春秋］孔丘原著，陈戍国导读校注：《礼记》，岳麓书社 2019 年版，第 91 页。

夏秋两税及十几种杂税合在一起的杂变之赋外，还增加了免役钱、助役钱、青苗钱等，商人还加收免行钱。正所谓"普天之下，莫非王土"，只要脚一踏到土地上就要承担各种赋税，无处可逃。

类似的表达也出现在南宋诗人辛弃疾的作品里。辛弃疾的《玉楼春》中有以下词句：

青山不曾乘云去，

怕有愚公惊著汝。

人间踏地出租钱，

借使移将无著处。

南宋一朝，江南赋税极其沉重。辛弃疾写这首诗时，正是他被贬江南的时候。他在江西铅山县八都乡的瓢泉购置的地产规模很大（约有一千五百亩），难免承担很高的赋税。所以他在诗里和友人戏称，人间哪里都有租税，就是愚公移山也没有地方可移。

苏轼的《鱼蛮子》中还借用了汉武帝时的算缗钱。"算"和"缗"都是货币量词，"缗"原意是穿铜钱用的绳子，缗钱是指用绳串起的钱，一缗为一千文钱，一算为一百二十文钱。"会当算舟车"中的"算舟车"是指汉武帝对车船征税。算缗钱征收对象是商人、高利贷者、手工业者及车船所有者。具体规定是民车一乘征一算，商车一乘征二算，船五丈以上者征一算；商贾财产缗钱二千一算（税率百分之六），手工业者缗钱四千一算（税率百分之三）。

《鱼蛮子》一诗表面上看是在谈渔民生活的艰辛，实则是影射新法之下种地农民的悲苦，他借古（算舟车）喻今，全诗以"蛮子叩头泣，勿语桑大夫"收篇，是用桑大夫代指以王安石为代表的新法骨干，虽然很含蓄，但抨击是很尖锐的。清代的纪昀（即纪晓岚）把苏轼的《鱼蛮子》比作白居易的《秦中吟》，像利剑一样直指千方百计搜刮民财的聚敛之臣。

## 四、《陈季常所蓄朱陈村嫁娶图》其二

**原文：**

我是朱陈旧使君，

劝农曾入杏花村。

而今风物那堪画，

县吏催租夜打门。

**白话译文：**

我当年是朱陈村所在地的长官，

为了劝百姓耕种农田之事，曾经去过杏花村（指风光美丽民风淳朴的村庄）。

可叹如今那里的情景再也无法入画，

催缴租税的县吏半夜里把门敲响。

这首诗是《陈季常所蓄朱陈村嫁娶图》二首诗的第二首。

苏轼在写这首诗的前一年，经历了著名"乌台诗案"，苏轼被弹劾入狱。出狱后，苏轼被贬为黄州团练（本州安置），这首诗就作于他去黄州赴任的路上。"朱陈村"是朱村和陈村两个村子的合称，这两个村庄紧紧相连，世代通婚，交往密切，时人习惯将这两村合称为"朱陈村"。白居易曾作长诗《朱陈村》，提到"桑麻青氛氲……机梭声轧轧，牛驴走纷纷。女汲涧中水，男采山中薪。县远官事少，山深人俗淳"。意思是那里官府税轻事少，老百姓安居乐业，民风淳朴，男婚女嫁，生活安宁，是人们向往的世外桃源。苏轼曾经到辖区内的"朱陈村"视察民情，劝诫老百姓及时耕种，不误农时，因而对那一带的村庄十分熟悉。

这首诗布局打破常规，不写画，而是从自己入笔，说自己是朱陈村的旧长官，为了劝农，曾经到过那个美丽的村庄。这两句，如

果独立出来看，似乎与画不相干，然而细细分析，就使人感觉到句句紧扣画，而且十分贴切画意。"朱陈"二字，既呼应所题的"朱陈嫁娶图"，又与"旧使君""曾入"字结合，切合诗人自己的履历，说明往事；以"杏花村"赞美朱陈村的景色，进一步说明自己对朱陈村的印象。苏轼把自己引入画境，回忆当年朱陈村人民的恬静安定的生活，说明了当时的朱陈村与画中的景色状况很相符，把画中的景色与自己美好的回忆结合起来，更富有真实感，画的魅力得到了充分肯定。

"而今风物那堪画，县吏催租夜打门。"这两句将作者从观画的回忆中拉回到现在。以前的风物，确实如画中一样，十分美好；可是现在却是"那堪画"。这是为什么呢？因为村庄原有的安定生活已经被打破，淳朴的民风民俗已不复存在，画面上和谐温馨的婚嫁场面再也看不到了。官吏为了自己加官进爵，不管百姓死活催租逼税，不分昼夜到农家催缴二税及青苗钱、免役钱，造成了"县吏催租夜打门"这样令人愤慨伤心的场面。"那堪画"的"画"字，不仅呼应了是在咏画，也呼应了当年自己所见的"堪画"的种种风物。"夜打门"三字，深刻地反映了农民受到骚扰的情况。

这首诗的前后风格迥异，前两句纡徐清畅，令人神往；后两句激切愤慨，令人扼腕。

## 五、《正月二十四日与儿子过赖仙芝王原秀才僧昙颖》

**原文：**

嬉游趁时节，俯仰了此世。

犹当洗业障，更作临水禊。

寄书阳羡儿，并语长头弟。

门户各努力，先期毕租税。

与其他与赋税有关的诗词不一样，这首诗是苏轼劝诫儿子尽早缴纳租税而写的。

元丰七年（公元 1084 年），苏轼在古称"阳羡"的江苏宜兴购置了田地，并一往情深地赋诗：买田阳羡吾将老，初从只为溪山好。表达了他欲长居于此、终老其身的愿望。在后来的坎坷生涯中，宜兴田产一直是苏轼及家人的重要的经济支柱和温馨归宿。

绍圣元年（公元 1094 年），苏轼被贬至惠州。此时，苏轼的三个儿子都已结婚生子，合家老少近三十口人，由于谪贬岭南路途凶险，而且仅靠他的俸禄已无法养活一大家人。苏轼让长子苏迈、次子苏迨带着三子苏过的家小，先后到江苏宜兴田宅生活。苏轼带三子苏过赴惠州。此后数年间，苏迈、苏迨及苏过妻小都以宜兴田产为衣食之源。苏轼作为有田的官户，他的纳税态度是非常积极的。绍圣二年（公元 1095 年）春天，苏轼在惠州和几个朋友浏览罗浮道院，事后作诗，寄给宜兴的长子苏迈和次子苏迨。

阳羡儿就是指苏迈，长头弟是指苏迨。苏轼从千里之外的惠州寄诗给两个儿子，特别叮嘱他们早早缴纳租税，足见他对纳税的重视。在惠州任上，苏轼教人制作秧马，方便农民插秧，还不忘记托人带给宜兴的儿子让其学习制作，并教当地农民使用，以减轻劳作，提高宜兴田的产量。

宋代官员大都有劝诫子孙积极纳税的境界。

《资治通鉴》的作者司马光，是北宋的朝廷重臣，也是识别提拔苏轼的前辈。其撰写的《温公家范》是封建社会进行家庭道德教育的重要读本。司马光在《温公家范》里谈治家理财时，如是说："凡理财先输贡赋，供徭役，后及家事。量入以为出，称家之有无，以给上下衣食。裁省冗费，禁止奢华。常须稍存赢余，以佃不虞。"①他告诫家人要首先缴足二税，备足免役钱，然后才能考虑一家人生

---

① ［宋］司马光著，郭海鹰译注：《温公家范译注》，上海古籍出版社 2020 年版，第 46 页。

活用度。

与苏轼一样，陆游也有一首"先期毕租税"的诗，表达了同样的意愿。淳熙七年（公元1180年），陆游任提举江南西路常平茶盐公事，到抚州丰平、高安等地视察灾情。途中在农民家休息，看到农民在纳完官税后怡然自乐的情景，勾起他辞官归隐的念头，作诗云："先期毕租税，老不入城郭。嗟予独何事，早插红尘脚。"不久，因未经批准放粮赈灾被弹劾，罢官后长期隐居于家乡绍兴山阴县。陆游在家乡"呼儿了租赋，莫待县符催"，身体力行地督促儿子及时纳税，不要等官府上门催租。

辛弃疾在壮志难酬的境况下，学陶渊明归隐田园，躬耕垄亩。他在《偶作》一诗中说"强留客饮浑忘倦，已办官租百不忧"，表明尽管他官至一路提刑，又是带兵的武将，但完纳官租也是他最为头疼的一件事，待到完纳官税以后，他才如释重负，强留客人陪他一醉方休。《西江月·示儿曹以家事付之》一词就是作于此时："万事云烟忽过，百年蒲柳先衰。而今何事最相宜？宜醉宜游宜睡。早趁催科了纳，更量出入收支。乃翁依旧管些儿，管竹管山管水。"这首诗反映了辛弃疾晚年的生活和心境，显示出一种自然恬淡、超然物外的达观思想。诗里说万事如过眼云烟，而自己也像入秋的蒲柳一样渐见衰老。如今最适宜醉酒、游赏、睡觉。孩子们收获之后早纳官租，不要等官府催租上门，自己不再掌管家庭收支这件事，可以悠游于青山、绿水之间。

宋代大儒朱熹也是如此，他在《朱子训子贴》中曾写道："国课早完，虽囊空虚，独有余庆。"① 这句话用现代语言来讲，就是必须按照国家规定的税法，足额及时地将所纳的税款缴入国库，不应拖欠国家税款一分一厘；即便是自己因此而造成经济拮据，但自己却感到心安理得，内心由衷地感到欣慰，因为自己尽了一个纳税

---

① ［宋］黎靖德编：《朱子语类》卷16，中华书局1986年版，第358页。

人所尽的义务了。朱熹的训子之道，通过朴素的话语，告诫子女依法纳税的道理，好家风带动好税风，很值得我们后人学习。

苏轼在其诗词作品中的税收思想大致可以归纳为以下点：一是主张节欲省费、量入为出、藏富于民。二是主张差雇并行，因人因事制宜。三是主张移民均户，人地税相符。四是主张免征零散税，便商利民。五是主张整顿苛征杂敛，取消税务官超收赏格。

苏轼所处的年代，正是农耕文明向工商业文明快速转型的关键时期，是北宋王朝内忧外患加剧、改革呼声一浪高过一浪，保守派与改革派围绕改革方略的争论此起彼伏、愈演愈烈的关键时期。苏轼长期在地方担任官职的经历，使他有机会能够深刻了解到百姓的疾苦，因此他对以王安石为代表的改革派所提倡的新法改革持坚定的否定意见，这在他的很多诗词作品中都可以找到印证。如果说《鱼蛮子》中的"人间行路难，踏地出赋租"和《陈季常所蓄朱陈村嫁娶图》中的"县吏催租夜打门"体现出的是对百姓的怜悯与同情，那么《寄刘孝叔》一诗则直接将矛头指向以"方田均税法"和"手实法"为核心内容的新法改革。苏轼晚年在激烈的党争中官场失意，一再遭到贬谪和打压，由于远离权力中心，他的那些有价值的改革思想和政策主张也因人微言轻而常常被束之高阁，这不能不说是他自身的不幸，更是大宋王朝的悲哀。

## 第四节　其他诗词中的税收

### 一、《织妇词》（唐）元稹

原文：

织妇何太忙，蚕经三卧行欲老。

蚕神女圣早成丝，今年丝税抽征早。

早征非是官人恶，去岁官家事戎索。

征人战苦束刀疮，主将勋高换罗幕。

缫丝织帛犹努力，变缉撩机苦难织。

东家头白双女儿，为解挑纹嫁不得。

檐前袅袅游丝上，上有蜘蛛巧来往。

羡他虫豸解缘天，能向虚空织罗网。

**白话译文：**

织妇为什么忙呢？原来蚕种三卧之后就要老了。

织妇们诚心祷告蚕神保佑蚕儿早点出丝，因为今年官家要提前抽征丝税。

今年提前征税并不是因为官员横征暴敛，而是去年发动了战争。

打仗艰苦，丝织品可供伤兵包扎伤口，也可制成丝罗帐幕赏给军功赫赫的将军。

一般的缫丝织作本来已够费力的了，织有花纹的绫罗更是难上加难。拨动织机、变动丝缕，在织品上挑出花纹极为不易，需要很高的工艺水平。

培养挑纹能手实为不易，竟有巧女因手艺出众为娘家羁留而贻误青春。

在檐前飘动的丝网上，蜘蛛来回爬动。

羡慕这小虫儿纯出天性，可以自由编织罗网。

元稹（公元779～831年），唐代诗人，字微之，河南洛阳人。贞元中明经及第，复书判拔萃科，授校书郎。元和初，授左拾遗，升为监察御史。后得罪宦官，贬江陵士曹参军，转通州司马，调虢州长史。长庆初任膳部员外郎，转祠部郎中知制诰，迁中书舍人、翰林学士。为相三月，出为同州刺史，改浙东观察使。大和中为尚书左丞，出为武昌节度使，卒于任所。与白居易共同倡导新乐府运动，所作乐府诗不及白氏乐府之尖锐深刻与通俗流畅，但在当时颇有影响，世称"元白"。

《织妇词》是元稹的七言古诗作品。唐代纺织业极为发达，荆州、扬州、宣州、益州等州均设置专门机构，监造织作，征收捐税。此诗以江陵为背景，描写织妇的痛苦。其中"东家头白双女儿，为解挑纹嫁不得"两句，说的是为了不泄露"挑纹"绝活，竟然发生了两个女儿终老于家不得嫁人的悲剧。

与白居易一样，元稹也是新乐府运动的代表性人物。《织妇词》也是新乐府系列诗词中非常经典的一首。该诗申论了作者反对"沿袭古题，唱和重复"的流弊的立场，主张运用古题"全无古义"，或"颇同古意，全创新词"。

诗四句一换韵，意随韵转，诗意可分四层。

"织妇何太忙，蚕经三卧行欲老。蚕神女圣早成丝，今年丝税抽征早。"这四句是写早在织作之前，织妇就已忙碌心焦了。诗以问答开端，织妇为什么忙呢？蚕儿还未吐丝啊。原来封建时代以自然经济为主，织妇往往就是蚕妇，在"蚕经三卧行欲老"（四眠后即上簇结茧）之际，她们就得忙着备料以供结茧之用，此后便是煮茧缫丝，辛苦不在织作之下。古代传说黄帝妃嫘祖是第一个发明养蚕抽丝的人，民间奉之为"蚕神"，诗中称"蚕神女圣"。"蚕神女圣早成丝，今年丝税抽征早。"这两句通过织妇口气，祷告蚕神保佑蚕儿早点出丝，因为这一年官家要提前抽征丝税。用人物口气代替客观叙事，情态呈现在读者面前：织妇是那样辛勤劳作，却毫无怨言，虔诚敬奉神灵，听命官家。这是十分典型的中国古代农家妇女形象。

"早征非是官人恶，去岁官家事戎索。征人战苦束刀疮，主将勋高换罗幕。"这四句又是一个层次，补充叙述提前征税的原因。原来是因为上年即元和十一年（公元816年）发动了讨伐淮西吴元济的战争，军需开支很大（"戎索"本义为戎法，引申为战事），战争的沉重负荷，自然要转嫁到老百姓头上。丝织品是军需物资，一方面，作为医疗用品它可供"征人战苦束刀疮"；另一方面，作为赏赐品，则可与"将军勋高换罗幕"。这些似乎都是天经地义、不可怨艾的事。"早征非是官人恶"一句，表现出普通百姓的忠诚、善良、任劳任怨和对命运的无可奈何。

"缲丝织帛犹努力，变缉撩机苦难织。东家头白双女儿，为解挑纹嫁不得。"这四句才是真正写织作之苦。在"织妇"的行列中，诗人特别推出了专业织锦户。她们专织花样新奇的高级彩锦，贡入京城，以满足统治者奢侈享乐的需要。一般的缲丝织作本来已够费力的了，织有花纹的绫罗更是难上加难。工艺（拨动织机、变动丝缕，在织品上挑出花纹）非常复杂，织妇十分艰辛。白居易在《缭绫》一词中也有类似的描述："缭绫织成费功绩，莫比寻常缯与帛。丝细缲多女手疼，扎扎千声不盈尺。"由于培养挑纹能手不易，当时竟有巧女因手艺出众被娘家羁留而贻误青春。所以就有"东家头白双女儿，为解挑纹嫁不得"。作者还写道：我在担任江陵士曹参军时，目击贡绫户有终老不嫁之女。织女为材所累，大误终身，内心的悲切难以言喻。南北朝的一首民歌也反映出类似的悲剧："驱羊入谷，白羊在前，老女不嫁，蹋地唤天。"[①] 诗人于此着墨不多，却力透纸背。

最后四句"檐前袅袅游丝上，上有蜘蛛巧来往。羡他虫豸解缘天，能向虚空织罗网。"意思是织妇面对窗牖，竟倾慕檐前结网的蜘蛛。在织妇看来，这小虫的织网，纯出天性，无催科之虞、无租税之苦，比织户的生活胜过百倍。本来生灵之中，虫贱人贵，今贱者反贵、贵者反贱，足见人不如虫。诗人由织妇者抽丝织作而联想到昆虫中的织罗者，显得自然而巧妙。

---

① 出自北朝民歌《地驱乐歌》。

《织妇词》全篇仅一百一十字，却由于层次丰富、语言简练，显得意蕴深厚，十分耐读。该诗十分切合于白居易对新乐府的要求，即"首句标其目"，开宗明义；"其辞质而径"，见者易谕；"其事核而实"，采者传信；"总而言之，为君、为臣、为民、为物、为事而作，不为文而作"（出自白居易《新乐府序》）①。

## 二、《山中寡妇》（唐）杜荀鹤

**原文：**

夫因兵死守蓬茅，麻苎衣衫鬓发焦。

桑柘废来犹纳税，田园荒后尚征苗。

时挑野菜和根煮，旋斫生柴带叶烧。

任是深山更深处，也应无计避征徭。

**白话译文：**

丈夫死于战乱，她独守茅屋备受煎熬，身穿苎麻布衣衫，鬓发干涩又枯焦。

桑树柘树全废毁却还要交纳蚕丝税，田园耕地已荒芜却仍然要征青苗税。

时常外出挖来野菜连着根须一起煮食，四处砍生柴带着叶子一起烧。

任凭你住在比深山更深的偏僻处，也没办法逃脱官府的赋税和兵徭。

杜荀鹤（公元846～904年），唐代诗人，字彦之，号九华山人，池州石埭（今安徽省石台县）人。大顺进士，以诗名，自成一

①［唐］白居易著，孙安邦解评：《白居易集》，山西古籍出版社2006年版，第64页。

家，尤长于宫词。官至翰学士知制造。大顺二年，第一人擢第，复还旧山。宣州田頵遣至汴通好，朱全忠厚遇之，表授翰林学士、主客员外郎、知制诰。恃势侮易缙绅，众怒，欲杀之而未及。天祐初卒。

唐朝末年，军阀之间连年征战，造成"四海十年人杀尽"（《哭贝韬》）、"山中鸟雀共民愁"（《山中对雪》）的悲惨局面，给人民带来极大的灾难。《山中寡妇》即创作于这种社会背景之下。

此诗的"夫因兵死守蓬茅"，就从这兵荒马乱的时代着笔，概括地写出了这位农家妇女的不幸遭遇：战乱夺走了她的丈夫，迫使她孤苦一人，逃入深山破茅屋中栖身。"麻苎衣衫鬓发焦"一句，抓住"衣衫""鬓发"这些最能揭示人物本质的细节特征，简洁而生动地刻画出寡妇那贫困痛苦的形象：身着粗糙的麻布衣服，鬓发枯黄，面容憔悴。从下文"时挑野菜""旋斫（zhuó）生柴"的描写来看，山中寡妇应该还是青壮年妇女，照说她的鬓发色泽应该是好看的，但由于苦难的煎熬，使她鬓发早已焦黄枯槁，显得苍老了。简洁的肖像描写，衬托出人物的内心痛苦，写出了她那饱经忧患的身世。

然而，对这样一个孤苦可怜的寡妇，统治阶级也并不放过对她的榨取，而且手段是那样残忍："桑柘废来犹纳税，田园荒后尚征苗。"此处的"纳税"，指缴纳丝税；"征苗"，指征收青苗税，这是代宗广德二年（公元764年）开始增设的田赋附加税，因在粮食未成熟前征收，故称青苗。古时以农桑为本，由于战争的破坏，桑林伐尽了、田园荒芜了，而官府却不顾人民的死活，照旧逼税和征苗。残酷的赋税剥削，使这位孤苦贫穷的寡妇无以为生。

"时挑野菜和根煮，旋斫生柴带叶烧。"只见她不时地挖来野菜，连菜根一起煮了吃；平时烧柴也很困难，燃生柴还要"带叶烧"。这两句是采用一种加倍强调的说法，通过这种艺术强调，渲染了山中寡妇那难以想象的困苦状况。

最后，作者面对民不聊生的黑暗现实，发出深沉的感慨："任是深山更深处，也应无计避征徭。"深山有毒蛇猛兽，对人的威胁很大。寡妇不堪忍受苛敛重赋的压榨，迫不得已逃入深山。然而，剥削的魔爪是无孔不入的，即使逃到"深山更深处"，也难以逃脱赋税和徭役的罗网。这比"苛政猛于虎"的典故有过之而无不及。"任是""也应"两个关联词用得很妙，可以看出，作者的笔触像"匕首"一样揭露了封建统治者的罪恶本质。

诗歌是缘情而发，以感情来拨动读者心弦的。《山中寡妇》之所以感人，正在于它富有浓厚的感情色彩。但诗并不直接抒情，而是把感情诉诸对人物命运的刻画描写之中。诗人把寡妇的苦难写到了极致，造成一种浓厚的悲剧氛围，从而使人民的苦痛及诗人的情感，都通过生活场景的描写自然地流露出来，产生了感人的艺术力量。最后，又在形象描写的基础上引发感慨，把读者的视线引向一个更广阔的境界，不但使人看到了一个山中寡妇的苦难，而且使人想象到和寡妇同命运的更多人的苦难。这就从更大的范围、更深的程度上揭露了残酷的剥削，深化了主题，使诗的蕴意更加深厚。

## 三、《田家三首》（唐）柳宗元

**原文：**

其一

蓐食徇所务，驱牛向东阡。

鸡鸣村巷白，夜色归暮田。

札札耒耜声，飞飞来乌鸢。

竭兹筋力事，持用穷岁年。

尽输助徭役，聊就空自眠。

子孙日已长，世世还复然。

其二

篱落隔烟火，农谈四邻夕。

庭际秋虫鸣，疏麻方寂历。

蚕丝尽输税，机杼空倚壁。

里胥夜经过，鸡黍事筵席。

各言官长峻，文字多督责。

东乡后租期，车毂陷泥泽。

公门少推恕，鞭扑恣狼藉。

努力慎经营，肌肤真可惜。

迎新在此岁，唯恐蹑前迹。

其三

古道饶蒺藜，萦回古城曲。

蓼花被堤岸，陂水寒更绿。

是时收获竟，落日多樵牧。

风高榆柳疏，霜重梨枣熟。

行人迷去住，野鸟竞栖宿。

田翁笑相念，昏黑慎原陆。

今年幸少丰，无厌饘与粥。

**白话译文：**

其一

天未亮就吃了饭，赶着牛去村东干。

天刚亮就下了田，直至暮色归家园。

木犁翻土札札响，乌鸦老鹰飞不断。

竭尽筋力勤劳动，收点粮食过一年。

粮食交尽出苦力，姑且回到空屋眠。

子孙天天长大了，世世代代亦复然。

其二

烟火人家篱笆隔，相聚黄昏来谈白。

院边秋蝉叽叽叫，无风苎麻正寂寂。

收下蚕丝尽交税，空留布机斜倚壁。

乡村小吏夜到来，杀鸡煮饭备筵席。

都说官长心真狠，常有文书来责督。

车陷泥潭不能出，东乡交租稍延误。

官府从来不宽恕，肆意鞭打血肉糊。

千万备好田租赋，免得皮肉也受苦。

交纳新税就在即，唯恐重蹈东乡路。

其三

路上蒺藜满眼生，弯曲缠绕古城壁。

蓼花覆盖塘堤岸，池中之水更清绿。

此时秋收已完毕，樵夫牧童日暮归。

寒风劲吹柳叶稀，霜下梨枣已透熟。

行路之人迷归路，野鸟竞相寻归宿。

田家老人笑留我，黑夜原孤独谨慎。

幸亏今年收成好，不用担心没得粥。

柳宗元（公元 773～819 年），唐代文学家、哲学家，字子厚，河东解州（今山西省运城市解州镇）人，世称柳河东。贞元（唐德宗年号，公元 785 年正月～805 年八月）进士，授校书郎，调蓝田尉，升监察御史里行。因参与王叔文集团，被贬为永州司马。后迁柳州刺史，故又称柳柳州。与韩愈共同倡导古文运动，同被列入"唐宋八大家"，并称"韩柳"。其诗风格清峭，与刘禹锡并称"刘柳"，与王维、孟浩然、韦应物并称"王孟韦柳"。

后人考证，柳宗元的《田家三首》应该是作者被贬永州时创作的，因为柳宗元于唐顺宗永贞元年（公元 805 年）被贬永州后，才有更多机会接触社会下层，写出农民遭受封建统治阶级横征暴敛的痛苦。与作者的另一传世佳作《捕蛇者说》大致在一个时期。

诗中"迎新在此岁，唯恐踵前迹"反映的时代背景是唐中期实行了"两税法"改革。唐德宗时开始分秋夏两季征收赋税，规定夏税要在六月交毕，秋税要在十一月交毕。新谷登场也就是交秋税的时候到了。

《田家三首》是一组完整的诗篇。

第一首诗写农民一年四季、从早到晚，辛勤紧张地在地里劳动，到头来却无法维持生计，因为他们的劳动果实全都被官府以田赋和徭役的形式搜刮去了。他们不仅无法改变自己的处境，而且子子孙孙还得把这种悲惨的遭遇延续下去。

第二首诗通过具体的事例真实而深刻地揭露了封建官吏为催租逼税而威胁恫吓直至私刑拷打农民的种种罪行，从而反映了广大农民在封建暴政下的痛苦生活。这首诗前六句写农民在完成夏税的征敛中被封建官府剥削一空的情景，次十句写里胥在催租时对农民的敲诈勒索和威胁恫吓的情景，后二句写农民听了里胥的一席威胁话语后所产生的恐惧心理。

第三首诗前八句描绘的是秋收后农村的景象，后六句则是描绘诗人因迷路在农家借宿的经过。这首诗用非常朴素的语言刻画了一位淳朴可敬的田翁老人形象，反映了诗人和农民亲密无间的关系。

这三首诗体现了一些共同的特色。一是叙事朴实生动，客观真实；二是语言质朴无华，几近口语，体现了田园诗的本色；三是运用生动的形象描写与对话描写，极富艺术感染力，忠实客观地表现了农村悲惨的生活图景，含蓄而又自然地流露出诗人对封建官吏的憎恶，对穷苦民众深切同情的民本思想。

除了柳宗元的《田家》外，唐宋时期还有其他以"田家"为名的诗词。

1. 欧阳修的《田家》

同为唐宋八大家的欧阳修，也作过一首名为《田家》的诗，原文如下：

绿桑高下映平川，赛罢田神笑语喧。

林外鸣鸠春雨歇，屋头初日杏花繁。

这首诗第一、第三、第四句写景，第二句写农人。通过写景，描绘出一幅清丽无比的乡村图画。辽阔的平川是画面的背景，红日映照下绿油油的桑树、洁白的杏花使画面色彩斑斓，鸠鸟的鸣叫使画面充满了生机，而刚刚消歇的春雨则使一切显得特别洁净、清新。疏疏几笔，即传达出了春雨过后，艳阳初照下的乡村别具魅力的美。该诗反映了农人的精神状态，充满了乐观和愉悦，对生活的满足、对美好未来的自信尽在不言之中，而这又与乡村美景相得益彰。

2. 聂夷仲的《田家》

唐末的聂夷仲也作过一首《田家》，原文如下：

父耕原上田，子劚①山下荒。

六月禾未秀，官家已修仓。

该诗只有二十个字，反映的是在唐末的乱世，国家开支甚巨而资用缺乏，加重对农民的榨取。尤其是后两句"六月禾未秀，官家已修仓"，不发议论而重在摆事实，发人深省。"六月禾未秀"不单指庄稼未成熟。按正常的情况，四五月稻苗就该扬花（"秀"），六月应已收割。而"禾未秀"，当是遇到了旱情，暗示着歉收。而按当时的两税法，六月正是应该交纳夏税的时节，所以"官家已修仓"本身就暗示着对农民劳动成果的窥伺和即将予以剥夺，而这种窥伺出现在"六月禾未秀"之际，更觉意味深长。"禾未秀"而仓

---

① 劚（zhǔ），作动词，锄、掘。

"已修"，一"未"一"已"，二字呼应。

3. 王维的《田家》

唐代诗人王维也作过一首《田家》，原文如下：

旧谷行将尽，良苗未可希。

老年方爱粥，卒岁且无衣。

雀乳青苔井，鸡鸣白板扉。

柴车驾羸牸，草屩牧豪豨，

夕雨红榴拆，新秋绿芋肥。

饷田桑下憩，旁舍草中归。

住处名愚谷，何烦问是非。

4. 陈师道的《田家》

北宋陈师道《田家》原文如下：

鸡鸣人当行，犬鸣人当归。

秋来公事急，出处不待时。

昨夜三尺雨，灶下已生泥。

人言田家乐，尔苦人得知。

5. 郑獬的《田家》

北宋郑獬的《田家》原文如下：

数亩低田流水浑，一树高花明远村。

云阴拂暑风光好，却将微雨送黄昏。

# 四、《新沙》（唐）陆龟蒙

**原文：**

渤澥声中涨小堤，

官家知后海鸥知。

蓬莱有路教人到，

应亦年年税紫芝。

**白话译文：**

在偏僻的渤海湾，随着经年的潮涨潮落，终于淤起了一处小小的沙洲。

海鸥终日在海面上盘旋飞翔，可是最先发现这块沙洲的却是官府。

如果蓬莱仙岛能有路可通的话，那么官家也会年年去向神仙们征收紫芝税。

陆龟蒙（公元？～881年），唐代农学家、文学家，字鲁望，别号天随子、江湖散人、甫里先生，江苏苏州人。曾任湖州、苏州刺史幕僚，后隐居松江甫里，编著有《甫里先生文集》等。他的小品文主要收在《笠泽丛书》中，现实针对性强，议论也颇精切，如《野庙碑》《记稻鼠》等。陆龟蒙与皮日休交友，世称"皮陆"，诗以写景咏物为多。

这首诗通过官府对海边新淤沙地征税所引起的新奇想象的描写，尖锐地讽刺了当时官府横征暴敛的贪得无厌、无所不至，在写作技巧上饶有特色。

此诗从立意到构思、从遣词到造句，都把极度的夸张和强烈的讽刺作为抨击封建统治者的有力武器。开头二句"渤澥声中涨小堤，官家知后海鸥知"，这是极度夸张的笔墨，既匪夷所思，却又那样合乎情理。海鸥是大海及海滨变化信息的知情者，它们世世代代繁衍、生息在这一带水土之上，一直在大海上飞翔盘旋，对海边的情况是最熟悉的；这片新淤沙地的最早发现者按道理说应该是海鸥，然而海鸥的眼睛却敌不过贪婪地注视着一切剥削机会的"官家"，他们竟抢在海鸥前面盯住了这片新涨的小堤。对于实际生活来说，官家不可能先海鸥而知新涨成的小堤，这样描写就是夸张的；但从对象的本质——官府搜刮土地、无所不至、贪婪成性方面来说，它又是达到了高度的艺术真实的。这两句的夸张和讽刺之处还在于：新堤刚出现，老百姓们还未踏足其上，更无什么收成可言，官府就对它敲响了征税的如意算盘。官府的这一心理是特别可笑的，讽刺也特别深刻。

诗的第三、第四句"蓬莱有路教人到，亦应年年税紫芝"，则把夸张与假想揉为一体，从虚拟的画面中进一步镂刻官府"人心不足蛇吞象"的贪婪本性。蓬莱仙山本为神仙所居的极乐去处，其间既无尘世之争，更无苛捐杂税之扰。但官府并非不想到仙境中以掠取其间的奇珍异宝，而只是由于蓬莱无路可通罢了。"蓬莱"毕竟是人们虚构出来的仙境，"紫芝"也是被"神化"了的草，但诗人借以写真实，却道出了当时官府无往而不在的剥削搜刮。这里，假设的画面是极其荒唐的，似乎纯属无稽之谈，但在这荒唐悠谬的外壳中却包含着严峻的历史真实——官家搜刮的触须无处不到，根本就不可能有什么逃避赋税的净土乐园，从本质上揭示了官府心灵最深处的秘密，从中也反映了诗人爱憎分明的美好心灵。

陆龟蒙是晚唐擅长讽刺诗和讽刺小品的能手，《新沙》为其讽刺诗的代表作。

讽刺属于喜剧的范畴。鲁迅在《什么是"讽刺"?》一文中解释：一个作者，用了精炼的，或者简直有些夸张的笔墨——但自然也必须是艺术地——写出或一群人的或一面的真实来，这被写的一群人，就称这作品为"讽刺"。①

用鲁迅的话说，就是要"将那无价值的撕破给人看"，也就是对"公然的，也是常见的，平时谁都不以为奇的"那些"可笑，可鄙，甚而至于可恶"的事物，"有意的偏要提出"，给以嘲讽和鞭挞。讽刺的本领在于巧妙地运用"精炼的，或者简直有些夸张的笔墨"，抓住讽刺对象的本质特征，诉之于可笑的形象，通过貌似

---

① 鲁迅：《鲁迅杂文全集》（且介亭杂文二集），河南人民出版社1994年版，第805页。

出乎常情之外却又在情理之中的描述，表现出隐而未显的客观事物的真相，从而收到引人发笑、发人深思的喜剧效果。

《新沙》作为讽刺诗的代表作，就是将封建吏治那黑暗的"无价值的"一角"撕破给人看"的。

## 五、《庄居野行》（唐）姚合

**原文：**

客行野田间，比屋皆闭户。

借问屋中人，尽去作商贾。

官家不税商，税农服作苦。

居人尽东西，道路侵垄亩。

采玉上山颠，探珠入水府。

边兵索衣食，此物同泥土。

古来一人耕，三人食犹饥。

如今千万家，无一把锄犁。

我仓常空虚，我田生蒺藜。

上天不雨粟，何由活烝黎。

**白话译文：**

在田间行走，无意中发现村庄中的很多人家空无一人。

向路过的村人打听才知道，这些屋子里的人都外出做生意去了。

官家不向商人征税，偏偏征税于劳役辛苦的农民。

在这里居住的人，纷纷做生意谋出路去了，以致这里的土地无人耕种，任由行人往来，变成了道路。

这些经商的人冒着生命危险上山采玉、下水求珠。可边疆士卒要吃要穿，这些珠宝如同泥土，无法充饥御寒。

古来一人耕种，三个人还吃不饱。

现在成千上万的人家，竟没有一个人拿着犁锄耕田。

我们的粮仓已经空虚了好长一段时间，我们的田园已经完全荒芜。

上天不落下粮食，有什么办法去养活众多的老百姓呢？

姚合，中晚唐诗人，陕州硖石（今陕西省宝鸡市硖石镇）人。元和十一年（公元816年）登进士第。初授武功主簿，人因称为姚武功。调富平、万年尉。历任监察御史、户部员外郎和荆、杭二州刺史等。诗与贾岛齐名，并称"姚贾"。

姚合在任武功县（今陕西省武功县）主簿后曾在农庄闲居一段时期，写了一些反映农村情况的诗，有一定的社会意义。这首《庄居野行》就是其中比较典型的一首。

本诗对当时社会上存在的重商轻农的风气进行了正本清源，对受侮辱、受损害的农民表示了深厚的同情。由于唐朝政府重商轻农，导致农民都弃农经商，造成"如今千万家，无一把锄犁"的严重局面，因此作者大力呼吁，希望引起政府的重视。

这首诗在赋的艺术表现手法的运用上颇具特色。

诗人落笔便直敷诗人"野行"之其事，突现了农村"比屋皆闭户"的萧条荒凉的现实。接着，诗人便挖掘、剖析了农民"闭户"从商的社会原因，说明农民被迫流离失所、漂泊四方的根本症结，在于"官家不税商，税农服作苦"。接下去，诗人又展示了农民被迫采玉撷珠的辛苦和边兵敲诈勒索农民的生活画面，并从古今遥遥辽阔的时间领域上对"官家"逼农经商的昏庸举动进行了鞭笞，从而表达了诗人对社会形势动荡的忧恨。结尾"上天不雨粟，何由活蒸黎"二句的愤怒质问，更寄寓了诗人对广大农民的深切关怀之情。

赋的表现手法在于体物写志，在记叙性诗歌中用得较多。这首诗几乎通篇用赋，诗人从开头"比屋皆闭户"的社会现状入手，层层展开场景，拓展画面，从"田间"至"比屋"，从"屋中"至"垄亩"，从"山颠"至"水府"，从"古来"到"如今"，从"仓"廪到"田"畴，都达到"随物赋形"的地步，而环境的每一步推移，又总带情韵以行，让读者透过"皆""尽""犹""常"等充满感情色彩的时间、程度副词而看到唐末重商轻农的政策给社会带来的不幸后果，虽属平铺直叙，却颇具感人的艺术魅力。

此外，这首诗语言通俗，对仗工整。如"采玉上山颠，探珠入水府"等句，"古来一人耕，三人食犹饥；如今千万家，无一把锄犁"等句，对比鲜明，讽指深入。

此诗和刘驾的《反贾客乐》有异曲同工之妙，拓宽了唐诗创作的题材。

**《反贾客乐》原文：**

无言贾客乐，贾客多无墓。

行舟触风浪，尽入鱼腹去。

农夫更苦辛，所以美尔身。

**白话译文：**

不要说商人们有多快乐，他们大多要客死异乡，可能连坟墓都没有。

他们浪迹天涯、搏风击浪，葬身鱼腹的危险时时在伴随着他们。

而农夫们却还是非常羡慕他们，因为农夫们的生活比商人们更痛苦。

贾（gǔ）：商人，古时特指囤积营利的坐商，古时候称行商为"商"，坐商为"贾"，后泛指商人。《反贾客乐》是唐代诗人刘驾创作的一首五言古诗。这首诗的语言通俗平易，颇近口语。但尽管其词浅，而含意却颇为深广。前四句指出贾客行商本不足羡，他们浪迹天涯、搏风击浪，葬身鱼腹的危险时时在伴陪着他们。最后两句点明贾客尽管如此危险，而农夫们却还是那样羡慕他们，是因为农夫的生活和生命比贾客更痛苦、更没有保障。诗人采用反衬的艺术表现手法展现了农夫悲惨的命运。

## 六、《石壕吏》（唐）杜甫

**原文：**

> 暮投石壕村，有吏夜捉人。
>
> 老翁逾墙走，老妇出门看。
>
> 吏呼一何怒，妇啼一何苦。
>
> 听妇前致词，三男邺城戍。
>
> 一男附书至，二男新战死。
>
> 存者且偷生，死者长已矣。
>
> 室中更无人，惟有乳下孙。
>
> 有孙母未去，出入无完裙。
>
> 老妪力虽衰，请从吏夜归。
>
> 急应河阳役，犹得备晨炊。
>
> 夜久语声绝，如闻泣幽咽。
>
> 天明登前途，独与老翁别。

**白话译文：**

（我）日暮时投宿石壕村，夜里有差役到村子里抓人服役。

老翁越墙逃走，老妇出门查看。

官吏大声呼喝得多么愤怒，妇人大声啼哭得多么悲苦。

我听到老妇上前说：我的三个儿子在邺城戍边。

其中一个儿子捎信回来，说另外两个儿子刚刚战死。

活着的人姑且活一天算一天，死去的人就永远不会复生了！

家里再也没有别的男人了，只有正在吃奶的小孙子。

因为有孙子在，他母亲还没有离去，但进进出出都没有一件完整的衣服。

虽然老妇我年老力衰，但请允许我跟从你连夜赶回营去。

立刻就去投向河阳的战役，还来得及为部队准备早餐。

夜深了，说话的声音逐渐消失，隐隐约约听到低微断续的哭泣声。

天亮后我继续赶路，只能与返回家中的那个老翁告别（老妇已经被抓去服役了）。

杜甫（公元712～770年），字子美，自号少陵野老。祖籍襄阳，河南巩县（今河南省巩义市）人。唐代伟大的现实主义诗人，与李白合称"李杜"。杜甫在中国古典诗歌中的影响非常深远，被后人称为"诗圣"，他的诗被称为"诗史"。杜甫在后世有多个美称，如杜拾遗、杜工部、杜少陵、杜草堂等。公元759年杜甫弃官入川，虽然躲避了战乱，生活相对安定，但仍然心系苍生、胸怀国事。杜甫的思想核心是儒家的仁政思想，他有"致君尧舜上，再使风俗淳"的宏伟抱负。杜甫虽然在世时名声并不显赫，但后来声名远播，对中国文学和日本文学都产生了深远的影响。杜甫共有约一千五百首诗歌被保留了下来，大多收集于《杜工部集》。

这是一首杰出的现实主义的叙事诗。它以"耳闻"为线索，按时间的顺序，由暮—夜—夜久—天明，一步步深入，从投宿叙起，以告别结束，从差吏夜间捉人，到老妇随往；从老翁逾墙逃走，到事后潜归；从诗人日暮投宿，到天明登程告别。整个故事有开始、发展、高潮、结局，情节完整，并颇为紧张。诗的首尾是叙事，中间用对话，人物有五六个之多，诗人巧妙地借老妇的口，诉说了沉重的徭役给她一家带来的悲惨遭遇。

《石壕吏》是杜甫著名的新题乐府组诗"三吏"之一（另两篇是《新安吏》和《潼关吏》）。

唐肃宗乾元二年（公元 759 年），四十八岁的杜甫由左拾遗贬为华州司功参军。他离开洛阳，历经新安、石壕、潼关，夜宿晓行、风尘仆仆，赶往华州任所。所经之处，哀鸿遍野，民不聊生。在由新安县继续西行的路途中，作者投宿石壕村，遇到吏卒深夜捉人，引起感情上的强烈震动，于是实录所见所闻，写成这篇绝世佳作。诗中刻画了官吏的横暴，反映了安史之乱给人民带来的深重灾难和自己痛苦的心情。在这一过程中，除了"三吏"外，杜甫还创作了"三别"，即《新婚别》《垂老别》《无家别》。"三吏三别"是作者创作的不朽诗篇，标志着杜甫现实主义创作诗歌达到了新的高峰。

## 七、《浔阳陶氏别业①》（唐）刘眘虚

**原文：**

陶家习先隐，种柳长江边。

朝夕浔阳郭，白衣来几年。

霁云明孤岭，秋水澄寒天。

物象自清旷，野情何绵联。

萧萧丘中赏，明宰非徒然。

愿守黍稷税，归耕东山田。

**白话译文：**

我来到陶氏别业，联想到陶渊明江边种柳，朝来夕往的景物至今犹存。

这里景象是霁云、孤岭、秋水、寒天，清旷而高远。

陶氏的田园隐居之情让我羡慕和向往。

我在小山中赏析这样的美景，联想到陶氏成为明官并不是偶然的。

---

① 别业一词是与"旧业"或"第宅"相对而言，业主往往原有一处住宅，后另营别墅，称为别业。

我愿意和陶氏一样，归隐山田，正常缴纳税收，过点小日子就好。

刘眘（shèn）虚（约公元714~767年），字全乙，洪州新吴（今江西省奉新县）人，亦叫刘慎虚。开元二十二年（公元734年）中进士，官洛阳尉及夏县令。他精通经史，诗多幽峭之趣，风格近似孟浩然、常建，其诗多写山水隐逸之趣，尤工于五言。他为人较淡泊，脱略势利，壮年辞官归田，寄意山水。

作者何时何故到陶渊明故里浔阳无从考证。在本诗中，作者与陶渊明有一番心灵的沟通和对话。开首四句是对陶氏先祖隐居生活的概述，"种柳长江边"（引用陶渊明号"五柳先生"典故）、"朝夕浔阳郭"都带着隐居的风味，紧扣第一句"陶家习先隐"的"先隐"和"白衣来几年"的"白衣"。"霁云明孤岭"四句是对别业景物的描写，"霁云""孤岭""秋水""寒天"，各种物象是那么明丽、澄澈、清旷，充满诗情画意，使作者"野情何绵联"。"野情"即田园隐居之情，"绵联"传达出作者对陶渊明隐居生活充满羡慕与向往。"萧萧丘中赏"紧承上四句景物描写，"明宰非徒然"则是作者的价值判断。"明宰"是指陶渊明为明智之官（陶渊明曾任江州祭酒、建威参军、镇军参军、彭泽县令官职），并通过双重否定句"非徒然"进一步肯定了陶渊明的选择。"愿守黍稷税，归耕东山田"便是作者价值判断后的行动指南了，这一句暗含《归园田居》之意，其中"东山田"这一典故引用东晋谢安，出自《世说新语·排调28》："谢公（安）在东山（会稽东山），朝命屡降而不动。后出为桓宣武司马，将发新亭，朝士咸出瞻送。高灵时为中丞，亦往相祖（路祭，这里指送行）。先时多少饮酒，因倚如醉，戏曰：卿屡违朝旨，高卧东山，诸人相与言：安石（谢安字）不肯出，将如苍生何？今亦苍生将如卿何？谢笑而不答。"[1] 后人

---

[1] ［南朝宋］刘义庆著，许绍早译注：《世说新说译注》，吉林文史出版社1996年版，第300页。

因此以"东山再起"作用为隐士出仕的典故。这里反用谢安典故，作者也要像谢安、陶渊明那样辞官归隐，表现出刘眘虚归隐的决绝态度。

刘眘虚性情高古，在人生流落不偶的遭际中，超然于官场名利之外，寻求身心的隐居与内心的修习。这种摆脱官场束缚，一心回归自然寻求心灵安静的精神继承了陶渊明摆脱世俗、亲近自然的隐逸精神境界。除了陶渊明的精神意趣，同时也继承了陶渊明的技法，创造出浑融完整的诗歌意境。刘眘虚的诗中有很多"归"字，如"归舟""归乡""归怀""归梦""归雁"等。众多"归"字的使用暗暗体现这些意象都像陶渊明的"归去来"一样，充满的不只是眷眷乡心，更是心灵有所栖托的从容与坦然。

本诗中提到的陶渊明也是家喻户晓的名人。

陶渊明（公元352～427年），字元亮，又名潜，东晋末至南朝宋初期伟大的诗人、辞赋家，因其宅边种有五棵柳树，因此又号"五柳先生"。陶渊明是中国第一位田园诗人，被称为"古今隐逸诗人之宗"。著名的"采篱东南下，悠然见南山"出自其名作《饮酒》；"不为五斗米折腰"也是与其有关的典故。陶渊明对社会人事的虚伪黑暗有极为清醒的认识，在壮年之际，退仕隐居。其诗歌中有大量反映退出官场后怡然陶醉心情的内容，如五言诗《归田园居》《九日闲居》。陶渊明还留下了大量著名的辞赋散文，如《归去来兮辞》《桃花源记》，皆为后世经典。

## 八、《农家叹》（宋）陆游

**原文：**

有山皆种麦，有水皆种粳。

牛领疮见骨，叱叱犹夜耕。

竭力事本业，所愿乐太平。

门前谁剥啄？县吏征租声。

一身入县庭，日夜穷笞榜。

人孰不惮死？自计无由生。

还家欲具说，恐伤父母情。

老人侥得食，妻子鸿毛轻。

**白话译文：**

农民在所有的山坡、沟坎都种上麦子，在所有的水田都种上稻子。

耕牛都磨烂了脖颈，露出嶙嶙瘦骨，农民还在不停地吆喝它，晚上也不得歇息。

想依靠自己的辛勤劳作来维持起码的生活。农民如此尽心竭力耕作，只求能过上太平日子。

门口是谁在呵斥？原来是有县吏上门征收租税，

缴不起税的农民被抓进县衙，日日夜夜遭受无休无止的鞭笞。

世上谁人不怕死，农民自思恐怕性命难保，

被放还回家后，想向家人诉说遭遇，又怕父母伤心。

然而，要想让父母吃饱，妻子儿女就要挨饿。

陆游（公元 1125 ~ 1210 年），字务观，号放翁，越州山阴（今浙江绍兴）人，南宋文学家、史学家、爱国诗人。陆游生逢北宋灭亡之际，少年时即深受家庭爱国思想的熏陶。宋高宗时，参加礼部考试，因受秦桧排斥而仕途不畅。宋孝宗即位后，赐进士出身，历任福州宁德县主簿、敕令所删定官、隆兴府通判等职，因坚持抗金，屡遭主和派排斥。乾道七年（公元 1171 年），应四川宣抚使王炎之邀，投身军旅，任职于南郑幕府。次年，幕府解散，陆游奉诏入蜀，与范成大相知。宋光宗继位后，升为礼部郎中兼实录院检讨官，不久即因"嘲咏风月"罢官归居故里。嘉泰二年（公元 1202 年），宋宁宗诏陆游入京，主持编修孝宗、光宗《两朝实录》和《三朝史》，官至宝章阁待制。书成后，陆游长期蛰居山阴，嘉定二年（公元1210年）与世长辞，留绝笔《示儿》。陆游一生笔耕不辍，诗词文有很高成就，其诗语言平易晓畅、章法整饬谨严，兼具李白的雄奇奔放与杜甫的沉郁悲凉，尤以饱含爱国热情对后世影响深远。

作为一位伟大的爱国主义诗人，留下了无数爱国诗篇，其中既有"铁马冰河入梦来"的豪迈，又有"南望王师又一年"的无奈，更有"家祭无忘告乃翁"的不甘。在乡间生活了三十余年的陆游，还写过不少赋税诗，其中饱含着对百姓疾苦的担忧。此诗就是非常知名的一首。

此诗以愤懑的笔触深刻揭示了农民生活的悲惨，抨击了统治者的罪恶。将农民求生不得、求死不能的惨状揭示得触目惊心，充满了对农民的无比同情、对统治者的愤怒。作品语言朴实平易，对农民生活处境及其内心的描写真切生动，极富感染力。

前六句描写农民的劳碌艰辛及其愿望，农民没日没夜地劳作，只为能过上太平安稳的生活，巨大的付出只为了一个最基本的生活要求，农民的生存处境已让人叹息，然而，无尽的劳碌能不能换来"太平"时日呢？下面诗人即以残酷的现实进行了回答。"门前"两句，自问自答，体现出县吏催逼"征租"的苛严。"一身"四句写在官府遭到的摧残。"有山皆种麦，有水皆种粳"加上日夜辛劳，尚不能应付租赋，而招致毒打。赋税的沉重、统治者盘剥的刻毒揭示无遗。结尾四句以沉痛的笔墨描写农民的心理活动："还家欲具说，恐伤父母情。"描写了遭毒打后想诉说而不能说的凄惶；"老人俭得食，妻子鸿毛轻"为老人甘愿舍弃妻小的无奈悲酸，催人泪下。耕牛本是农民重要的生产资料，农民怎会不爱护，联系末句"妻子鸿毛轻"，方知妻子儿女尚且难保，何况牛呢？他们的生命如鸿毛一般。全诗通过对一个农民悲惨际遇的描写，字字血、声声泪，哀痛欲绝。

　　此诗中的"日夜穷笞榜"是指缴不起税的贫苦农民遭受鞭笞，体现了征税的残酷。陆游的很多诗中都有类似的描述。

　　"县吏亭长如饿狼，妇女怖死儿童僵。"（《秋获歌》）

　　"榜笞督租赋，涉笔骍我颜。"（《秋兴》其二）

　　"赋敛鞭笞县庭赤。"（《僧庐》）

　　"常年征科烦箠楚，县家血湿庭前土。"（《秋赛》）

　　对于缴不起税的农民，县吏毫不留情，动不动就鞭笞纳税人。县衙前的土地，因鞭笞了太多缴不起税的农民，已被鲜血染红。

　　陆游之所以这么同情农民，是因为在作者看来，农民并不是拒不缴税的恶民，的确是因为收成不好，没有缴税的能力。事实上，在陆游的其他诗中，农民在丰收之际，最先想到的就是缴税。陆游在《杜宇行》就描绘了这样一种场景："去年杜宇号阡陌，家家聚首忧蚕麦。岂惟比屋衣食忧，县家亦负催科责。今年略不闻杜宇，蚕收麦熟人歌舞。岂惟襦新汤饼宽，邻里相约先输官。"作者对比了农民两年的心情，年景不好的时候，农民担心忧愁，而到了年景好的时候，农民首先要做的就是相约去官府缴税。另一首诗《秋赛》也有类似的表达："今年家家有余粟，县符未下输先足。"如此看来，收成不好的时节，农民无法按时缴税而被县吏鞭笞，的确十分值得同情。与之对应的，陆游对朝廷官府的赋税蠲免政策大为赞赏，很多诗都记录了减免税，这不只是对最高统治者的歌功颂德，更是为百姓减轻负担而由衷高兴。如在《村居书触目》中这样描述："人饶笑语丰年乐，吏省征科化日长。"又如，在《水村曲》中，陆游写道："山村今年晚禾旱，奏下民租蠲太半。水村雨足米狼戾，也放三分慰民意。看榜归来迭歌舞，共喜清平好官府。老翁犹记军兴时，汝辈少年那得知。"兴奋之情跃然纸上。

　　陆游心忧国家、心忧人民，无论入仕还是闲居，都为人民之乐而乐、为人民之忧而忧，至诚的爱民之心，为后世永记。

## 九、《税官谣》（明）钦叔阳

**原文：**

四月水杀麦，

五月水杀禾，

茫茫阡陌殚为河！

杀禾杀麦犹自可，

更有税官来杀我！

**白话译文：**

四月的洪水淹没了麦田，

五月的洪水淹没了禾苗，

一眼望去，田间的小路全部被淹没成河！

麦田、禾苗被淹没了还不是最可怕的，

更可怕的是还有收税官要来收税！

钦叔阳（生卒年不详），明代诗人，字遇公，江苏吴县（今江苏省苏州市）人，曾入国子监学习。

这首诗歌揭露了税收之害甚于洪涝天灾，害得老百姓无法生存。

在创作手法上，作者将"杀麦""杀禾""杀我"进行对比，以天灾衬托人祸。前三句写水灾接连不断，来势凶猛，把"茫茫阡陌"都淹成了大河。在这样的大水灾面前，理应叫苦不迭，但作者却举重若轻，来了一句"杀禾杀麦犹自可"，以此来反衬"更有税官来杀我"，一针见血地指出人祸甚于天灾。诗的前三句写茫茫洪水给人民造成的灾难，后两句点明题旨，自然灾害尚可克服，而封建统治者的苛税却逼得人民无法生活，揭露了封建统治者在灾荒之年不但不体恤民情，减轻租税，反而不顾人民死活，变本加厉地增收租税的罪恶。

这首诗是以明朝万历年间年苏州农民葛贤领导的抗税斗争为背景的。

明朝万历年间，江南苏州一带的丝织业特别发达，富裕的机户开始开设工场，雇用机工，城里的机工总共有几千人。这种商业城市的繁荣情况，使明朝统治者认为有利可图。为了榨取更多钱财，万历皇帝就派了一批宦官到那些城市去收税，这种宦官就叫作税监。税监不但征收苛捐杂税，还向百姓敲诈勒索，把百姓害得好苦。

万历二十九年（公元1601年），税监孙隆到苏州征税，孙隆一到苏州，就跟当地地痞土棍勾结，在苏州城各处设立关卡，凡是绸缎布匹进出关卡，一律征收重税。商贩交不起税，就不敢进城做买卖。这一年，正好又碰上一连两个月阴雨，苏州闹了一场水灾，桑田淹没，机户停工。孙隆一伙还要向机户收税，规定每台织机收税银三钱，每匹绸缎收税银五分，这一来更逼得许多机户倒闭，机工失业。

有一天，织工葛贤（又名葛成）路过葑门，见到孙隆手下几个税棍，正围住一个卖瓜的农民痛打。葛贤一打听，才知道那个瓜农挑瓜进城的时候，税棍逼他交税，交不出就抢他的瓜。等瓜农卖了瓜，买米出城的时候，税棍又抢他的米顶税银。瓜农不答应，就遭到税棍的痛打。

葛贤平日对税监的压迫剥削，本来怀着满腔气愤，看到这情形再也忍不住了，他挥动他手里的芭蕉扇，高声呼喊打坏蛋。路边的群众一呼百应，像潮水一样涌到葑门税卡。税棍黄建节想要逃跑已经晚了。群众把他包围起来，拾起乱石、瓦片向黄建节扔去。这个作恶多端的恶棍，被乱石打得头破血流，丧了性命。

这时候，群众越聚越多，反抗情绪也沸腾起来。葛贤看到大伙打死了黄建节，知道事情闹大了，就和群众一起，到玄妙观开会商量。大家一不做、二不休，推举葛贤等二十多人当首领，找税监孙隆算账。

葛贤等分路找到十二个税棍的家，点起了一把火，把他们的家全烧了；另一路群众浩浩荡荡来到苏州税监衙门，捉拿孙隆。一时间，呐喊声震天动地，孙隆吓得魂不附体，爬出后墙，狼狈逃到杭州去了。

孙隆逃出苏州以后，苏州知府下令捉拿参加暴动的人。葛贤得到这消息，怕连累大家，自己跑到苏州府衙门，说：带头的就是我一个人，要杀要剐由我顶着，不要牵连别人。

知府正为这个案子抓不到为首的人发愁，见到葛贤挺身出来投案，就把他关进监狱。葛贤进监狱那天，成千上万的苏州市民含着眼泪为他送行。葛贤进了监狱，又有上千人络绎不绝带着酒饭、衣服来慰问。葛贤再三推辞不收，大家还是不肯带回去，葛贤就把大伙慰问的酒饭等都分给监狱里被押的难友了。

明朝统治者看到这情况，没敢杀害葛贤。葛贤坐了两年牢，终于被释放。

## 十、《琵琶亭吊唐蜗寄榷使》（清）袁枚

**原文：**

老去风情尤娓娓，

八墨三儒来者喜。

懒征商税爱征诗，

满亭铺遍研光纸。

一纸诗投两手迎，

敲残铜钵几多声。

姓名分向牙牌记，

宾主重申缟纻情。

这首诗讲的是唐英以诗代税的故事。

唐英（公元 1682～1756 年），字俊公（又作隽公），一字叔子，别号蜗寄居士，又自号陶人，人称古柏先生。祖籍辽宁沈阳，隶属汉军正白旗。

唐英祖上从龙入关，为内务府包衣，深得皇家信任。唐英在内廷供奉三十余年，侍奉康熙皇帝兢兢业业，但因为秉性孤介，被人所忌妒，一直没有升迁显达。于此唐英并不愤懑，处之淡然。雍正元年（公元 1723 年），四十二岁的唐英被任命为内务府员外郎。雍正六年（公元 1728 年）是唐英一生的转折点，这年他被主管内务府的怡亲王赏识，以内务府员外郎衔驻景德镇厂署，从此开始了自己后半生督陶官的生涯。

唐英最著名的身份是"督陶官"（代表皇帝监督陶瓷制作），他也正是因为在中国陶瓷方面的贡献而名垂青史。唐英初到景德镇时还是一个对陶务茫然无知的官员，只能听命于工匠。为了报答皇帝的知遇之恩，经营好窑务，唐英刻苦钻研，"与工匠同其食息者三年"。他在督陶期间，对工匠百姓爱护有加，拯灾济患，对物料照市价公平采买，极大地调动了工匠的积极性，景德镇的陶瓷业和经济蓬勃发展。乾隆八年（公元 1743 年）唐英编成《陶冶图编次》进呈，这是我国有关陶瓷制作工艺的第一部系统的著作，而唐英也成为我国历史上第一位有理论、有实践、有著作传世的陶瓷专家。督陶成就了唐英一生的功名事业，他自号陶人，为自己诗集取名为《陶人心语》，无不是以陶为傲、以陶为豪。

同时，唐英又是一位热爱文艺、涉猎广泛、多才多艺的能人。唐英素爱风雅，精通诗文、戏曲、书法、绘画、篆刻及文字训诂，而且在每个领域都做出了一番成绩。在诗歌方面，有《陶人心语》诗集传世；在书画方面，他亲制书、画、诗，付窑陶成，屏对尤其奇绝；在古文训诂方面，他增补明江西新建张位的《问奇集》（二卷）为《问奇典注》（六卷）；在戏曲方面，他留下了十多部作品，如《佣中人》《虞兮梦》《芦花絮》《三元报》等。

唐英在文艺方面的成就都不如他作为督陶官的成就，他更多的是以"陶瓷专家"的身份被后人提起。

本诗中的琵琶亭位于江州（今江西省九江市），为天下一大名胜，因为著名的《琵琶行》而闻名天下。唐元和十年（公元815年），诗人白居易从京师长安被贬到江州任司马，第二年送客闻商妇弹琵琶作《琵琶行》，道出了"同是天涯沦落人，相逢何必曾相识"的感叹。《琵琶行》一诗很快流传开来，当时已是"童子解吟《长恨》曲，胡儿能唱《琵琶》篇"。地以人重，地以诗名，后来人们便在白居易送客听琵琶的地方，建起了琵琶亭，纪念白居易。千百年来，古亭多次兴建，不少文人骚客"琵琶亭下动闲愁"，留下了不朽的诗句。

明万历年间兵巡道葛寅亮将之移于城东老鹤塘，雍正年间兵巡道刘均兼榷关务又在原址重修，刻《琵琶行》于石。乾隆四年（公元1739年）初，关监督唐英司榷江州，驻节亭侧，他多次游览其地，不忍古迹荒落，于是捐俸，开始着手新修了琵琶亭，更创小楼三楹以供登眺。从乾隆四年（公元1739年）动工，到乾隆十一年（公元1746年）完成，亭台楼阁，一应俱全，"留先贤之遗韵，供后贤之游观"。

唐英敬仰白居易，称"文章风儒是吾师""寓私淑于瓣香"，他为琵琶亭修建付出了心血，"量节匕箸，经营修葺，数年来，始得新其亭，培其台，筑以堤，构以楼、槛、廊、庑"。他写了《重建琵琶亭自记》一文，手书白香山《琵琶亭》，勒诸石，左建楼，榜曰"到此忘机""江天遗韵",忘机阁及阁上中悬"残月晓风大江东去"八字也皆为唐英手书。亭后稍右,有堂三间,中悬一额曰"乐天送客处",系景德镇瓷器所成。他还注重绿化环境,周围种植老梅廿余株。据清人笔记所言"凭栏四瞩,则前绕长江,后峙五老(即五老峰,位于九江边的庐山),左侧长林蓊翳,右侧万堞参差,景色绝佳,徘徊久之,不能下"。琵琶亭是一个备受人们关注的人文景观,四方文人歌咏不绝,蒋士铨、袁枚、王文治等名家都有诗作。

琵琶亭落成后,无论是佳辰令节、日丽月明,还是秋草春花、夏雨冬雪,唐英总是来到琵琶亭前凭栏遥瞩,认为这是他"洵半生游览中大观也"。在琵琶亭他还宴集客人,搭台唱戏。琵琶亭寄予了唐英无限情感,他还将琵琶亭文化发扬到了极致,他不仅自己写下了一百多首关于琵琶亭的诗,可以说是先无古人、后无来者,而且还将风雅推向高潮,在琵琶亭壁间左右皆悬诗板,上格横书"风雅长留"四字,下画朱丝作格,以待游人题咏。清代才子袁枚记录了这段风雅故事,唐英司九江关的时候,悬纸墨笔砚于琵琶亭,游客当中有题诗的人,就让关吏开列姓名给他。唐英读其诗,分高下,以酬赠之,嘉奖写诗的人。

袁枚后来又来到了琵琶亭,有诗《琵琶亭吊唐蜗寄榷使》,"懒征商税爱征诗,满庭铺遍砑光纸",说的都是唐英"以诗代税"的雅事。唐英还将所征集的诗编辑出版,这本书便是《辑刻琵琶亭诗集》,书只有一册,首页有唐英自绘《琵琶亭图》一幅,还有唐英的自记等,可谓是风雅长留琵琶亭。

以上对十多首古诗词中的税收进行了分析。不难发现,作者在诗词中提到的赋税,大部分都是有着强烈的感情色彩,或者表达对百姓承受深重赋税的同情,或者表达对当政者施行苛政的不满,这些都是"立场型税收"。不带感情色彩的赋税,或者称为"事实型税收"只在少数诗词中出现，如苏轼的"门户各努力，先期毕租税"反映的是官员的思想觉悟（要求子孙们先期缴纳赋税，再安排自家生活开支），又如袁枚的"懒征商税爱征诗，满亭铺遍研光纸"是以征税为衬托，反映的是唐英的兴趣爱好。

除了以上的这些诗词外，古代还有不少的诗词都有赋税的痕迹，简要摘录如下：

《桃花源诗》（晋）陶渊明

嬴氏乱天纪，贤者避其世。

黄绮之商山，伊人亦云逝。

往迹浸复湮，来径遂芜废。

相命肆农耕，日入从所憩。

桑竹垂馀荫，菽稷随时艺；

春蚕收长丝，秋熟靡王税。

荒路暧交通，鸡犬互鸣吠。

俎豆犹古法，衣裳无新制。

童孺纵行歌，班白欢游诣。

草荣识节和，木衰知风厉。

虽无纪历志，四时自成岁。

怡然有余乐，于何劳智慧？

奇踪隐五百，一朝敞神界。

淳薄既异源，旋复还幽蔽。

借问游方士，焉测尘嚣外。

愿言蹑清风，高举寻吾契。


《束薪幽篁里》（晋）鲍照

岁暮井赋讫，

程课相追寻。

田租送函谷，

兽薧输上林。

《酬诸公见过》（唐）王维

嗟予未丧，哀此孤生。

屏居蓝田，薄地躬耕。

岁晏输税，以奉粢盛。

晨往东皋，草露未晞。

暮看烟火，负担来归。

我闻有客，足埽荆扉。

箪食伊何，副瓜抓枣。

仰厕群贤，皤然一老。

愧无莞簟，班荆席薧。

泛泛登陂，折彼荷花。

静观素鲔，俯映白沙。

山鸟群飞，日隐轻霞。

登车上马，倏忽云散。

雀噪荒村，鸡鸣空馆。

还复幽独，重欷累叹。

《兵车行》（唐）杜甫

车辚辚，马萧萧，行人弓箭各在腰。

耶娘妻子走相送，尘埃不见咸阳桥。

牵衣顿足拦道哭，哭声直上干云霄。

道旁过者问行人，行人但云点行频。

或从十五北防河，便至四十西营田。

去时里正与裹头，归来头白还戍边。

边庭流血成海水，武皇开边意未已。

君不闻汉家山东二百州，千村万落生荆杞。

纵有健妇把锄犁，禾生陇亩无东西。

况复秦兵耐苦战，被驱不异犬与鸡。

长者虽有问，役夫敢申恨？

且如今年冬，未休关西卒。

县官急索租，租税从何出？

信知生男恶，反是生女好。

生女犹得嫁比邻，生男埋没随百草。

君不见，青海头，古来白骨无人收。

新鬼烦冤旧鬼哭，天阴雨湿声啾啾！


《苦雨寄房四昆季》（唐）高适

独坐见多雨，况兹兼索居。

茫茫十月交，穷阴千里馀。

弥望无端倪，北风击林篪。

白日渺难睹，黄云争卷舒。

安得造化功，旷然一扫除。

滴沥檐宇愁，寥寥谈笑疏。

泥涂拥城郭，水潦盘丘墟。

惆怅悯田农，裴回伤里闾。

曾是力井税，曷为无斗储。

万事切中怀，十年思上书。

君门嗟缅邈，身计念居诸。

沉吟顾草茅，郁快任盈虚。

黄鹄不可羡，鸡鸣时起予。

故人平台侧，高馆临通衢。

兄弟方荀陈，才华冠应徐。
弹棋自多暇，饮酒更何如。
知人想林宗，直道惭史鱼。
携手风流在，开襟鄙吝祛。
宁能访穷巷，相与对园蔬。

《贼退示官吏》（唐）元结
昔岁逢太平，山林二十年。
泉源在庭户，洞壑当门前。
井税有常期，日晏犹得眠。
忽然遭世变，数岁亲戎旃。
今来典斯郡，山夷又纷然。
城小贼不屠，人贫伤可怜。
是以陷邻境，此州独见全。
使臣将王命，岂不如贼焉？
今彼征敛者，迫之如火煎。
谁能绝人命，以作时世贤！
思欲委符节，引竿自刺船。
将家就鱼麦，归老江湖边。

《烧歌》（唐）温庭筠
起来望南山，山火烧山田。
微红夕如灭，短焰复相连。
差差向岩石，冉冉凌青壁。
低随回风尽，远照檐茅赤。
邻翁能楚言，倚锸欲潸然。
自言楚越俗，烧畬为早田。

豆苗虫促促，篱上花当屋。

废栈豕归栏，广场鸡啄粟。

新年春雨晴，处处赛神声。

持钱就人卜，敲瓦隔林鸣。

卜得山上卦，归来桑枣下。

吹火向白茅，腰镰映颓蔗。

风驱槲叶烟，槲树连平山。

逬星拂霞外，飞烬落阶前。

仰面呻复嚏，鸦娘咒丰岁。

谁知苍翠容，尽作官家税。


《富贵曲》（唐）郑遨

美人梳洗时，满头间珠翠。

岂知两片云，戴却数乡税。


《送青苗郑判官归江西》（唐）刘长卿

三苗馀古地，五稼满秋田。

来问周公税，归输汉俸钱。

江城寒背日，溢水暮连天。

南楚凋残后，疲民赖尔怜。


《书事》（唐）黄滔

望岁心空切，耕夫尽把弓。

千家数人在，一税十年空。

没阵风沙黑，烧城水陆红。

飞章奏西蜀，明诏与殊功。

《寄监利司空学士》（唐）齐己
诗家为政别，清苦日闻新。
乱后无荒地，归来尽远人。
宽容民赋税，憔悴吏精神。
何必河阳县，空传桃李春。

《耕叟》（唐）齐己
春风吹蓑衣，暮雨滴箬笠。
夫妇耕共劳，儿孙饥对泣。
田园高且瘦，赋税重复急。
官仓鼠雀群，共待新租入。

《赠刘蓝田》（唐）王维
篱间犬迎吠，出屋候荆扉。
岁晏输井税，山村人夜归。
晚田始家食，馀布成我衣。
讵肯无公事，烦君问是非。

《月晦忆去年与亲友曲水游宴》（唐）韦应物
晦赏念前岁，京国结良俦。
骑出宣平里，饮对曲池流。
今朝隔天末，空园伤独游。
雨歇林光变，塘绿鸟声幽。
凋氓积逋税，华黻集新秋。
谁言恋虎符，终当还旧丘。

《题灵台县东山村主人》（唐）李嘉祐
处处征胡人渐稀，山村寥落暮烟微。

门临莽苍经年闭，身逐嫖姚几日归。
贫妻白发输残税，馀寇黄河未解围。
天子如今能用武，只应岁晚息兵机。

《逍遥翁溪亭》（唐）王建
逍遥翁在此裴回，帝改溪名起石台。
车马到春常借问，子孙因选暂归来，
稀疏野竹人移折，零落蕉花雨打开。
无主青山何所直，卖供官税不如灰。

《相和歌辞·贾客乐》（唐）张籍
金陵向西贾客多，船中生长乐风波。
欲发移船近江口，船头祭神各浇酒。
停杯共说远行期，入蜀经蛮远别离。
金多众中为上客，夜夜算缗眠独迟。
秋江初月猩猩语，孤帆夜发满湘渚。
水工持楫防暗滩，直过山边及前侣。
年年逐利西复东，姓名不在县籍中。
农夫税多长辛苦，弃业长为贩卖翁。

《题所居村舍》（唐）杜荀鹤
家随兵尽屋空存，税额宁容减一分。
衣食旋营犹可过，赋输长急不堪闻。
蚕无夏织桑充寨，田废春耕牛劳军。
如此数州谁会得，杀民将尽更邀勋。

《二月雪》（宋）郑獬
当时夏税不得免，

至今里正排门催。
农夫出田掘野菜，
饿倒只向田中埋。

《租税》（宋）陆游
占星起饭炊，待月出输租。
遇崄频呼侣，扶辕数戒奴。
畏饥怀饼饵，愁雪备薪樗。
意象今谁识，当年赋两都。

《寄朱元晦提举》（宋）陆游
市聚萧条极，村墟冻馁稠。
劝分无檄粟，告籴未通流。
民望甚饥渴，公行胡滞留？
征科得宽否，尚及麦禾秋。

《秋日田园杂兴》（宋）范成大
黄纸蠲租白纸催，
皂衣旁午下乡来。
长官头脑冬烘甚，
乞汝青钱买酒回。

《田家》（明）刘基
田家无所求，所求在衣食；
丈夫事耕稼，妇女攻纺绩，
侵晨荷锄出，暮夜不遑息。
饱暖匪天降，赖尔筋与力。

租税所从来，官府宜爱惜。

如何恣刻剥，渗漉尽涓滴。

怪当休明时，狼藉多盗贼。

岂无仁义矛，可以弥锋镝。

安得廉循吏，与国共欣戚，

清心罢苞苴，养民瘳国脉。

《村舍耕夫》（明）于谦

倚门皓首老耕夫，

辛苦年年叹未苏。

桩木苦来桑柘尽，

民丁抽后子孙无。

典馀田宅因供役，

卖绝鸡豚为了逋。

安得岁丰输赋蚤，

免教俗吏横催租。

《飞蝗》（明）郭登

飞蝗蔽空日无色，

野老田中泪垂血。

牵衣顿足田不能，

大叶全空小枝折。

去年拖欠鬻男女，

今岁科征向谁说。

官曹醉卧闻不闻，

叹息回头望京阙。

《同欧阳令饮凤凰山下》（清）宋婉

茅茨深处隔烟霞，

鸡犬寥寥有数家。

寄语武陵仙吏道，

莫将征税及桃花。

《闻蛙》（清）倪瑞璇

草绿清池水面宽，

终朝阁阁叫平安。

无人能脱征徭累，

只有青蛙不属官。

# 5

## 第五章

# 小说中的税收

## 第一节 《水浒传》中的税收

　　中国古代四大名著之一《水浒传》是一部家喻户晓的小说，其故事情节并不是完全虚构的。《宋史》中的《徽宗纪》《侯蒙传》《张叔夜传》都有关于宋江起义活动的记载。其中以《张叔夜传》记载最为详细：

　　……知海州。宋江起河朔，转略十郡，官军莫敢婴其锋。声言将至，叔夜使间者觇所向，贼径趋海濒，劫钜舟十余，载卤获。于是募死士得千人，设伏近城，而出轻兵距海，诱之战。先匿壮卒海旁，伺兵合，举火焚其舟。贼闻之，皆无斗志，伏兵乘之，擒其副贼，江乃降。[1]

　　作者施耐庵通过收集、整理民间传说、话本、杂剧，对宋末以来艺人们津津乐道的话本《大宋宣和遗事》加以研究，植入"智取生辰纲"等情节，又在《宋江三十六人赞》[2]的基础上，运用惊

---

　　[1]　［元］脱脱：《宋史》卷353《列传112－张叔夜》，中华书局2000年简体字本，第8867页。

　　[2]　宋末元初著名画家龚经为宋江等三十六人画像题赞，所题赞辞被后人总结为《宋江三十六人赞》。

人的艺术才能，创造了一百零八将的姓名和绰号，使宋江起义的故事变得更为丰富多彩。在创作过程中，施耐庵还参阅了《宋史》等正史文献。

## 一、生辰纲——变相的赋税

"智取生辰纲"是《水浒传》中非常有名的故事，讲的是晁盖、吴用（绰号：智多星，梁山好汉中排名第三位）等人通过计谋劫取了梁中书送给蔡太师的寿礼——生辰纲，自此，晁盖带领众好汉正式走上了武装起义的道路。小说中的"生辰纲"是"梁中书收买十万贯金珠、宝贝、玩器等物，送上东京，与他丈人蔡太师庆生辰"（刘唐语，见第十四回《赤发鬼醉卧灵官殿　晁天王认义东溪村》[①]），实际上就是梁中书搜刮的民脂民膏，可以理解为变相的赋税。

《古汉语常用字字典》中"纲"的第 2 条释义：唐、宋时成批运输货物的组织。

《中国经济史大辞典》对"纲"的解释是：宋代辇运各地租谷布帛到汴京的运输队伍之组织方式[②]。

"纲"本义是网上的总绳。唐玄宗实行"纲运"制度后，成了"纲运"的简称。"纲运"是一种运输组织，原指官府大宗货物分批装于船只、车辆，编立字号，结队运行的临时押运安排，后来也用作为所运大宗货物的专称，比如常见的茶纲、盐纲。唐、宋两代都实行"纲运"制度。

相比于"生辰纲"，宋代更为有名的是"花石纲"。"智取生辰纲"故事中的另一主要人物杨志（绰号：青面兽，梁山好汉中排名第十七位）自述身世时说："……道君因盖万岁山，差一般十个制

---

① ［明］施耐庵、罗贯中：《水浒全传》，岳麓书社 1988 年版，第 105 页。
② 赵德馨主编：《中国经济史大辞典》，崇文书局 2022 年版，第 431 页。

使去太湖边搬运花石纲，赴京交纳。不想洒家时乖运蹇，押着那花石纲，来到黄河里，遭风打翻了船，失陷了花石纲，不能回京赴任，逃去他外避难。"① 无独有偶，施耐庵在写孟康（绰号：玉幡竿，梁山好汉中排名第七十位）的身世时写道："……原因押送花石纲，要造大船，嗔怪这提调官催并责罚他，把本官一时杀了，弃家逃走在江湖上绿林中安身，已得年久。"②

"生辰纲"有可能是作者创作出来的，但"花石纲"在宋朝确有其事。小说《水浒传》创作源本《大宋宣和遗事》也提到杨志、李进义（卢俊义原型）等十二指使，押人夫搬运花石事。

小说中的杨志因为丢失了"生辰纲"而不得不落草为寇，正史中有人因为成功将"花石纲"从江南运送至京城而封官加爵，这个人叫朱勔。《宋史·朱勔传》记载：

徽宗颇垂意花石，京讽勔语其父，密取浙中珍异以进。初致黄杨三本，帝嘉之。后岁岁增加，然岁率不过再三贡，贡品裁五七品。至政和中始极盛，舳舻相衔于淮、汴，号"花石纲"，置应奉局于苏，指取内帑如囊中物，每取以数十百万计。延福宫，艮岳成，奇卉异植充牣其中，勔擢至防御使，东南部刺史，郡守多出其门。③

"花石纲"中最著名的是一块被赐名为"神运昭功石"的巨石。这块巨石产自太湖，为了把这块巨石从江南运送至汴京，朱勔采取的方法是"载以巨舰，役夫数千人，所经州县，有拆水门、桥梁、凿城垣以过者"④。这块"神运昭功石"并没有给统治者带来神运，巨石运抵首都汴京不到五年，北宋就灭亡了。

---

① ［明］施耐庵、罗贯中：《水浒全传》第十二回《梁山泊林冲落草 汴京城杨志卖刀》，岳麓书社 1988 年版，第 90 页。

② ［明］施耐庵、罗贯中：《水浒全传》第四十四回《锦豹子小径逢戴宗 病关索长街遇石秀》，岳麓书社 1988 年版，第 363 页。

③④ ［元］脱脱：《宋史》卷 470《列传 229 - 朱勔》，中华书局 2000 年简体字本，第 10594 页。

"生辰纲"和"花石纲"本质上是宋代统治阶级对百姓的剥削，是一种变相的赋税。而且这些"生辰纲""花石纲"师出无名，征收起来十分随意，完全是对百姓的巧取豪夺，引发了老百姓的激烈反抗。北宋著名的方腊起义就是以"诛杀朱勔"来号召民众的。

## 二、晁（盖）保正与史（进）里正

### （一）晁保正

晁盖并不在梁山一百单八将之列，但他是《水浒传》里的一个起枢纽作用的人物。他领导的"智取生辰纲"是梁山好汉起义的"第一枪"。上梁山之后，晁盖一直是稳坐梁山头把交椅，直至曾头市中箭身亡。晁盖之所以能够如此，多半是因为在起义造反之前，他本身也是基层领导，当时称作"保正"。

《水浒传》第十四回（晁盖出场时）这样写道：

原来那东溪村保正，姓晁名盖，祖是本县本乡富户，平生仗义疏财，专爱结识天下好汉，但有人来投奔他的，不论好歹，便留在庄上住。①

《宋史·兵志六》记载：

熙宁初，王安石变募兵而行保甲……十家为一保，选主户有斡力者一人为保长；五十家为一大保，选一人为大保长；十大保为一都保，选为众所服者为都保正，又以一人为之副。②

保正是保甲法的产物，而保甲是王安石变法的重要内容。

唐代至北宋前期，官府以户为单位轮差民丁在州县义务充当基

---

① ［明］施耐庵、罗贯中：《水浒全传》第十四回《赤发鬼醉卧灵官殿　晁天王认义东溪村》，岳麓书社1988年版，第102页。
② ［元］脱脱：《宋史》卷192《兵志六》，中华书局2000年简体字本，第4767页。

层办事人员，或在乡间负责催收赋税、维持治安，这种政府公共职能的提供形式被称为"职役"，因其强制轮差的入役方式又被称为"差役"。到北宋中叶，民户的差役负担日益承重，基于此，政府推行了募役法（也称免役法），其内容主要是民户出钱免役，再由政府用钱雇役。与此同时，为了加强对基层的管控，在乡村管理方面，又用保甲制取代了前朝后周时的耆长制。保甲组织的最高层级是都保，每一都保下是十个大保，每个大保下是五个小保，每个小保下是十户，即每一个都保下是五百户。无论主户与客户，只要家有二丁、年满十五岁的就编入保甲。保人共同维护保内利益，轮流巡查，共同御贼。"选为众所服者为都保正"，在实践中往往都是乡村中乡坤富户担任保正。从某种程度上讲，保正是政府在乡村的代理人（但不是政府官员）或者是乡村自治的领头人。其职责包括组织本都保民户逐捕盗贼、防火抗灾、修路架桥，后来又扩大到催征赋税等。其中原因是这样的：保甲法把城乡百姓组织起来，本意是缉捕盗贼，但盗贼终归有限，保丁天天训练却无用武之地，朝廷又想到用保丁催征赋税。到后来，司农寺下令州县择相邻民户，每三十户排成一甲，轮流派出保丁一名，充当甲头，主管催两税、青苗及免役钱，一年一替，称为"催税甲头"，简称"催头"。

宋元之际的著名历史学家马端临认为，由于无偿的保甲乡役成为乡役的主体，所以熙丰时期的役法改革的后果是"庸钱白输，苦役如故"[1]，"是假免役之名以取之，而复他作名色以役之也"[2]。意思是认为雇役保甲法实际上是税外加税，是朝廷对农户的双重剥削。

---

[1]　［元］马端临：《文献通考》卷 13《职役考二》，上海师范大学古籍研究所、华东师范大学古籍研究所点校，第 380 页。

[2]　［元］马端临：《文献通考》卷 12《职役考一》，上海师范大学古籍研究所、华东师范大学古籍研究所点校，第 357 页。

### (二) 史里正

史进是《水浒传》中第一个出场的好汉，是华阴县史家村史太公之子，因其身上纹有九条青龙，人称"九纹龙"。在三十六天罡中对应的是天微星，在梁山好汉中排名第二十三位，马军八虎骑兼先锋使第七名。在征讨方腊时，史进在昱岭关前中箭身亡。与宋江（押司）、林冲（教头）、花荣（知寨）、鲁达（提辖）、武松（都头）、杨志（制使）等其他梁山好汉一样，落草之前，史进其实是有官方身份的——"里正"，政府基层的税收官员。

史进的"里正"身份，不是作者施耐庵直接介绍出来的，而是通过史进与九华山的"二当家"陈达（绰号：跳涧虎，梁山好汉中排名第七十二位）的对话引出来的。

……

陈达在马上看着史进，欠身施礼。

史进喝道："汝等杀人放火，打家劫舍，犯着弥天大罪，都是该死的人。你也须有耳朵，好大胆，直来太岁头上动土！"

陈达在马上答道："俺山寨里欠少些粮食，欲往华阴县借粮，经由贵庄，假一条路，并不敢动一根草，可放我们过去，回来自当拜谢。"

史进道："胡说！俺家现当里正，正要来拿你这伙贼。今日倒来经由我村中过，却不拿你，倒放你过去！本县知道，须连累于我。"[①]

提到里正，就必须先说一说中国古代的乡里制度。

"乡"本义指方向，在先秦文献中常被引申为表示某个方向的地域。"里"是人类的聚居地，是人们为了生产和生活的方便而形

---

[①]［明］施耐庵、罗贯中：《水浒全传》第二回《王教头私走延安府 九纹龙大闹史家村》，岳麓书社1988年版，第17页。

成的社会共同体。一般认为，乡、里是中国古代国家政权县以下的基层社会组织，乡里组织以五家为邻、百家为里、十里一乡（即五户为一个基础单位，曰邻，邻上为里，里上为乡）。从战国时期起，乡、里具有了组织生产、征派徭役、维持治安、乡里选举、防灾防疫、婚丧祭祖等一系列社会职能。

"里正"就是一里之长，是先秦时期就开始使用的一种基层官职名称，"里正"的职责主要负责掌管户口和纳税。"里正"的称呼最早出现在春秋时期（《春秋公羊传·宣公十五年》何休注：一里八十户……其有辩护伉健者，为里正。①）此后一直使用，直到明代改称"里长"。

《宋史·食货上五·役法上》如是记载：

役出于民，州县皆有常数。宋因前代之制，以衙前主官物，以里正、户长、乡书手课督赋税，以耆长、弓厅、壮丁逐捕盗贼，以承符、人力、手令、散从官给使令；县曹司至押、录，州曹司至孔目官，下至杂职、虞候、拣、掏等人，各以乡户等弟定差。京百司补吏，须不碍役乃听。②

以上关于宋代役法可以在《水浒传》中找到痕迹，如宋押司（宋江）、铁面孔目（裴宣）、陆虞候（陆谦）。同时可以看出，里正的职责是课督赋税，史进却去捉拿少华山的盗贼，似乎有点越界了。

很多古诗里都有"里正"的痕迹。

《兵车行》（唐）杜甫

车辚辚，马萧萧，行人弓箭各在腰。

耶娘妻子走相送，尘埃不见咸阳桥。

---

① ［战国］公羊高著，李维琦、邹文芳注释：《春秋公羊传》，岳麓书社 2021 年版，第 242 页。

② ［元］脱脱：《宋史》卷 177《食货志》，中华书局 2000 年简体字本，第 2879 页。

牵衣顿足拦道哭，哭声直上干云霄。

道旁过者问行人，行人但云点行频。

或从十五北防河，便至四十西营田。

去时里正与裹头，归来头白还戍边。

边庭流血成海水，武皇开边意未已。

君不闻汉家山东二百州，千村万落生荆杞。

纵有健妇把锄犁，禾生陇亩无东西。

况复秦兵耐苦战，被驱不异犬与鸡。

长者虽有问，役夫敢申恨？

且如今年冬，未休关西卒。

县官急索租，租税从何出？

信知生男恶，反是生女好。

生女犹得嫁比邻，生男埋没随百草。

君不见，青海头，古来白骨无人收。

新鬼烦冤旧鬼哭，天阴雨湿声啾啾！

《用韵赋岁暮田家叹闻之者足以戒也》（宋）虞俦

催科里正莫频频，望麦登场更浃旬。

纨绔向来无饿死，黄冠此去罢迎神。

田间作苦谁怜汝，天上调元合有人。

自叹农家消底物，百金斗米便回春。

## 三、水泊梁山还是"税迫"梁山

一百零八位好汉的形象是深入人心，几乎每位好汉都有一段生动曲折的故事，但似乎没有一位是因为受重税所迫逼上梁山的。

而事实上，施耐庵创作的《水浒传》的历史原型恰恰是"税迫梁山"。

《宋史》中关于宋朝的赋税是这样介绍的：

宋制岁赋，其类有五：曰公田之赋，凡田之在官，赋民耕而收其租者是也。曰民田之赋，百姓各得，专之者是也。曰城郭这赋，宅税、地税之类是也。曰丁口之赋，百姓岁输身丁钱米是也。曰杂变之赋，牛革、蚕盐之类，随其所出，变而输之是也。[①]

宋朝的税制是从唐代的两税法沿袭而来，但在实施中与两税法统一税制、公平税负的初衷完全背离。两税法在宋朝的蜕变，究其原因在于：一是由于北边军事压力，宋代实行的募兵制军事开支巨大，五代以来形成的附加与杂敛基本上保留下来；二是宋朝田制不立，不抑兼并，土地的自由买卖，加剧了土地兼并，导致土地占有的不公平，造成了税赋的不均；三是吏治腐败，官绅勾结，诡名挟佃，欺压贫苦农民。为了满足国家行使职能的需要（特别是军事）和日益膨胀的消费欲望，宋朝的统治者在经济发展的基础上，不断运用财政工具搜刮百姓，大大激化了统治阶级与贫困农民的矛盾。《水浒传》所反映的背景宋徽宗时期是北宋统治最黑暗的时期，这一时期，国家阶级矛盾日益激化，农民起义不断。

北宋末年，朝廷对外每年要向辽、金等国进贡数百万两白银，对内要供养庞大的官员和军队，财政负担十分沉重。宋徽宗赵佶（jí）面对内忧外患，不仅不思治理，反而变本加厉赋敛百姓。宋徽宗即位之初，重新确定了各地每年向朝廷上缴赋税的定额，比宋真宗时增加了几十倍，以致农民变卖耕牛、家产还不够纳税之数。为了搜刮民脂民膏，朝廷设置了"西城括田所"，将在京城（当时的京城在河南开封）东西、淮河西北一带的隐田、荒地没收入官。西城括田所成立后也打起了梁山泊的主意。《宋史·杨戬传》记载：

---

① ［元］脱脱：《宋史》卷174《食货志》，中华书局2000年简体字本，第2815页。

"济、郓数州，赖其蒲鱼之利，立租算船纳直，犯者盗执之。一邑率于常赋外增租钱至十余万缗，水旱蠲税，此不得免。"[1] 梁山泊本是济州、郓州数县沿湖渔民赖以生存的"命根子"，但西城括田所将整个梁山泊收为公有，规定凡入湖捕鱼、采藕、割蒲等，"立租算船纳直，犯者盗执之"，意思是依船只大小课以重税，犯禁者以盗贼论处。沿湖各县除正税外，每年新增税钱十几万，遇到灾害不得减免。

西城括田所的横征暴敛，把本来灾难深重的农民逼得走投无路，郓州等地的农民在宋江等三十六位好汉的带领下不得已铤而走险，凭借梁山泊易守难攻的地理条件，武装聚集，抗租抗税，阻杀官兵。宋江等人在这里共坚持了四五年的斗争，直至宣和元年（公元1119年）才拉起替天行道的大旗，正式宣布起义，不久便离开了梁山泊，转战山东、河北、河南之间。后来宋江率领起义军由沭阳乘船至海州（今江苏省连云港市），被海州知州张叔夜打败，并接受朝廷招安。

与宋江同一时期的另一支起义军的首领方腊同样是因为不堪忍受朝廷繁重的赋税而率众造反的。当时朝廷在江南设造作局，每年征漆千万斤。在睦州青溪县（今浙江省淳安县）方腊依靠种植漆林为生，官府横征暴敛，巧取豪夺，方腊不胜其愤，于宣和二年（公元1120年）率众起义。方腊在向广大群众揭露北宋政府贪残昏暴的罪行时说："今赋役繁重，官吏侵渔，农桑不足以供应。吾侪所赖为命者，漆楮竹木耳，又悉科取，无锱铢遗！暴虐如是，天人之心能无愠乎?"[2]

---

① ［元］脱脱：《宋史》卷468《列传227－杨戬》，中华书局2000年简体字本，第10579页。

② ［元］脱脱：《宋史》卷468《列传227－童贯方腊》，中华书局2000年版，第10576页。

既然宋江等人是因为重税而聚义起事，小说《水浒传》中却为何从未提及？这是因为作者施耐庵参加过元末明初张士诚的义军（元末抗元起义军中的重要一支，后被朱元璋所灭），受到朱元璋的迫害，一百零八位好汉的故事都不敢触及赋税，整部小说唯一涉及赋税的是第一回《张天师祈禳瘟疫 洪太尉误走妖魔》："天子听奏，急敕翰林院，随即草诏。一面降赦天下罪囚，应有民间税赋悉皆赦免……"其故事是京师发生瘟疫，当朝皇帝宋仁宗降旨蠲免赋税，以禳疫灾。作者施耐庵巧妙地正话反说，真可谓用心良苦。

由此可见，真正的《水浒传》应该称为"税迫梁山"，而不是"水泊梁山"。

## 第二节 《红楼梦》中的税收

与《水浒传》一样，成书于清朝乾隆年间的《红楼梦》也是中国古代四大名著之一。

该小说以上层贵族社会为中心图画，极其真实、生动地描写了18世纪上半叶中国封建社会的全部生活。《红楼梦》是这段历史生活的一面镜子和缩影，是中国古老封建社会已经无可挽回地走向崩溃的真实写照。《红楼梦》被誉为东方文学皇冠上最耀眼的明珠，是举世公认的中国古典小说巅峰之作，是中国封建社会的百科全书，是传统文化的集大成者，也体现了中国传统哲学和思想史上的最高成就。后人对小说《红楼梦》也是极具赞美。

梁启超认为：以言夫小说，《红楼梦》隻立千古，余皆无足齿数。①

---

① 梁启超原著，朱维铮校注：《清代学术概论》，中华书局2010年版，第154页。

王国维称赞：《红楼梦》是表现人生忧患意识的宇宙之大著作。[1]

鲁迅指出：《红楼梦》出了以后，传统的思想和写法都打破了。[2]

毛泽东在《论十大关系》一文中，也将《红楼梦》作为我国当时为数不多可以与外国比肩的例子。原文是：我国过去是殖民地、半殖民地，不是帝国主义，历来受人欺侮。工农业不发达，科学技术水平低，除了地大物博，人口众多，历史悠久，以及在文学上有部《红楼梦》等等以外，很多地方不如人家，骄傲不起来。[3]

习近平总书记对《红楼梦》的评价是"百科全书式巨著"。2014年10月15日，习近平总书记在文艺工作座谈会上提道：曹雪芹如果没对当时的社会生活做过全景式的观察和显微镜式的剖析，就不可能完成《红楼梦》这种百科全书式巨著的写作。[4]

《红楼梦》不仅在国内已有数以百万计的发行量，而且已有英语、法语、日语、韩语、俄语、德语、西班牙语等二十多个语种的择译本、节译本和全译本。在国外也有不少人对其进行研究，《红楼梦》已成为世界人民共同的精神财富。

《红楼梦》以贾、史、王、薛四大家族的兴衰为背景，以贾宝玉、林黛玉、薛宝钗的爱情婚姻故事为主线，刻画了以贾宝玉和金陵十二钗为中心的众多人物。通过家族悲剧、女性悲剧及主人公的人生悲剧，揭示出封建末世危机。

尽管作者曹雪芹在小说中指出"将真事隐去""无朝代可考"，但小说中的各种细节反映出《红楼梦》是以明清两朝为历史背景，以下就通过与税收有关的情节来重点分析。

---

[1] 出自王国维的《红楼梦评论》。

[2] 鲁迅：《中国小说史略》，商务印书馆2017年版，第313页。

[3] 中共中央文献研究室编：《建国以来重要文献选编》第八册，中央文献出版社1994年版，第264页。

[4] 《习近平谈治国理政》第二卷，外文出版社2017年版，第319页。

# 一、乌进孝缴纳田租（第五十三回）

《红楼梦》第五十三回写到贾府要过年了，宁国府一处叫作黑山村的田庄前来缴纳一年的田租收成。庄头叫乌进孝，送来了实物和银两（折银二千五百两），实物清单如下：

大鹿三十只，獐子五十只，狍子五十只，暹猪二十个，汤猪二十个，龙猪二十个，野猪二十个，家腊猪二十个，野羊二十个，青羊二十个，家汤羊二十个，家风羊二十个，鲟鳇鱼二个，各色杂鱼二百斤，活鸡、鸭、鹅各二百只，风鸡、鸭、鹅二百只，野鸡、兔子各二百对，熊掌二十对，鹿筋二十斤，海参五十斤，鹿舌五十条，牛舌五十条，蛏干二十斤，榛、松、桃、杏穰各二口袋，大对虾五十对，干虾二百斤，银霜炭上等选用一千斤，中等二千斤，柴炭三万斤，御田胭脂米二石，碧糯五十斛，白糯五十斛，粉粳五十斛，杂色粱谷各五十斛，下用常米一千石，各色干菜一车，外卖粱谷、牲口各项之银共折银二千五百两。

外门下孝敬哥儿姐儿顽意：活鹿两对，活白兔四对，黑兔四对，活锦鸡两对，西洋鸭两对。[①]

"乌庄头缴纳年租"是《红楼梦》中非常有名的情节。作为封建社会地主阶级剥削农民阶级的典型案例经常出现在中小学的课本或者课外读物里。以下就从"贵族地主与佃户的关系"和"'封地爵产'的税收待遇"两个方面来分析该故事涉及的赋税要素。

## 1. 贵族地主与佃户的关系

清代律令通过一些特殊条款，对贵族地主和佃户严格规定了尊卑之分，维护了等级制，从根本上重申了主佃名分。贵族地主与佃

---

① ［清］曹雪芹、高鹗：《红楼梦》第五十三回《宁国府除夕祭宗祠　荣国府元宵开夜宴》，岳麓书社1987年版，第405页。

户之间，一方是特权阶级，另一方是平民百姓。两者在政治、经济地位方面相差悬殊。在缴纳田租方面，大清律明确规定："至有奸顽佃户，拖欠租课，欺慢田主者，杖八十，所欠之租，悉数追给田主。"①

小说中的乌进孝并不是普通的佃户，他是众多佃户的领头人，或者说是替贾府经营管理田地的"二田主"，这反映了清代土地永佃制的实际情况。永佃制的一个典型特点是"田底"和"田面"的分离。"田底"对应的是土地的所有权，"田面"对应的是土地的耕作权。宁国府是土地名义上的主人，但因田庄离京城较远（乌进孝说的是"走了一个月零两日"②），不可能亲自加以管理，只能交由当地佃户中的领头人乌进孝（也就是"二田主"）具体负责生产经营。通过这种租佃方式，土地的所有权和使用权实现了分离，主人对田地享有占有权和收益权，"二田主"（在现实中称为"庄头"）对田面则享有生产和经营的处置权，形成了永佃制"一田二主"的特点。

2. "封地爵产"的税收待遇

从小说的前后情节对照，黑山村的田庄应该是贾府先辈凭军功挣得的"封地爵产"。

从小说第七回《送宫花贾琏戏熙凤　宴订府宝玉会秦钟》贾府的焦大醉酒闹事情节中，尤氏说焦大："……只因他从小儿跟着太爷们出过三四回兵，从死人堆里把太爷背了出来，得了命……"③焦大借着酒劲怼贾蓉说："……不是焦大一个人，你们就做官儿享受荣华富贵？你祖宗九死一生挣下这家业，到如今，不报我的恩，

①　见《清史稿，卷120，志95，食货一》。
②　［清］曹雪芹、高鹗：《红楼梦》，岳麓书社1987年版，第405页。
③　［清］曹雪芹、高鹗：《红楼梦》，岳麓书社1987年版，第56页。

反和我充起主子来了……"① 可以得知，宁、荣二府国公因有战功而得以封公爵，同时还分得大量田产。黑山村的田庄则属于这样的"封地爵产"。

清代的王公贵族包括"宗室贵族"和"异姓贵族"。前者是清太祖努尔哈赤及其弟兄的子孙后代；后者是皇室以外的八旗贵族，主要是清朝的开国元勋、功臣和皇亲国戚。宁、荣二国公应属后者。这些王公贵族在经济上有很大的特权，一方面是每年领取巨额俸银禄米；另一方面还占有大量的庄园人丁，也就是"封地爵产"。而这些"封地爵产"还是免税的，即不用向朝廷纳税，由佃户向庄主缴纳田租。田租根据租金形式分为实物田租和货币田租，根据租金与田庄收益的关系又分为定额田租和分成田租。小说中乌进孝向贾府上交的田租有相当一部分是实物，也有一部分货币（银二千五百两），另外，这年田租远远没有达到贾珍的预期（贾珍道："我算定了你至少也有五千两银子来，这够作什么的！如今你们一共只剩了八九个庄子，今年倒有两处报了旱涝，你们又打擂台，真真是又教别过年了。"②）。乌进孝的解释是因为气候原因，先雨后雹，影响了收成。可见贾府在黑山村的土地收益权的大小受制于"二田主"乌进孝土地处置权的实现程度，即生产经营水平的高下，贾府与乌进孝共同承担风险。不难看出，贾府在黑山村收的田租是分成田租。

## 二、林如海出任巡盐御史（第二回）

"巡盐御史"是明清两代官名。《红楼梦》中林黛玉的父亲就担任过此官职。

---

① ［清］曹雪芹、高鹗：《红楼梦》，岳麓书社 1987 年版，第 56 页。
② ［清］曹雪芹、高鹗：《红楼梦》，岳麓书社 1987 年版，第 405 页。

……

那日，（贾雨村）偶又游至维扬地面，因闻得今岁鹾政点的是林如海。这林如海姓林名海，表字如海，乃是前科的探花，今已升至兰台寺大夫，本贯姑苏人氏，今钦点出为巡盐御史，到任方一月有余。[1]

"鹾（cuó）政"，是指经营有关食盐的事务。

### 1. 巡盐御史

巡盐御史，或称盐课监察御史、盐政监察御史、巡视盐课监察御史、巡视盐政监察御史、盐院，后来一般简称"盐政"，是明清两代户部差遣至各盐区的最高盐务专官。在清代的行政机构序列中，盐务官员是一个相对独立的序列；在盐务管理方面，巡盐御史是中央差遣至某一盐区的最高长官，地位隆崇，职责重要，而在某些时期、某些盐区又由地方长官（总督或巡抚）兼署。《清史稿，卷123，志98，食货四，盐法》中记载："顺治二年，世祖定巡视长芦、两淮、两浙、河东盐政，差监察御史各一，岁一更代。"也就是说，顺治帝于公元1645年起，根据管辖的区域任命长芦巡盐御史、两淮巡盐御史、两浙巡盐御史、河东巡盐御史各一人，统辖一区盐务，任期一年。

《红楼梦》作者曹雪芹的祖父曹寅就担任过康熙年间的两淮巡盐御史。

与其他的巡盐御史相比，曹寅任职时的两淮巡盐御史有点不一样。一方面，巡盐御史的实行的是"岁一更代"制，即此职位一年一换，而曹寅与李煦（曹寅的妻哥，《红楼梦》中贾母的兄长原型）轮流担任两淮巡盐御史长达十年。另一方面，除了盐政事务，曹寅担任两淮巡盐御史时还署理江宁织造局，兼理皇帝南

---

[1] ［清］曹雪芹、高鹗：《红楼梦》第二回《贾夫人仙逝扬州城　冷子兴演说荣国府》，岳麓书社1987年版，第10页。

巡接驾及诸文化事务。据说康熙帝六次南巡，有四次是住在江宁织造局。

2. 清代的盐税

盐税又称作盐课，一般来说是对食盐消费者征收的一种间接税。

清代的盐税除了"贡盐"之外，全部征收银钱，其构成复杂，表 5-1 简要归纳了清代盐税构成。

表 5-1　　　　　　　　　清代盐税构成

| 名称 | 内容 |
| --- | --- |
| 场课 | 又称灶课，按各区生产方法的不同，分为滩课、锅课、井课等 |
| 引课 | 盐课中的主要部分 |
| 规费与其他杂费 | 各种名义逐渐累积的陋规和杂费 |
| 盐斤加价 | 直接增加盐的价格 |

注：此表根据《清史稿，卷123，志98，食货四，盐法》综合整理。

为了方便盐税征收，明清两代实行的是食盐专卖政策，并对盐产区和盐销区进行了严格的划分，表 5-2 对明清两代的盐销区进行了简要的归纳。

表 5-2　　　　　　　　　明清盐销区划分

| 盐产区 | 明代盐销区 | 清代盐销区 |
| --- | --- | --- |
| 长芦 | 北直隶、河南 | 直隶、河南 |
| 山东 | 山东、河南、南直隶 | 山东、河南、江苏、安徽 |
| 两淮 | 南直隶、江西、湖广、河南 | 江苏、安徽、江西、湖北、湖南、河南 |
| 浙江 | 浙江、南直隶、江西 | 浙江、江苏、安徽、江西 |
| 广东 | 广东、广西、湖广 | 广东、广西、福建、江西、湖南、云南、贵州 |
| 福建 | 福建 | 福建、浙江 |
| 河东 | 山西、陕西、河南 | 山西、陕西、河南 |

续表

| 盐产区 | 明代盐销区 | 清代盐销区 |
|---|---|---|
| 陕甘 | 陕西、甘肃 | 陕西、甘肃 |
| 四川 | 四川 | 四川、湖南、湖北、贵州、云南、甘肃、西藏 |
| 云南 | 云南 | 云南 |
| 奉天 | 奉天 | 奉天、吉林、黑龙江 |

注：此表根据《明史，卷80，志56，食货四》《清史稿，卷123，志98，食货四》综合整理。

　　盐销区一经划定，产区与销区之间即形成固定的关系，盐商们只能在规定的盐场买盐配运，然后在规定的引地销售，界线被严格划定，不许越"雷池"一步。如若越界销售，买者、卖者同属犯法行为。

　　食盐的运输和销售同样也被严格规范。最常见的食盐运销形式是官督商销。所谓官督商销，就是政府控制食盐专卖权，招商认引，按引领盐，划界行销，承包税课，并设立相关的盐政衙门，对商人的纳课、领引、配盐、运销进行管理稽查。官督商销这种运销方式最为显著的特征在于商销是运销主体，政府则充当监督管理角色。

　　清代中前期的盐税在朝廷的财政收入的地位举足轻重，几乎与田赋相当。《清史稿》记载："盐税所入，与田赋国税相埒。"[①] 在这一期间，全国每年的盐税收入从二百万两（顺治年间）增至近六百万两（乾隆年间）。而曹寅所管辖的两淮地区的盐税则占据了全国盐税收入的"半壁江山"。

　　《红楼梦》中除了林如海担任过盐税官外，贾雨村也当过税官。

　　贾雨村虽然不是宁、荣二府中的人，但他和甄士隐是《红楼梦》里的提纲挈领式的人物，曹雪芹借用二人名字谐音（"真事隐"

---

① 见《清史稿，卷123，志98，食货志四，盐法》。

"假语存")来讽刺他们所处的时代。小说以他俩开场（第一回《甄士隐梦幻识通灵 贾雨村风尘怀闺秀》），又以他俩谢幕（第一百二十回《甄士隐详说太虚情 贾雨村归结红楼梦》），与《红楼梦》相始相终。

《红楼梦》中的贾雨村出任过多种官职，包括县令、知府（入选过中学语文课本的《葫芦僧乱判葫芦案》中的"葫芦僧"就是指时任应天知府的贾雨村），最后甚至当上了大司马（协理军机、参赞朝政）。在小说的一百零三回里，贾雨村也成了税官：

……且说贾雨村升了京兆府尹兼管税务，一日出都查勘开垦地亩，路过知机县，到了急流津。①

## 第三节　其他小说中的税收

### 一、《聊斋志异》中的税收

"写鬼写妖高人一等，刺贪刺虐入骨三分"，这是郭沫若先生在蒲松龄故居题写的一副对联。

《聊斋志异》的作者蒲松龄由于屡考不中，终生未仕，一直生活在社会的最底层，靠几亩薄田和坐馆教书艰难度日。和当时所有的农民一样，蒲松龄无法逃脱赋税的重压。在以谈狐说鬼为主要特点的小说《聊斋志异》中，他对当时赋税征纳情况进行了大量细致的描述，除了他自己的亲身遭遇外，更是将视野扩展到广阔的社会环境中，为读者展示出了一幅康乾盛世下社会经济和赋税状况的真实画卷。

---

① ［清］曹雪芹、高鹗：《红楼梦》，岳麓书社1987年版，第833页。

以下就节选几篇略作分析。

1.《促织》①

《促织》是《聊斋志异》中的经典名篇，曾经入选中学语文课本。《促织》中的主人公成名被迫进贡蟋蟀，导致倾家荡产，几度走投无路，后来儿子化身为蟋蟀，博得上至天子下至县令的欢喜才改变了命运。

进贡某项地方特产，也是封建税收的一种形式。小说中关于进贡蟋蟀，是这样写的：

宣德间，宫中尚促织之戏，岁征民间。此物故非西产。有华阴令欲媚上官，以一头进，试使斗而才，因责常供。令以责之里正。

市中游侠儿，得佳者笼养之，昂其直，居为奇货。里胥猾黠，假此科敛丁口，每责一头，辄倾数家之产。

邑有成名者，操童子业，久不售。为人迂讷，遂为猾胥报充里正役，百计营谋不能脱。不终岁，薄产累尽。会征促织，成不敢敛户口，而又无所赔偿，忧闷欲死。

……

**白话译文：**

明宣德年间，皇宫中流行斗蟋蟀的游戏，每年都要向民间征收大量蟋蟀。蟋蟀本不是陕西特产，有个华阴县令，为了讨好上官，奉上一只蟋蟀。让它试斗了一番，却非常厉害，于是上官就责令华阴县每年供奉。县令又把这差事交给了里正。

集市上那些游手好闲的人，每得到一只好的蟋蟀，便用笼子养着，抬高价格，当作奇货高价出售。乡里的公差狡猾奸诈，常借此按人口摊派费用；每征一头蟋蟀，常要好几户人家倾家荡产。

县里有个叫成名的人，是个童生，好久考不中秀才。成名为人

---

① ［清］蒲松龄：《聊斋志异》，岳麓书社2019年版，第164－165页。

老实憨厚，不善谈吐，因此被刁滑的小吏报到县里，让他担任里正，他想尽了办法也推脱不掉。不到一年，家中那点微薄的家产就折腾光了，这一年，正遇上皇宫征收蟋蟀，成名不敢勒索百姓，自己又没钱赔偿，忧愁烦闷得要死。

......

《促织》的故事发生在明朝宣德年间，作者蒲松龄不过是借古喻今。他在《促织》结尾时说"故天子一跬步，皆关民命，不可忽也"，意思是：皇帝的一举一动，都关系着老百姓的性命，不可忽视啊。实际是在劝诫最高统治者。

2.《潞令》①

《潞令》是《聊斋志异》中另外一篇有名的短篇小说。小说讲了一个叫宋国英的县令贪暴残酷，鱼肉并残害无辜百姓，最终死于非命的故事。

原文如下：

宋国英，东平人，以教习授潞城令。贪暴不仁，催科尤酷，毙杖下者，狼藉于庭。余乡徐白山适过之，见其横，讽曰："为民父母，威焰固至此乎?"宋洋洋作得意之词曰："喏! 不敢! 官虽小，莅任百日，诛五十八人矣。"后半年，方据案视事，忽瞪目而起，手足挠乱，似与人撑拒状，自言曰："我罪当死! 我罪当死!"扶入署中，逾时寻卒。呜呼! 幸阴曹兼摄阳政，不然，颠越货多，则"卓异"声起矣，流毒安穷哉!

**白话译文：**

宋国英是东平县人，以教习资格被任命为潞城县令。他上任后贪婪暴虐，尤其是催逼赋税最为残酷。被他用棍子打死的老百姓，常常横七竖八地躺满了县衙大堂。我的同乡徐白山一次路过潞城

---

① [清]蒲松龄：《聊斋志异》，岳麓书社2019年版，第245页。

县，见他如此横暴，便讽刺他说："你作为百姓的父母官，威风气焰竟到了如此程度吗？"宋国英扬扬得意地说："不敢、不敢！我官虽小，但到任一百天，已打死五十八人了。"

过了半年，宋县令正在伏案处理公务，忽然瞪着眼站了起来，手脚一顿乱挠，像是与人撑拒的样子，嘴里连连说着："我有罪该死，我有罪该死！"衙役把他扶进后堂，一会儿便一命呜呼了。唉！幸亏还有阴曹地府在管理着人世间的事情，不然，像宋国英这样的"父母官"，杀人越货愈多，"政绩卓异"的名声也就传开了，流毒还有穷尽吗？

小说以"贪暴不仁，催科尤酷、毙杖下者狼藉于庭"来体现这位姓宋的县令的残暴。"催科尤酷"意思是催征赋税，尤为严酷。因为赋税有法令科条，故称催科。前面提到过的一首诗，开篇是"催科里正莫频频"。

3.《王十》①

如果说蒲松龄在《促织》《潞令》这些小说中体现的是对当时社会的不满，那么他在另一篇小说《王十》中表达的更多是对普通百姓的同情。

一个叫王十的私盐贩，被两鬼捉到阴间，阎王不但不治他的罪，反而罚两鬼买盐四斗并代王十送回家。

小说中的阎王质问两小鬼时说道："私盐者，上漏国税，下蠹（dù）民生也。若世之暴官奸商所指为私盐者，皆天下之良民。贫人揭锱铢之本，求升斗之息，何为私哉？"意思是："贩私盐的是指那些上漏国税、下坑百姓的大盐商，像世上贪官奸商所说的贩私盐的，都是天下的好老百姓。穷人竭尽微小的资本，去挣点赖以糊口的利钱，怎么算'私'呢？"

---

① ［清］蒲松龄：《聊斋志异》，岳麓书社 2019 年版，第 544 – 545 页。

蒲松龄通过阎王对小鬼的质问来表达对贫民深厚的同情，他认为贫民贩卖私盐改善生活不应该受到惩罚，法律应该惩罚那些暴富的大盐商，因为他们赚的钱多，偷漏的税也更多。

## 二、《三言二拍》中的税收

《三言二拍》是"三言"和"二拍"的合称，是我国古代流传颇广的短篇小说集。"三言"指的是《警世通言》《醒世恒言》《喻世明言》，"二拍"即《初刻拍案惊奇》《二刻拍案惊奇》。

"三言"内容广泛，从各个角度不同程度地反映了当时市民阶层的生活面貌和思想感情。作者冯梦龙编纂"三言"的目的在于劝谕、警诫、唤醒世人，有明确的社会功能。"三言"所收录的作品，题材广泛、内容复杂，无论是宋元旧篇，还是明代新作和冯梦龙拟作，都经过作者不同程度的增删和润饰。"三言"中的故事，有对封建官僚丑恶的谴责和对正直官吏德行的赞扬，有对友谊、爱情的歌颂和对背信弃义、负心行为的斥责。

"二拍"是明末小说家凌濛初根据野史笔记、文言小说和当时的社会传闻创作的，反映了市民生活中追求财富和享乐的社会风气，同时反映了资本主义萌芽时期人们渴望爱情和平等的自由主义思想。

《三言二拍》被公认为古代白话短篇小说的最高成就。以下就选取其中部分与税收有关的内容进行分析。

1. 道教许逊真君点石成金的故事

这个故事出自《警世通言》第四十卷：《旌阳宫铁树镇妖》①。

……

话说真君未到任之初，蜀中饥荒，民贫不能纳租。真君到任，

---

① ［明］冯梦龙：《三言·警世通言》，岳麓书社2002年版，第331–367页。

上官督责甚严，真君乃以灵丹点瓦石为金，暗使人埋于县衙后花园。一日拘集贫民未纳租者，尽至阶下，真君问曰：朝廷粮税，汝等缘何不纳？贫民告曰：输纳国税，乃理之常，岂敢不遵？奈因饥荒，不能纳尔。真君曰：既如此，吾罚汝等在于县后花园，开凿池塘，以作工数，倘有所得，即来完纳。民皆大喜，即往后花园开凿池塘，遂皆拾得黄金，都来完纳，百姓遂免流移之苦。

……

《警世通言》的这个故事来源于《列仙传》，也是成语"点石成金"的出处。

《列仙传》记载：许逊，南昌人，晋初为旌阳令，点石化金，以足逋赋。

许逊是一位富有传奇色彩的道教人物。传说他在出任四川旌阳县令时，曾经施用点石成金之术帮助百姓完纳租税。

2. 徽商帮人助己的故事

这个故事出自《二刻拍案惊奇》第十五卷：《韩侍郎婢作夫人 顾提控掾居郎署》①。

湖州府安吉州（今浙江安吉）地浦滩有一户百姓，家境贫寒，因欠税银二两，男主人被当地官府关进监牢。他妻子把家里仅有的一头猪卖掉换银子救丈夫出狱，谁知误收假银，走投无路，准备抱着未满周岁的儿子跳河自杀。正准备跳河时，被一位徽州商人拉住，问清原委后，徽商就给了她二两银子以纳官税。后来妇人带着丈夫来到这位徽商的住处表示感谢。谁知刚把那徽商叫出来，徽商住的房子就倒塌了。

这则故事讲究的因果报应，体现的是佛家的思想。佛家劝人广行善事，这位徽州商人替穷人缴纳了官税，即救穷人一家于危难，

---

① ［明］凌濛初：《二刻拍案惊奇》，岳麓书社 2019 年版，第 189－202 页。

又免除了穷人一家官府催科之责。

3. 贾似道的"公田法"

贾似道是南宋晚期的宰相，在位期间，权倾朝野，一时无两。在南宋生死存亡之际，他欺上瞒下，向元兵俯首称臣，出卖国家。他玩物丧志，热衷于斗蟋蟀，还出了一本名叫《促织经》的书，被称为"蟋蟀宰相"。《宋史》将他与蔡京、秦桧等人一样，列入了奸臣系列。

在历史上饱受诟病的南宋"公田法"改革也是贾似道推行的。从表面上看，"公田法"是抑制豪强兼并，把豪强兼并的土地收归国有经营，但实际上是南宋朝廷对民众财富的强取豪夺，加重了南宋末年的财政危机。

故事出自《喻事明言》第二十二回，标题为《木绵庵郑虎臣报冤》①，讲的是贾似道在被贬循州的路上，在一个叫木绵庵的地方，被负责押送的县尉郑虎臣杀死的故事。

……

似道又欲行富国强兵之策，御史陈尧道献计，要措办军饷，便国便民，无如限田之法。怎叫做限田之法？如今大户田连阡陌，小民无立锥之地，有田者不耕，欲耕者无田；宜以官品大小，限其田数。某等官户止该田若干，其民户止该田若干。馀在限外者，或回买，或派买，或官买。回买者：原系其人所卖，不拘年远，许其回赎。派买者：拣殷实人户，不满限者派去，要他用价买之。官买者：官出价买之，名为"公田"，顾人耕种，收租以为军饷之费。先行之浙右，候有端绪，然后各路照式举行。大率回买、派买的都是下等之田，又要照价抽税入官；其上等好田，官府自买，又未免亏损原价。浙中大扰，无不破家者，其时怨声载道。

---

① ［明］冯梦龙：《三言·喻事明言》，岳麓书社2002年版，第177－193页。

太学生又诗云："胡尘暗日鼓鼙鸣，高卧湖山不出征。不识咽喉形势地，公田枉自害苍生。"

贾似道恐其法不行，先将自己浙田万馀亩入官为公田。朝中官员要奉承宰相，人人闻风献产。翰林院学士徐经孙条具公田之害，似道讽御史舒有开劾奏罢官。又有著作郎陈著亦上疏论似道欺君瘠民之罪，似道亦寻事黜之于外。公田官陈茂濂目击其非，弃官而去。又有钱塘人叶李者，字太白，素与似道相知，上书切谏。

……

该公田法因为是在南宋理宗景定四年开始推行，又称为"景定公田"。

《中国经济史大辞典》中对该法的释义如下：

景定公田，南宋末年贾似道实行"买"民田为公田时，制定的一套办法，或作"贾似道公田法"。始于理宗景定四年（公元 1263 年）。以禁绝归并飞洒为由，始立"回买"之说，令两浙、江东西路官、民户将超过规定限额的田产回卖给政府以充公田；继行"派买"之时，有田二百亩以上者一律派买三分之一，后连百亩之家亦不能免。田价以租额计，每收租一担，以十八界会子四十贯定价，而偿以楮币、度牒、告身以及少量银钱，几乎等于白取强夺，故又称"公田关子法"。后推于平江（今江苏苏州）、江阴（今江苏江阴）、安吉（今浙江安吉）、嘉兴（今浙江嘉兴）、常州（今江苏常州）、镇江（今江苏镇江）六郡。"买"到公田三百五十万顷，设提领官田所为主管机构。州县乡都则分差庄官，以上户充任，两年一替，每乡设官庄一所。收租如有亏损，则令原田主赔纳。咸淳四年（公元 1268 年）废庄官，改为募人承佃。恭帝德佑元年（公元 1275 年）废罢。宋亡后，所买公田成为元代江南官田的重要来源。[①]

---

① 赵德馨：《中国经济史大辞典》，崇文书局 2022 年版，第 404 页。

4.《三言二拍》中几个与税收有关的机构（地名）

（1）左藏库。

《初刻拍案奇》第五回《感神媒张德容遇虎 凑吉日裴越客乘龙》[①] 讲的是裴越客和张德容历尽艰辛、喜结良缘的故事。

这则故事提到了一个叫作"左藏库"的机构。

……

明日，将州中租赋到左藏库交纳，正到库前，只见东南上偌大一只五色鸟，飞来库藏屋顶住着，文彩辉煌，百鸟喧噪，弥天而来。

……

左藏库在隋唐时期就已经设立，是当时太府寺的下属机构（当时准确的名称为"左藏署"）。太府寺掌管天下财赋，左藏库则储存天下财赋，但左藏库要服从太府寺的管理。

《旧唐书·职官三》中关于"左藏署"的记载如下：

左藏署：令三人，从七品下；丞五人，从八品下；监事八人，从九品下。左藏令掌邦国库藏之事；丞为之贰。凡天下赋调，先于输场简其合尺度斤两者，卿及御史监阅，然后纳于库藏，皆题以州县年月，所以别粗良，辨新旧。凡出给，先勘木契，然后录其名数，请人姓名，署印送监门，乃听出。若外给者，以墨印印之。[②]

北宋初年不设太府寺，但仍设左藏库。这是因为北宋沿袭的是五代建制，设盐铁、度支、户部三司，对国家财政进行管理。左藏库即属三司管理之下，与右藏库、内藏库一起，对盐铁专卖、度支盈余、户部税赋、皇庄租税、各地方长官进贡、各附属国进贡以及各项专卖所带来的货币与实物进行集中收支管理。其中皇庄租税、地方进贡、附属国进贡以及宫廷主持的专卖收益，是交由左藏库管

---

① ［明］凌濛初：《初刻拍案惊奇》，岳麓书社 2019 年版，第 51 – 58 页。

② ［后晋］刘昫：《旧唐书》卷 44《职官志三》，中华书局 2000 年简体字本，第 1287 页。

理的，这些财物集中于左藏库，用来给京官发补贴，给御前侍卫发饷，给太子、公主、后妃们发生活费，以及给皇帝发工资。左藏库的收入来源中，皇庄租税和各项进贡是微不足道的，大项收入还是来自朝廷的专卖。古代朝廷常见的专卖品大都是盐、铁、茶、酒之类的特殊产品，然而这些属于政府财政，不属于宫廷财政，专卖收益再多也不能划归左藏库，左藏库能利用的专卖品只有土地。

（2）浙东常平仓。

《二刻拍案奇》第十二回的标题为《硬勘案大儒争闲气 甘受刑侠女著芳名》①。这里的大儒在指的是故事的主人公之一——朱晦庵，就是南宋时期著名的理学家、思想家、哲学家朱熹（本书前面在"四书五经中的税收"也提到过）。该故事就是朱熹在担任"浙东常平仓提举"时曾断错过的一桩冤案。

宋代设有"提举常平官"一职，亦简称"提举""提仓"，掌管各路财赋，兼有监察各州官吏的职权。

《宋史·职官志》是这样记载的：

提举常平司，掌常平、义仓、免役、市易、坊场、河渡、水利之法，视岁之丰歉而为之敛散，以惠农民。凡役钱，产有厚薄则输有多寡；及给吏初，亦视其执役之重轻难易以为之等。商有滞货，则官为敛之，复售于民，以平物价。皆总其政令，仍专举刺官吏之事。熙宁初，先遣官提举河北、陕西路常平。未几，诸路悉置提举官。②

也就是说，朱熹担任的这个"提举常平官"，主要的职责是掌常平仓、免役、市易、坊场、河渡、水利等事；按收获丰歉而籴粜食粮，按财产多少而征收免役钱，按职役轻重而给吏禄；收买滞销商品，再行出售，以平物价；监察地方官吏。北宋神宗熙宁二年（公元1069年），先派官提举河北、陕西路常平，后来各路都设置

---

① ［明］凌濛初：《二刻拍案惊奇》，岳麓书社2019年版，第154–162页。
② ［元］脱脱：《宋史》卷167《职官志七》，中华书局2000年简体字本，第2659页。

"提举常平官"。

浙东，即南宋时所置"两浙东路"，辖境相当于现在的浙江省衢江、富春江、钱塘江以东地区。

（3）河西务、北新关、龙江关。

《醒世恒言》第十回《刘小官雌雄兄弟》[①] 讲的是明代的故事，故事中提到了一个地名——"河西务"，这是明清时期运河边上非常有名的地方。"河西务"在今河北省武清县东北，古为设务征税之处，因在运河西岸，故名"河西务"。后来成为漕运要地，商业十分发达。

《喻事明言》第四十回《沈小霞相会出师表》[②] 讲的是明代嘉靖年间，英勇智慧的普通民众与当朝奸臣严嵩父子斗争的故事。故事里提到冯主事曾管过"北新关"，指的是管过"北新关"的税务。"北新关"在杭州北武林门外十里，其地商旅辐辏，明代设有关卡征税。

"河西务"和"北新关"都是京杭运河上有著名的钞关。钞关是明代征收内地关税的税关，宣德四年（公元 1429 年），因商贩拒用正在贬值的大明宝钞，政府准许商人在商运中心地点用大明宝钞交纳商货税款，以疏通大明宝钞，并趁机征税。在这些地点设立征收商货税款的税关，因此得"钞关"之名。

明代在京杭运河上设了七大钞关，由南而北依次为：北新关（杭州）、浒墅关（苏州）、扬州、淮安、临清、河西务、崇文门（北京）。在这七大关中，"北新关"最为复杂，因为杭州水系众多、水网发达。在全国性的流通网络中，对外有着"上通闽广、江西，下连苏松、两京、辽东、山东、河南、山陕等处"又可通海的重要地位，对内则是浙东运河、钱塘江、上塘河、下塘河、小河、

---

① ［明］冯梦龙：《三言·醒世恒言》，岳麓书社 2002 年版，第 112－123 页。
② ［明］冯梦龙：《三言·喻世明言》，岳麓书社 2002 年版，第 334－341 页。

苕溪、余杭塘诸水北上或入杭转贸的联结点，乃水陆要冲之地，北新关就成了这张纵横连贯之水网中的枢要之所在。由于这张水网的复杂和特殊，为防止商人绕道私越，北新关在本署之外，又设有"六关七务八口址十城门"，外加五个可随时按需设卡稽查的口子。

除了上面的"河西务""北新关"外，在《初刻拍案惊奇》第二十四回《盐官邑老魔魅色　会骸山大士诛邪》[①] 还提到了明代长江上一个非常有名的"龙江关"。故事讲的是一名徽商来到燕子矶弘济寺，看到寺院楼阁颓坏，愿意出三十两银子为之修缮，岂知寺僧起了坏心，将他杀害，将徽商携带的五百余两银子据为己有。

"龙江关"就是今天的南京下关。下关本名北江，晋朝琅琊王司马睿在此渡江后，改称龙江。宋代称龙湾。对"龙江关"的位置，《明史·地理志》有明确记载："江宁倚。南有聚宝山、牛首山。西南有三山、烈山、慈姥山。西滨大江。东北有靖安河。西南有大胜关、江宁镇。东南有秣陵关。西有江东四巡检司。北有龙江关，置户分司于此。"[②]

这里的所谓"置户分司于此"指的是"龙江关"归户部管辖（明代还有一部分钞关归工部管辖，主要以征收竹木税为主，竹木供工部营造修缮之用）。

## 三、《儒林外史》中的税收

《儒林外史》是清代文人吴敬梓创作的一部长篇讽刺小说。小说内容博大深厚，闪烁着民主进步的思想光芒。作者以犀利的笔触无情鞭挞了封建科举制度腐朽的本质和其对知识分子心灵的戕害，入木三分地刻画了一系列深受科举毒害的迂腐的读书人、虚伪的假

①　[明] 凌濛初：《初刻拍案惊奇》，岳麓书社 2019 年版，第 272 - 283 页。
②　[清] 张廷玉：《明史》卷40《地理志一》，中华书局 2000 年简体字本，第 614 页。

名士，也塑造了理想中的人物。虽然假托明代，却是封建社会一幅真实的生活画卷。

"范进中举"是《儒林外史》中十分有名的故事。年过五十岁的范进中举之后，其母亲乐极生悲，不幸身亡。本来应该在家守丧的范进，和张静斋一起去他们的老师汤知县那里打秋风（指假借各种名义或关系向人索取财物，或依仗与权势有某种关系，招摇撞骗、收受财物）。当他们来到高要县，汤知县刚好下乡不在。二人在关帝庙歇息时碰见了严贡生（《儒林外史》中另一位著名人物严监生的哥哥），自称与汤知县是"极好的相与"。严贡生以酒食款待范、张二人，在交谈中极力称颂汤知县，称"汤父母为人廉静慈祥，真乃一县之福"。并通过汤知县与前任潘知县两任地方父母官在位时本地的赋税收入来印证。其间对话如下：

……

严贡生道："岂敢，岂敢。"

又道："我这高要，是广东出名县分。一岁之中，钱粮、耗羡，花、布、牛、驴、渔船、田房税，不下万金。"又自拿手在桌上画着，低声说道："像汤父母这个做法，不过八千金；前任潘父母做的时节，实有万金。他还有些枝叶，还用着我们几个要紧的人。"①

也就是说，高要是广东比较富裕的县份，一年的各类赋税不少于万金，但汤知县在位时，一年赋税收入不超过八千金。

这段话表面上严贡生是在称颂汤知县的，但往后听便知道其目的是想通过范、张二人向汤知县推销自己：前任潘知县在位时，在某些方面用到了我们，每年赋税收到了万金。

这一段是《儒林外史》中的知名情节。范、张、严几位儒生在

---

① ［清］吴敬梓：《儒林外史》，岳麓书社 2001 年版，第 22—27 页。

一起推杯换盏，攀关系、讲交情，谈的是如何多榨取民脂、怎样多搜刮民膏。这段对话的地点放在关帝庙里也别有含义，关帝庙虽然是财神庙，但其宣扬的核心理念是义重于利。而在这一情节里，关帝庙所倡导的"义"字在几位读书人的对话中荡然无存。在这一段中，吴敬梓并不直接出言讽刺，他让人物自己在作品中说出"廉静慈祥"等正面称赞语言，然后，很快用事实打他们的脸，让读者在惊愕中苦笑、在讽刺中思考。这也是《儒林外史》在艺术方法上一个显著的特点：对所嘲讽的对象，作者通常不直接贬斥，而是以简洁的描述状貌传神、绘声绘影，使之栩然于读者之前，体现出极强的讽刺性。

## 第四节　金庸武侠小说中的税收

提起武侠小说，就不能不提到金庸先生。金庸，原名查良镛，中国香港著名武侠小说作家，香港大紫荆勋章获得者，同时获得了"文学创作终身成就奖"和"影响世界华人终身成就奖"，他共创作了《书剑恩仇录》等十五部长篇武侠小说。金庸先生不仅是现代武侠小说的集大成者，也是中国文学史上不可忽视的一代名家。中国绝大部分民众都读过金庸的武侠小说或看过由金庸武侠小说改编的影视剧。

有读者将金庸创作的武侠小说归纳为一副对联和横批。

上联：飞雪连天射白鹿。对应的七部小说：《飞狐外传》《雪山飞狐》《连城诀》《天龙八部》《射雕英雄传》《白马啸西风》《鹿鼎记》。

下联：笑书神侠倚碧鸳。对应的七部小说：《笑傲江湖》《书剑恩仇录》《神雕侠侣》《侠客行》《倚天屠龙记》《碧血剑》

《鸳鸯刀》。

横批：越女剑。

这十五部小说虽然是金庸先生创作出来的，但每一部小说都有其历史朝代背景，很多小说里的人物并不是虚构的，如《射雕英雄传》中的铁木真、丘处机，《鹿鼎记》中的康熙皇帝、吴三桂，《倚天屠龙记》中的朱元璋、陈友谅等。同时，赋税也在很多小说里出现。

## 一、《鹿鼎记》中的"永不加赋"

《鹿鼎记》是金庸的最后一部武侠小说。这部小说创作于1969～1972年，背景设置在清代康熙年间，讲述从小在江南长大的韦小宝，以不会任何武功之姿态混迹于江湖各大帮会，周旋于皇帝朝臣之间，并奉旨远征云南等故事，塑造了一个与传统侠客完全不同的小人物形象。从名字上看，《鹿鼎记》就和政治、权力斗争是紧密相连的，"鹿"是"逐鹿中原"的意思，"鼎"包含"问鼎"之义。

在《鹿鼎记》中，康熙皇帝让韦小宝到五台山迎回老皇帝顺治，韦小宝找到顺治后，此时的顺治已经剃度出家，不愿意回去，只是让韦小宝转告一事。

……

顺治和尚道："你跟他说，要天下太平，'永不加赋'四字，务须牢牢紧记。他能做到这四字，便是对我好，我便心中欢喜。"

文化水平本来就不高的韦小宝不明白这四字是什么意思，转述给康熙之后，就问道："'永不加赋'是什么东西？"

康熙道："赋就是赋税。明朝那些皇帝穷奢极欲，用兵打仗，钱不够用了，就下旨命老百姓多缴赋税。明朝的官员又贪污得厉害，皇帝要加赋一千万两，大小官儿至少要多刮二千万两。百姓本来穷得很了，朝廷今年加赋，明年加税，百姓哪有饭吃？田里收成的谷子麦子，都让做官的拿了去，老百姓眼看全家要饿死，只好起来造反。这叫官逼民反。"

......

"永不加赋"是清朝康熙年间的实施的一项关于人头税的政策，全称是"滋生人丁永不加赋"。

清朝初期沿袭明朝制度，地税、丁银分征。清朝政府虽然多次实行蠲免钱粮，但田赋蠲免不等于丁银减轻。虽然丁银也屡有蠲免，但清朝政府对人丁一直没有进行彻底清查。康熙年间，人丁增长很快，但多数不入户籍。这样，国家对这些新增的人丁无法进行控制和管理，地方官吏豪绅又乘机压榨，使贫苦百姓不得不迁徙、流亡。流动人口日益激增，必定要干扰社会安宁，引起社会动荡。清政府为了通过改革赋役制度来控制人口，稳定社会秩序，巩固封建统治，便决定实行"滋生人丁，永不加赋"政策。

公元 1712 年（康熙五十一年）二月，康熙颁发了谕旨：

"今海宇承平已久，户口日繁，若按见（现）在人丁加征钱粮，实有不可。人丁虽增，地亩并未加广，应令直省督、抚，将见（现）今钱粮册内有名丁数，勿增勿减，永为定额。其自后所生人丁，不必征收钱粮，编审时止将增出实数察明，另造清册题报。……朕故欲知人丁之实数，不在加征钱粮也。今国帑充裕，屡岁蠲免，辄至千万，而国用所需，并无遗误不足之虞。故将直隶各省见（现）今征收钱粮册内有名人丁，永为定数。嗣后所生人丁，免其加增钱粮，但将实数另造清册具报。"①

《清史稿》对此也有记载：

二月丁巳，……诏曰："承平日久，生齿日繁。嗣后滋生户口，

---

① 见《清圣祖实录》卷 249。

勿庸更出丁钱，即以本年丁数为定额，著为令。"①

这就是"盛世滋生人丁永不加赋"谕。后世对此有多种简称："滋生人丁，永不加赋"或"续生人丁，永不加赋"抑或"盛世滋丁，永不加赋"，最常见的是"滋生人丁，永不加赋"。这道谕旨的意思是将康熙五十年（公元 1711 年）清政府所掌握的全国二千四百六十二万一千三百二十四名人丁应征的三百三十五万余两丁银，基本加以固定，作为今后每年征收丁银的常额依据，以后新增成丁被称为"盛世滋生人丁"，永远不再征税。这一措施，虽然并未取消丁税，但把全国丁税总额基本固定，不再随着人丁增长而加重，对于少地或者无地的广大农民和手工业者来说，是有一定好处的。这些少地或者无地的农民和手工业者实际上承担着全国丁税的绝大部分，丁税固定，其负担也相对稳定，他们就有可能安心生产。这一政策不仅易于查清户口，保证了赋役来源，而且也在某种程度上吸引了流民的附籍，使社会秩序得到了稳定。当然，这一政策更重要的意义在于为后来的"摊丁入亩"改革打下了基础，因为只有丁银的基本固定，才能使之更易于全部转归土地。

作者将清代"永不加赋"这一重要的赋税改革嵌入小说，体现出金庸先生在历史方面深厚的学术造诣。

值得一提的是，在小说《鹿鼎记》以及同名的影视剧中，"永不加赋"不止一次出现。小说中有一本被几个势力集团（康熙集团、吴三桂集团、天地会集团、神龙教集团、台湾郑氏集团等）共同争夺的经书，名为《四十二章经》，该书的扉页写着四个大字，就是"永不加赋"②。

---

① 见《清史稿》卷 8《圣祖本纪三》。
② 周星驰主演的同名喜剧电影在结尾时，也提到了《四十二章经》中藏着的四个字，不过不是"永不加赋"，而是"东郊皇陵"。影片中周星驰饰演的韦小宝只认得"东"字，脱口而出"东方不败"，是该影片经典的喜剧桥段。

## 二、《碧血剑》中的"轻徭薄赋"

《碧血剑》讲的是袁承志（明末大将袁崇焕之子）及其师门华山派义助闯王李自成，夺取大明江山所引起的一系列江湖恩怨。袁承志的家仇、师仇构成推动故事发展的主要动力，他的复仇之路与天下江山的争夺交织在一起。

......

袁承志心中愤怒，轻轻又揭开了两张琉璃瓦，看准了殿中落脚之处，却听到皇太极道："南朝所以流寇四起，说来说去，也只一个道理，就是老百姓没饭吃。咱们得了南朝江山，第一件大事，就是要让天下百姓人人有饭吃……"

袁承志心中一凛："此话对极！"

范文程等颂扬了几句。

道："要老百必得上天眷顾。以臣愚见，要天下百姓都有饭吃，第一须得轻徭薄赋，决不如崇祯那样，不断加饷搜刮。"

皇太极连连点头："咱们进关之后，须得定下规矩，世世代代，不得加赋，只要库中有余，就得下旨免百姓钱粮。"

范文程道："皇上如此存心，实是万民之福，臣得以投效明主，为皇上粉身碎骨，也所……也所甘愿。"说到后来，语音竟然呜咽了。

......

《碧血剑》中的故事发生在明清更替的十七世纪，该情节中提到的"轻徭薄赋"则出自大约一千六百年前的《汉书》。

《汉书》对汉昭帝的最后评价是这样的：

赞曰：昔周成以孺子继统，而有管、蔡四国流言之变。孝昭幼年即位，亦有燕、盖、上官逆乱之谋。成王不疑周公，孝昭委任霍光，各因其时以成名，大矣哉！承孝武奢侈馀敝师旅之后，海内虚耗，户口减半，光知时务之要，轻繇薄赋，与民休息。至始元、元凤之间，匈奴和亲，百姓充实。举贤良文学，问民间疾苦，议盐铁而罢榷酤，尊号曰"昭"，不亦宜乎！①

**白话译文：**

昔日周成王以孺子继承大统，而有管、蔡、商、奄四国流言，诬蔑摄政辅幼主的周公。昭帝幼年继帝位，亦有燕王刘旦、鄂邑长公主、左将军上官桀等人谋逆，诋毁摄政辅幼主的霍光。成王不疑周公，昭帝委任霍光。君臣都能各在自己人的时代而成名，这十分的了不起！昭帝承汉武帝好大喜功、穷兵黩武之后，国内经济萧条，人口减少一半，而霍光能突出当务之急，轻徭薄赋，与民休息。至始元、元凤年间，外与匈奴和亲，内使百姓充实。并推举贤良文学，询问民间疾苦，罢除盐铁酒类专卖，不与民争利，谥号为"昭"，是十分恰当的！

《汉书》对汉昭帝刘弗陵的评价十分中肯。汉昭帝在位期间，多次减免各种赋税，据《汉书·昭帝纪》记录如下：

始元二年秋八月，诏曰：往年灾害多，今年蚕、麦伤，所振贷种、食勿收责，毋令民出今年田租。

始元四年秋七月，诏曰：比岁不登，民匮于食，流庸未尽还，往时令民共出马，其止勿出。诸给中都官者，且减之。

始元六年秋七月，罢榷酤官，令民得以律占租，卖酒升四钱。

元凤二年六月，赦天下。诏曰：朕闵百姓未赡，前年减漕三百万石。……其令郡国毋敛今年马口钱……

元凤三年春正月，罢中牟苑赋贫民。诏曰：乃者民被水灾，颇匮于食，朕虚仓廪，使使者振困乏。其止四年毋漕。三年以前所振贷，非丞相、御史所请，边郡受牛者勿收责。

---

① ［东汉］班固：《汉书》卷7《昭帝纪》，中华书局1999年简体字本，第163页。

元凤四年春正月丁亥，帝加元服，见于高庙。……毋收四年、五年口赋。三年以前逋更赋未入者，皆勿收。

元平元年春二月，诏曰：天下以农、桑为本。日者省用，罢不急官，减外徭，耕、桑者益众，而百姓未能家给，朕甚愍焉。其减口赋钱。①

汉昭帝积极推行"轻徭薄赋""与民休息"的政策与其所处时代有直接关系。因为汉武帝大力抗击北边的匈奴，匈奴的势力大为削弱，民族矛盾得到了缓和，但同时由于连年征战，耗费巨大，国内阶级矛盾加剧，政府不得不采取缓和阶级矛盾的措施。减轻百姓赋税、徭役就是在这种时代背景下出台的。除此之外，汉昭帝曾经宣布百姓可以直接用粮食交税而不用换成钱，以及废除了盐铁专卖等措施，都体现了"与民休息""轻徭薄赋"的思想。

## 三、《天龙八部》中的"食盐无税"

"天龙八部"是佛经用语，包括八种神道怪物，因为以"天"及"龙"为首，所以称为"天龙八部"。八部者，一天，二龙，三夜叉，四乾达婆，五阿修罗，六迦楼罗，七紧那罗，八摩呼罗迦。金庸先生以此为书名，旨在象征大千世界之中形形色色的人物。

小说《天龙八部》以宋哲宗时代为背景，通过宋、辽、大理、西夏、吐蕃及女真等王国之间的武林恩怨和民族矛盾，从哲学的高度对人生和社会进行审视与描写，展示了一幅波澜壮阔的生活画卷。

段誉是《天龙八部》中运气最好的一个主角，出身贵族，博学多才，英俊潇洒，连番奇遇，无缘无故获得绝世武功，虽然颇有曲

---

① ［东汉］班固：《汉书》卷7《昭帝纪》，中华书局1999年简体字本，第153－164页。

折，但最终与自己心爱的人喜结连理。他没有驰骋天下的雄心，但终极宿命使然，成为大理国的国君。在担任大理国国君期间，段誉推行"食盐无税"的政策，颇受百姓称颂。段誉听从其伯父的建议，开通道路，广征车船，大举从四川输入岩盐，又从大理西北探得两处盐井，每年产盐颇丰，通国百姓"食盐无税"，供应充足，余盐运到吐蕃，换取牛羊奶油。全国百姓大悦，都说段誉是为民造福的好皇帝。

小说《天龙八部》中关于"食盐无税"的记载如下。

记载一：

……

保定帝站起来，说道："五年之前，师兄命我免了大理百姓的盐税，一来国用未足，二来小弟意欲待吾弟正淳接位，再行此项仁政，以便庶民归德吾弟。但明天一早，小弟就颁令废除盐税。"

黄眉僧站起身来，躬身下拜，恭恭敬敬地道："贤弟造福万民，老僧感德不尽。"

……

记载二：

……

保定帝下旨免了盐税，大理国万民感恩。云南产盐不多，通国只白井、黑井、云龙等九井产盐，每年须向蜀中买盐，盐税甚重，边远贫民一年中往往有数月淡食。保定帝知道盐税一免，黄眉僧定要设法去救段誉以报。

……

《天龙八部》中的段誉在历史上确有其人，就是大理宪宗段正严，又名段和誉，是文安帝段正淳（这个名字与小说中段誉的父亲一字不差）之子。段和誉是在北宋徽宗大观二年（公元1108年）接替其父段正淳成为大理国第十六代国王的，直至南宋高宗绍兴十七年（公元 1148 年）禅位为僧。段和誉的孙子段智兴也出现在金庸的另一部小说《射雕英雄传》中，法号一灯大师，读者们更熟悉他的另一个称谓——"南帝"。段和誉在位期间勤于政事，是一位具有文韬武略的优秀君主。他勤政爱民，十分同情社会底层百姓的痛苦，仁慈治国、减轻徭役赋税。大理境内的人民都十分拥护他。而且他还与北宋朝建立友好关系，一直向宋朝称臣。给北宋王朝入贡大理马、麝香、牛黄、细毡等土特产，还派幻戏乐人（魔术师）到宋朝表演，深得宋徽宗的礼遇。宋徽宗册封他为金紫光禄大夫、云南节度使、大理国王等称号。《宋史》中有明确记载：

……七年二月，至京师，贡马三百八十匹及麝香、牛黄、细毡、碧玕山诸物。制以其王段和誉为金紫光禄大夫、检校司空、云南节度使、上柱国、大理国王……①

《天龙八部》中段誉治理下的大理国"食盐无税"在中国两千多年的封建王朝中曾经短暂地出现过一次，那就是隋朝。

大多数读者可能对隋朝的印象是负面的。和二世而亡的秦王朝一样，隋朝也只经历了隋文帝和隋炀帝两朝。但隋朝在促进古代中国社会进步方面发挥了积极作用。一方面，隋朝是"五胡乱华"后汉族重新建立的大一统朝代，隋朝开创的科举制结束了自魏晋以来几百年的士族门阀政治，给社会精英提供了上升通道，增加了社会活力；另一方面，隋朝在政治上初创三省六部制，巩固了中央集权，隋朝之后的几个大一统朝代基本都沿袭了三省六部制。隋朝的开朝皇帝隋文帝杨坚，实行轻徭薄赋、与民休息，大力减免赋役，盐税就是在这个时候取消的。

隋文帝杨坚统一全国后，躬行节俭、轻徭薄役、休养生息，废除盐、铁、酒的专卖，对食盐既不专卖也不征税，食盐之利与百姓

---

① ［元］脱脱：《宋史》，中华书局 2000 年简体字本，第 10861 页。

共享之，隋炀帝即使横征暴敛，也没有涉及盐利。唐朝前期继承了隋的盐、铁、酒的政策，从隋至唐初的约百年时间，是中国历史上绝无仅有的"食盐无税"时期。

关于隋文帝废除盐税以及专卖制度，《隋书》是这样记载的：

……先是尚依周末之弊，官置酒坊收利，盐池盐井，皆禁百姓采用。至是罢酒坊，通盐池盐井与百姓共之，远近大悦。①

为什么"食盐无税"显得这么难得？

食盐，本是生活中极常见的调味品和必需品，却是中国古代封建王朝最重要的战略物资，对财政收入的贡献仅次于农业税，有时甚至撑起半边国库。中国盐政源远流长，最早可追溯到春秋时期管仲首创的"官山海"政策。

表5-3简要归纳了从先秦至清代的盐业管理政策变化。

表5-3 中国古代盐政简介

| 时期 | 盐业管理政策特点 |
| --- | --- |
| 先秦 | 官府专卖制，民间的食盐必须全部卖给官府，由官方统一销售，相应的盐税包含在专卖盐价里面 |
| 秦 | 民间自由开采食盐，官方加以征税 |
| 西汉 | 1. 汉初袭秦制，私人允许经营盐业，政府征税；2. 汉武帝时期实行"盐铁专卖"：朝廷派遣官员组织生产、运输和销售，食盐的产、运、销等环节完全官营；3. 汉昭帝罢除"盐铁专卖" |
| 东汉 | 允许民间生产食盐、自由贩卖，只是在产盐较多的郡县设置盐官，征收盐税 |
| 魏、西晋 | 完全专卖，禁止民间煮盐，食盐由国家专卖 |
| 东晋 | 征税制 |
| 南北朝（南） | 征税制 |
| 南北朝（北） | 时而专卖、时而征税 |

———————

① ［唐］魏征：《隋书》卷24《食货志》，中华书局2000年简体字本，第461-462页。

| 时期 | 盐业管理政策特点 |
|------|------------------|
| 隋、唐前期 | 无专卖、无盐税 |
| 唐中后期 | 就场专卖，民间制盐、官府收购，将盐税计入盐价卖给盐商，盐商交钱领盐之后，自由运销，过路州县不得征税 |
| 北宋 | 沿海地区实行完全专卖，内地州县实行就场专卖 |
| 南宋 | 盐引法，升级版的就场专卖 |
| 元 | 盐引法（袭南宋） |
| 明 | 1. 前期专卖制"开中法"；2. 后期专卖制"纲法"民制、商收、商运、商销 |
| 清 | 专卖并且征税，官督商销 |

通过表5－3可知，除了隋代和唐朝前期，历朝历代都有盐税，只是在具体方式上有征税和专卖的区别。作为生活必需品，盐虽然价格低，但因用量巨大，盐税带来的财政收入十分可观。隋文帝统一全国后，废除盐、铁、酒的专卖，对食盐既不专卖，也不征税，食盐之利与百姓共享之。他的继任者隋炀帝即使横征暴敛，也没有涉及盐利。这在中国两千多年的封建历史上是空前的，因此十分难得。

## 第五节　外国小说中的税收

### 一、《悲惨世界》中的"窗户税"

《悲惨世界》是由法国作家维克多·雨果在1862年发表的一部长篇小说，是雨果现实主义小说中最成功的一部代表作，是19世纪最著名的小说之一。故事的主线围绕主人公土伦苦刑犯冉·阿让的个人经历，融进了法国的历史、革命、战争、道德哲学、法律、正义、宗教信仰。该作多次被改编演绎成影视作品。《悲惨世界》围绕善良与邪恶之间不懈的斗争这一主题，生动反映了必须经过苦难才能获得幸福这一历程。作者在小说中还融入了从拿破仑在滑铁卢的失败到反对"七月王朝"的人民起义这一阶段的历史，反映了当时的社会生活和政治状况。《悲惨世界》因为内容丰富和内涵深刻，让众多读者感动。小说自出版以来，受到了广大读者的追捧，成为世界文学史上的经典。

小说的一号主人公冉·阿让是作者善良与博爱的象征，是比声名显赫的英雄更伟大的无名英雄。他的一生道路坎坷，几乎具有了各种非凡的活力，他是一个浪漫主义色彩浓厚的传奇性人物。这个人物的浪漫主义色彩，更重要的是表现在他的道德精神方面，他的精神历程也像史诗一样可歌可泣。他本是一个本性善良的劳动者，社会的残害、法律的惩罚、现实的冷酷使他"逐渐成了猛兽"，盲目向社会进行报复，以致犯下了真正使他终身悔恨的错事，而这种悔恨却又导致一种更深刻的觉悟，成为他精神发展的起点，促使他的精神人格上升到了崇高的境界。

在小说中，冉·阿让有过这样一段话：

我极敬爱的兄弟们，我的好朋友们，在法国的农村中，有一百三十二万所房子都只有三个洞口；一百八十一万七千所房子有两个洞口，就是门和窗；还有二十四万六千个棚子都只有一个洞口，那就是门。这是因为那种所谓门窗税才搞到如此地步。请你们替我把一些穷人、老太婆、小孩子塞在那些房子里吧，瞧有多少热症和疾病！上帝把空气给人，法律却拿空气做买卖！

英国的"窗户税"和法国的"门窗税"是两国历史上一个非常荒唐的例子。

17世纪末，英国用"窗户税"取代原有的"壁炉税"，征税对象是建筑物开凿的窗户，称之为"Window Tax"。英国政府按照建筑物窗户的多少计征并设计了累进税率：十个窗户以下征收 2 先令，十个至二十个窗户最多征收 4 先令，四十个窗户以上最多征收 8 个先令。

这其实就是物业税或房产税。富人的房子大、产业多，必然窗户也多，从而交税多；并且这还省却了入户调查、房屋估价的麻烦。可让政府始料不及的是，许多老百姓为了逃避窗户税，直接将窗户堵上，有的房子竟然一个窗户也不剩。更有甚者，一些新建造的房屋居然只有门没有窗，为了美观，只能在墙壁外部画上假窗户。时至今日，在英国的一些地方，这种"历史建筑"还能看到。

"窗户税"并没有给政府增加多少财政收入，但却让公众的生活质量急剧下降。为了少交或不交"窗户税"，许多人堵住了窗户，也堵住了阳光和新鲜的空气。很多人终年生活在不见阳光的黑屋子里，从而导致了流行病和传染病的大暴发，对整个英国社会产生巨大影响。法国在稍晚的时期，也开征过类似的税，名为"门窗税"，这是比"窗户税"更不合理的税种。从名称上看得出来，"门窗税"不仅对窗户征税，对门也征税。法国政府从英国吸取了教训：因为人们即使把窗户都堵死，只有一个门洞，也不能避税。另外，与英国的"窗户税"税金与窗户的数量对应不同，法国的"门窗税"税金与窗户的宽度成正比。这也是为什么在法国的古老建筑中，有很多窄且长的窗户。

人们纷纷抗议说，上帝带给人们空气和阳光，法律却拿空气和阳光做买卖，剥夺了百姓自由享受阳光和新鲜空气的权利，侵犯了公民的自由权。

## 二、《欧也妮·葛朗台》中的税收

无独有偶，法国小说《欧也妮·葛朗台》也有反映"窗户税"的情节。

《欧也妮·葛朗台》的作者是法国现实主义作家奥诺雷·德·巴尔扎克，成书于 1833 年，是巴尔扎克卷帙浩繁的小说中最优秀的小说之一。这部作品给读者描绘了一个令人难忘的吝啬鬼形象——葛朗台老头。小说选取了一系列富有典型意义的细节来表现葛朗台的悭吝性格，这是一个完全被金钱所异化的人。对葛朗台来说，金钱高于一切，"没有钱，什么都完了""看到金子、占有金子，成了他的嗜癖"。他在人世间的最后一句话是叫女儿料理好一切，到阴间去向他交账，这是一个彻头彻尾的嗜钱如命典型。

单纯地塑造这样一个被拜金主义所渗透的"吝啬鬼"形象，并不是巴尔扎克的最终目的。拜金主义只是一个现象，巴尔扎克更为关注的乃是这样一种现象背后的人生悲剧。葛朗台固然就是一个人生悲剧，这个人已经被金钱所异化，但更大的牺牲者却是他的女儿欧也妮。这或许就是作者以她的名字而不是以其父亲的名字作为小说标题的原因所在。欧也妮纯真善良，对人充满温情，对上帝心怀崇敬，这样一个形象美好的人的悲剧更能够打动读者的心灵。

小说中的葛朗台为了不交门窗税，竟然能把所有门窗封死：

为了省钱，他把修道院的门窗连同彩绘玻璃大窗统统用砖砌死，既可以免税，还便于保存。

除此之外，小说中还多次提到葛朗台千方百计地占税金的便宜。

关于葛朗台投资公债以及鼓励欧也妮投资公债的情节如下：

葛朗台快乐的秘密，在于他的投机生意完全成功。德·格拉珊先生扣除了老箍桶匠为十五万荷兰证券贴现欠他的一笔钱和他为老箍桶匠买进十万法郎公债垫付的零头之后，托驿车把一个季度利息余下的三万法郎带给了葛朗台，同时还报告说公债继续上涨。当时的市价是八十九法郎一股，到一月底，最赫赫有名的资本家们都肯出价九十二法郎收进。葛朗台在两个月中赢利百分之十二，他已经把账轧清，从今以后他每半年坐收五万法郎，不必付税，也没有什么补偿性的花费。

葛朗台鼓励女儿欧也妮投资公债时说："现在机会难得，你可以拿你的六千法郎买公债，每半年你能得二百法郎的利息，还不用付税，不用找补什么费用，不怕冰雹、霜冻，不怕发大水，旱涝保收。"

关于葛朗台低价买高价卖情节，小说是这样写的：

惯于在关税上做手脚，使他对人权也不放在眼里。他到圣托马斯贱价买进海盗的赃物，运到缺货的地方去出售。

还有葛朗台利用职务之便，少缴税金的情节：

他的产业在丈量登记时占了很大的便宜，只需缴纳微薄的税金。

以上这些情节，把葛朗台惜才如命的守财奴形象刻画得淋漓尽致。

# 6

第六章

# 影视作品中的税收

## 第一节  国产影视剧中的税收

### 一、电影《刘三姐》中的"茶税"

1960 年，长春电影制片厂制作了根据广西壮族民间传说改编的戏曲电影《刘三姐》（见表 6 - 1），并于 1961 年在全国公映。《刘三姐》是新中国第一部音乐风光故事片，样式风格独特新颖，具有浓郁的民族风格和地方特色。这部影片一经公映，不仅在国内引起轰动，还在东南亚地区乃至全世界的华人地区刮起了"刘三姐旋风"，这在当时是极其罕见的。影片中刘三姐的扮演者是黄婉秋①，男主人公阿牛哥的扮演者是刘世龙，他们用淳朴、细腻的表演成就了中国电影史上的这部经典。尤其让人称道的是，影片中的插曲委婉优美，时而犀利幽默、时而缠绵悱恻，把主人公对以莫怀

---

① 2023 年 3 月 4 日，黄婉秋女士因病去世，她发出的人生最后一条微信是：永别了，我将到天外传歌去了。谨以此章节向"永远的刘三姐"——黄婉秋女士致敬。

仁为代表的凶恶势力的反抗，对完美爱情的追求表现得淋漓尽致。

表 6－1　　　　　　　　　电影《刘三姐》信息

| 制作方 | 长春电影制片厂 |
| --- | --- |
| 上映时间 | 1960 年 |
| 编　剧 | 乔　羽 |
| 导　演 | 苏　里 |
| 主要演员 | 黄婉秋（刘三姐）<br>张巨克（老渔夫）<br>刘世龙（阿　牛）<br>梁　音（刘　二）<br>夏宗学（莫怀仁） |

　　砍柴女刘三姐以唱帮穷苦人解气的山歌名闻四乡，却也因此被视她为眼中钉、肉中刺的财主陷害，幸运捡得一条命后，她一路歌声沿江而下。老渔夫和儿子阿牛通过歌声将她辨出，将她接入家中。远近乡民听闻，都赶来与刘三姐赛歌，以为她已人头落地的哥哥刘二也因此与她重逢。因为歌词中多处直揭财主对穷苦人的盘剥，乡民无不叫好。同时，亦令当地财主莫怀仁极为恐慌。为防乡民暴动，莫怀仁想以淫威令刘三姐噤声，以换回自己的难堪，刘三姐言称若赛歌胜过她，她自不会开口再唱。刘二怕妹妹重蹈覆辙，想带她远走他处，但刘三姐誓要好好惩治莫怀仁。莫怀仁找来一帮酸臭文人信心满满地与刘三姐赛歌，不想个个被她骂得哑口无声。为让刘三姐屈服，莫怀仁暗中将她绑至府中，施以锦衣美食，只换来刘三姐的几声冷笑。早已与刘三姐暗中生情的阿牛以及刘二和众乡民，则颇为担忧她的安危，正想办法营救她。

　　影片中有一段乡民合唱的歌：

　　穷人造屋富人住、穷人织布富人穿，哪条线是富人纺、哪块砖是富人搬？十担香茶九抵税，十箩稻米九当捐，剩下一箩养儿女，财主又把饭碗端。

该歌出现在影片的第 37～39 分钟，其背景是财主莫怀仁为了阻止乡民跟随刘三姐唱歌，以禁止乡民上山采茶作为要挟，但乡民坚决不屈从莫怀仁的淫威，并发出了"凭他刀来有刀对，茶要采来歌要唱"的声音。

该歌中的"十担香茶九抵税，十笋稻米九当捐"反映出了广大乡民承担着极重的税负，税率达到了百分之九十。

老百姓开门七件事——柴米油盐酱醋茶，茶是其中唯一的饮品，足见其重要地位。中国有几千年的产茶史，在中国农业史上，茶是农产品中独一无二的最发达、最典型的商品化生产作物。

茶叶对整个国民生计必不可少，而且全社会的消费量很大，所以对茶征税，面广利丰。我国自唐代中叶开始征收茶税，这一方面是因为茶的饮用日益普及、销量日益增加，统治者认为有利可图；另一方面是因为战事频繁，财政支出压力巨大，征收茶税可以减小这种压力。

据《旧唐书·德宗本纪》载：

判度支赵赞上言，……从之。赞乃于诸道津要置吏税商货，每贯税二十文，竹木茶漆皆什一税一，以充常平之本。[1]

《旧唐书·食货志下》载：

四年，度支侍郎赵赞议常平事，竹、木、茶、漆尽税之。茶之有税，肇于此矣。[2]

这是我国历史上最早形成的茶税制度。同时规定，凡是产茶州郡以及茶山之外的商路，一律设置税场。茶税确立后，每年为朝廷提供大笔资金。

---

① ［后晋］刘昫：《旧唐书》卷 12《德宗本纪》，中华书局 2000 年简体字本，第 227 页。

② ［后晋］刘昫：《旧唐书》卷 49《食货志下》，中华书局 2000 年简体字本，第 1428 页。

《旧唐书·食货志下》载：

贞元九年正月，初税茶。先是，诸道盐铁使张滂奏曰："伏以去岁水灾，诏令减税。今之国用，须有供储。伏请于出茶州县，及茶山外商人要路，委所由定三等时估，每十税一，充所放两税。其明年以后所得税，外贮之。若诸州遭水旱，赋税不办，以此代之。"诏可之，仍委滂具处置条奏。自此每岁得钱四十万贯。①

到了唐代的中后期，朝廷接受了盐铁使王播的建议，将茶税的税率提高到百分之十五，茶税大幅增加。在公元 841 年，茶叶经营已由官造官卖改为民制商销，官收重税，统归中央，茶叶过地方州县府，开始交"过境税"或"榻地钱"，这是由地方变相征收的税利，实际上茶税成了官、商专卖分利的形式。由于中央与地方分配不均，到了公元 852 年，又重申茶税统一由朝廷派出机构征收，并提出"茶法十二条"，严禁地方设卡加税，取消"榻地钱"。全国茶税又进一步增加。《新唐书·食货志》载：其后诸州牟利以自殖，举天下不过七万余缗，不能当一县之茶税。② 说明当时的茶税占财政收入的比例大大高于矿冶税。

宋代首先在江淮和东南一带推行征茶叶税与茶叶专卖相结合的榷茶制度。当时在全国主要的茶叶集散地设置管理机构，名曰榷货务，要求茶农种茶除交纳茶税以外，将茶叶全部卖给国家，由国家组织销售，由此开创了中国历史上茶叶统购统销制度。在这种由政府独家经营茶叶销售的制度下，私自买卖茶叶被严格禁止，有一系列严禁私自买卖茶叶的措施，以确保政府对茶叶的专卖垄断。此后，宋代的茶税法先后多次改革，即所谓"三税法""四税法"

---

① ［后晋］刘昫：《旧唐书》卷 49《食货志下》，中华书局 2000 年简体字本，第 1435 页。

② ［宋］欧阳修：《新唐书》卷 54《食货志四》，中华书局 2000 年简体字本，第 909 页。

"贴射法""见钱法"等，最后又推出了茶引制度，不再实行由官府直接买茶，而是向茶商出售称为"引票"的特许证，规定茶商每斤茶定额"引票"。据统计，宋代的茶税由宋初的每年仅数万缗至数十万缗，增加到南宋时每年二百七十万贯上下。

元明清基本上沿用了宋代的榷茶制度。

元代继续沿袭宋代的交引法，并有长引、短引之分。长引每引茶 120 斤，短引每引茶 90 斤，按值征税，从三分之一到取一半，一再增加。公元 1288 年，尚书省颁布《榷茶条画》，其根本目的是为了开辟税源，增加茶税收入。据统计，有元一代，茶税收入增加了两百多倍（从 1276 年的一千二百锭增加到 1320 年的二十八万九千二百一十一锭）。①

明代主要实行"引由制"。商人向官府交清茶款和茶税后，领引票，按引票规定的数量和地点进行运销，这主要是对边茶采取的制度。而内地主要是商税制，即商运同销，向官纳税。

《明史·食货志》载：

"商人贩茶至百斤以上，俱赴管茶官处报中，凡中芽茶每引定价三钱，叶茶二钱。俱报中价银赴司上纳"，"凡茶不及百斤，俱赴州县报数，每十斤纳银一分，给票照卖"②。

清代初期，沿用明代茶法，有官茶商茶之分。官茶征收实物，大小引均按十分之五征纳，用于储边易马。清统一后，马已足用，于是，官茶的需要减少，而茶税的征收渐有定制。商茶采用的也是"茶引法"，由户部颁发茶引与各地方官，茶商纳课领引才能往产茶处购茶，无引者称为私茶，有的州县承引无商可给，只是发种茶户

---

① ［明］宋濂：《元史》卷 94《食货志》，中华书局 2000 年简体字本，第 1587－1588 页。

② ［清］张廷玉：《明史》卷 80《食货志》，中华书局 2000 年简体字本，第 1299－1300 页。

经纪人。茶百斤为一引，不及百斤，称为畸零，另给户帖。凡伪造茶引或贩卖假茶，以及私自同外国人买卖的，皆按律科罪。清代后期，茶税里又增加了一个项目——厘金，茶税大大增加。

## 二、电影《太极张三丰》中的"奇葩税"

电影《太极张三丰》（见表6－2）是李连杰主演的经典功夫电影之一，1993年上映时创下了1400万美元的票房纪录，该影片被评为电影史上十九部最伟大的功夫片之一。

表6－2 电影《太极张三丰》信息

| 制作方 | 正东（香港）电影有限公司 |
| --- | --- |
| 上映时间 | 1993年 |
| 编　剧 | 叶广俭 |
| 导　演 | 袁和平 |
| 主要演员 | 李连杰（张君宝，即张三丰）<br>钱小豪（董天宝）<br>杨紫琼（秋　雪）<br>袁洁莹（小冬瓜） |

元朝末年，宦官弄权。由皇帝特派驻守地方的太监重权在握，暴虐人民，弄得民不聊生。刘公公更是如同皇帝，独霸一方。董天宝与张君宝手足情深，自小在少林寺同当和尚。两人成年后，董天宝的师伯发现他偷练少林武功，张君宝受牵连，双双被迫还俗。二人靠卖艺糊口，董天宝为求名利投靠太监刘公公，为虎作伥。张君宝不以为然，二人从此各走各路。秋雪千里寻夫，却发现丈夫已另娶刘公公之妹，二女大打出手，张君宝救走秋雪，二人成为好朋友，并一同加入反暴政义士行列。另一边董天宝已加入刘公公军营成为一名小兵，他为求立功升官，竟不惜出卖张君宝、小冬瓜、秋

雪以及其他义士，张君宝等人误信董天宝连累义士惨死，大受打击，精神错乱。幸得秋雪照顾，疗养期间张君宝创出"太极"武功。此时董天宝死不悔改追踪而至，张君宝替天行道，把他杀掉。最后张君宝要把董天宝骨灰带回少林，与秋雪分道扬镳。

为了反映当时的暴政，影片中多次利用税收元素，其中有两个情节让人印象深刻。

情节一：影片第34分钟左右。

张君宝和董天宝被赶出少林寺后，为求糊口不得不在街头卖艺，获得了观众给的一些铜板，这时代表朝廷收税的税吏出现了，于是便有了以下的对话：

税吏：把钱交出来！

张君宝：为什么？

税吏：交税。个人所得税五十文钱、擅用官地税五十文钱、娱乐事业税五十文钱，一共是一百五十文钱。

……

情节二：影片第38分钟左右。

张君宝、秋雪等一帮义士正在佛笑楼（影片中的一家酒店）吃早饭，突然，一群官军闯进来收税，具体对话如下：

官军：快交税！

义士1：前几天我们已经交过了！

官军：前几天你也吃饭了，你今天还要吃？现在刘公公扩充军备，要征收军人服装税、出入平安税、安居乐业税，佛笑楼要交五百两。

张君宝：五百两？你干脆去抢好了！

官军（大怒）：你们是不是在搞反朝廷活动？

张君宝：朝廷也要讲道理。

官军：如果没钱，没关系。只要你跪下来给我磕三十个响头，我可以考虑过几天来收你的税。

……

短短几分钟的片段，通过税收这个元素将统治者的残暴体现得淋漓尽致。

在这两个片段里，观众看到了税收的强制性和无偿性，但丝毫看不出税收的固定性，因为所有的税都是凭税吏或官军的一张嘴，而且反复征收。情节二中的"我可以考虑过几天来收你的税"说明税吏有一定的自由裁量权。

当然，这两个情节最让人印象深刻的是税吏提到的六个税：个人所得税、擅用官地税、娱乐事业税、军人服装税、出入平安税、安居乐业税。这些税里，除了"个人所得税""娱乐事业税"似乎靠谱点，其他的税名十分奇葩，大概率是杜撰出来的。尤其好笑的是最后的"出入平安税"和"安居乐业税"，税吏们带着刀剑强行破门闯入百姓家中收税，把老百姓都逼得没有了活路，哪来的"安居乐业"？何来的"出入平安"？的确是一个极大的讽刺。

"个人所得税"出现在影片中也不符合历史事实。所得税最早出现在 18 世纪的欧洲，大概对应中国的清代乾隆、嘉庆年间，与影片反映的历史背景严重不符。

历史上倒是有些税与"娱乐事业税"也很相似，如"戏捐"。所谓"戏捐"是针对戏剧演出活动所征收的一种税捐，属于杂税杂捐，是在清末新政时期地方政府财政难筹的背景下出现的。清末城乡戏曲观演日益增多，娱乐业呈现兴盛之势，而且当时城乡酬神演戏之风盛行。酬神演戏盛行的背后，是大量金钱的浪费。事实上，新政兴学背景下，政府曾禁止酬神演戏，但民间演戏早已积习成风，明知无益，徒耗民财，无如相沿已久，难以禁绝。另外，清朝末年，政府推出新政，主要举措包括废科举、兴学堂、创办现代警察制度等，各项新政举措都需要经费支持。因引，出于对演戏的

"寓征于禁"以及对补充地方新政经费缺口的考虑，"戏捐"便应运而生。

影片中的"奇葩税"是杜撰虚构的，不过在作为影片历史背景的元朝，的确有过各式各样的税。除了常见的丁税（人头税）、地税（土地税）、盐税、茶税、酒税、醋税、商税、市舶税外，还有大量的"岁课"，即物产资源税。而"岁课"之外，还有多达三十二种杂税，统称为"额外课"。

所谓"额外课"是指在"岁课"以外规定的课征，"岁课"是有定额的，而"额外课"只规定了项目，没有定额。

《元史·食货志》记载：

元有额外课。谓之额外者，岁课皆有额，而此课不在其额中也。然国之经用，亦有赖焉。课之名凡三十有二：其一曰历日，二曰契本，三曰河泊，四曰山场，五曰窑冶，六曰房地租，七曰门摊，八曰池塘，九曰蒲苇，十曰食羊，十一曰获苇，十二曰煤炭，十三曰撞岸，十四曰山查，十五曰曲，十六曰鱼，十七曰漆，十八曰醋，十九曰山泽，二十曰荡，二十一曰柳，二十二曰牙例，二十三曰乳牛，二十四曰抽分，二十五曰蒲，二十六曰鱼苗，二十七曰柴，二十八曰羊皮，二十九曰磁，三十曰竹苇，三十一曰姜，三十二曰白药。其岁入之数，唯天历元年可考云。[①]

这些"额外课"，有的是面向全国各地课税，有的是针对特定地区课税。据统计，天历元年（公元 1329 年）的"额外课"共得课税十六万余锭。

除了元代，中国历史上有些时候的确出现过一些奇特的税种，如前面提到魏明帝开征过"牛肉小赋"；又如汉代为鼓励生育，朝廷曾开征过"单身税"。

---

① ［明］宋濂：《元史》卷 94《食货志》，中华书局 2000 年简体字本，第 1593－1594 页。

据《汉书·惠帝纪》记载：

六年……女子年十五以上至三十不嫁，五算……①

当时人头税是成年人每年一算。而这个"单身税"的征收对象是年满十五岁未满三十岁未嫁人的女子，征收标准是五倍的人头税。一算为一百二十钱，也就是说每个适龄而未婚的女青年，要被征收六百钱的单身税。

## 三、电视剧《江山风雨情》中的"明末三饷"

《江山风雨情》是由朱苏进编剧，陈家林执导，陈道明、唐国强等众多表演艺术家出演的电视连续剧。该剧描写了以崇祯（明朝皇帝）、李自成（明末农民起义军首领）、皇太极（后金统治者）三股力量争夺天下的故事。

该电视剧曾数次提到了"明末三饷"（辽饷、剿饷、练饷），出现在第31集的对话最为突出。

情节：北面的皇太极将要与大明决战，崇祯皇帝焦虑万分，让大臣们拿出御敌妙策。洪承畴认为要与皇太极对决，先要强力加征兵丁和军饷，杨嗣昌反对征重税，于是有了以下的对话：

……

杨嗣昌：从万历朝起，朝廷为了强化边关，每年加征的边饷已从五十万两涨到三百多万两。崇祯五年，为了剿灭中原逆军，又增加了剿饷三百多万两。崇祯十五年，为了扩军练兵，又加征了练饷七百三十万两。皇上啊，全国每年的正税不到一千万两，而加征的各种附税却高达两千万两，超过整整两倍呀。

崇祯：万历年加征边饷的时候，朕还没有出生呢！

---

① ［东汉］班固：《汉书》卷2《惠帝纪》，中华书局1999年简体字本，第67页。

杨嗣昌：每年的报表都在户部，皇上心如明镜。大臣们也并非不知道，只是这多少年来，朝廷上下，都见怪不怪、习以为常了。

崇祯：是啊，如此重税、如此长久，朝廷和百姓都麻木了。

杨嗣昌：皇上，现在户部已经在预征四十三年以后的税了，也就是说，各地的衙门已经在预征老百姓孙子辈的税了。

崇祯：那、那该如何啊？

洪承畴：杨大人，在下想问你几句话，希望你能如实回答。

杨嗣昌：你请说。

洪承畴：征税虽然痛不可当，但可以保住我大明王朝、可以保住祖宗江山，如果由于我们不增征兵丁和赋税而导致清军入关，那是要遭遇灭顶之灾的。这两种后果，杨大人，你选哪一种？皇上，征税再苦，仍然留有中兴大明的希望。可是现在我们如果不征，那么再过几年，我们想征都征不了了。大明都亡了，还谈何赋税啊？！

崇祯：杨嗣昌、洪承畴，随朕来……

崇祯：传旨，立刻加征三十万兵丁和三千万两军饷。

杨嗣昌：皇上，刚才议的是两千万两啊！

崇祯：三千万。你不是说已经征到孙子辈了吗？再征，征到重孙子辈去，无论是豪门百姓还是三教九流，谁敢抗税，杀无赦。

杨嗣昌：臣遵旨。皇上，臣记得凤阳被破，福王被俘时，王府里竟然有一千二百万两银子，统统落到逆军手里。臣还记得，滁州失陷，襄王死难时，有九百万两的私银落入李自成手里。皇上啊，大江南北的豪绅臣富，只要被逆军抓到，无不是金山银海落入逆手而成为逆饷啊。皇上啊，时至今日，那些王公贵族们再不拿出私银来保国，难道要留着助逆吗？

洪承畴：皇上，兵丁可以从民间征招，但是这军饷，只能从皇亲国戚那里来。

崇祯：说得是啊，朕正有此意。洪承畴，着你负责从民间征招兵丁，下限三十万青壮，上限嘛，不限！

　　洪承畴：臣遵旨。

　　崇祯：杨嗣昌，从即日起，朕要亲自负责征收军饷，着你协助。

　　杨嗣昌：臣遵旨。

　　……

　　以上对话出现在该剧第31集的第11~15分钟。

　　作为艺术创作，这段对话有些内容与历史有很大的出入。比如福王（朱常洵）的封地不是在凤阳，而是在洛阳；襄王（朱翊铭）的封地也不在滁州，而是在襄阳。又如，反对征收重税的杨嗣昌说"崇祯十五年，为了扩军练兵，又加征了练饷七百三十万两"，而历史上的杨嗣昌于崇祯十四年就去世了。另外，对话中，杨嗣昌是反对征收重税的，而根据史料记载，剿饷、练饷都是杨嗣昌提议增派的。

　　《明史·杨嗣昌传》中记载：

　　嗣昌以势有缓急，请先行畿辅、山东、河南、山西，从之。于是有练饷之议。初，嗣昌增剿饷，期一年而止。后饷尽而贼未平，诏征其半。至是，督饷侍郎张伯鲸请全征。帝虑失信，嗣昌曰："无伤也，加赋出于土田，土田尽归有力家，百亩增银三四钱，稍抑兼并耳。"大学士薛国观、程国祥皆赞之。于是剿饷外复增练饷七百三十万。①

　　**白话译文：**

　　杨嗣昌以为各地轻重缓急不同，请求先在畿辅、山东、河南、山西实行，皇帝同意了。于是有了练饷的议论。当初，杨嗣昌增派剿饷，以一年为限。后来粮饷用尽而强盗未平，下诏征收原额的一半。到这时，督饷侍郎张伯鲸请求全部征收。皇帝担心失信于民，

---

① ［清］张廷玉：《明史》卷252《杨嗣昌传》，中华书局2000年简体字本，第4355页。

杨嗣昌说："不要紧的，加派的赋税来自土地，土地都被富家大户占领了，百亩土地增收三四钱银子，还可以稍微压抑土地兼并。"大学士薛国观、程国祥都赞同他。于是在剿饷之外又增加练饷七百三十万两。

明末的三饷到底是怎么回事呢？

三饷是指"辽饷"、"剿饷"和"练饷"，都属于正额之外的加派，按亩征收。加派最早可以追溯至明朝中叶。弘治一朝，因对蒙古用兵，兵部尚书马文升就提议"苏松折粮银价轻，宜稍增之"以充兵饷，但遭礼部尚书谢迁反对，未能成行。正德朝时，因修乾清宫，"加天下赋一百万两"。嘉靖二十九年秋俺答入寇，剽掠京畿，直薄都城，军饷无措，户部尚书孙应奎建议加派田赋，除北方诸府及广西、贵州不派外，其他各处皆量地之贫富加派，骤增赋银一百一十五万两，苏州一府乃至八万五千两。嘉靖三十一年以后，倭患渐炽于东南沿海，俺答之患仍急，又于南畿浙闽的田赋加额外提编。万历二十五年，因朝鲜之役在山东加派，每亩征银二三厘，每丁加银三四分。

万历中期前，田赋加派基本上是在局部地区实施且数额不大。万历四十四年，努尔哈赤统一女真各部，称汗建国，国号大金。万历四十六年，努尔哈赤以"七大恨"誓师攻明，陷抚顺、克清河，震动京师。为抽兵增援辽东，明廷援引征倭征番故例，实行加派，开征"辽饷"，除贵州有苗民起义未加派外，"浙江等十二省、南北直隶照万历六年《会计录》所定田亩，总计七百余万石，每亩权加三厘五毫"，惟湖广、淮安额派独多，另外酌议其余勿论优免，一概如额通融加派，总计实派约二百万两白银。随着与大金的战事不断吃紧，明廷后来又三次加派"辽饷"。

"剿饷"和"练饷"是为筹措镇压农民起义而增设的名目。

崇祯八年，湖广巡抚卢象升首倡湖广等五省乡官及有田之家出

"助饷银"，助饷银征派对象分乡官、非乡官两类，因粮输饷，即以税粮高低定助饷多少，故又有因粮之称。崇祯十年，兵部尚书杨嗣昌上疏崇祯皇帝，提出"四正六隅十面网"的军事围剿计划，要求增兵十二万，增饷二百六十二万八千两，并提出"剿饷"的征收办法。崇祯接受了杨嗣昌的建议，于崇祯十年正式下诏征收"剿饷"。"剿饷"原定一年期，但农民起义势不可当，辽东战事又日趋急迫，明廷不得不练兵增饷，于是在崇祯十二年又增派"练饷"。

三饷加派是掠夺性的财政措施，赋役征收受生产力发展水平的制约，赋役的征收量不能超过生产者所能提供的剩余劳动的某一限量，但三饷加派却是依军需决定征收额，其加派额直线上升，结果造成"旧征未完，新饷已催，额内难缓，额外复急，村无吠犬，尚敲催追之门；树有啼鹃，尽洒鞭扑之血。黄埃赤地，乡乡几断人烟，白骨青磷，夜夜常闻鬼哭"[1]，从而引起社会的广泛不满，加速了明王朝的灭亡。就在增派"练饷"后的第五年，李自成率军攻克北京，崇祯皇帝在景山自尽，明朝覆亡。

著名的经济学家陈志武教授则从金融的角度对明朝灭亡这一历史事件提出了独到的见解，可谓一语中的。在《金融的逻辑2——通往自由之路》一书中，陈教授指出：明朝末年的财政赤字并不十分严重，不到当时 GDP 的 1%，却把朝廷拖垮了。其原因是那时候中国没有跨期配置收入的债券市场或长期借贷市场，不能把当前的财政赤字摊到未来 30 年或 100 年慢慢还、逐步还。债券是现代政府抵御财政危机、降低国家生存风险的主要手段。而在没有借债手段的情况下，朝廷只能在加税、拖欠、货币成色上找活路。靠单年的加税来解决财政危机，其最大的缺陷是强化了突发性大额开支对社会当年的冲突，等于是"税负休克疗法"，但它无法让朝廷把一

---

① 出自明末清初学者郑廉的《豫变纪略》。

次大开支摊到未来 30 年、100 年的财政收入上，而长期限债券可以做到。①

## 第二节　美国电影中的税收

### 一、美国电影《性别为本》

影片《性别为本》（见表 6 - 3）是美国著名女性法官鲁斯·巴德·金斯伯格传记电影，英文名为 *On The Basis of Sex*，又名《基于性别》。

表 6 - 3　　　　　　　　电影《性别为本》信息

| 上映时间 | 2018 年 |
|---|---|
| 编　　剧 | 丹尼尔·斯蒂普尔曼 |
| 导　　演 | 米密·莱德 |
| 主要演员 | 菲丽希缇·琼斯<br>艾米·汉莫<br>贾斯汀·塞洛克斯 |

故事从 1959 年鲁斯·巴德·金斯伯格进入哈佛法学院开始，作为法学院五百名学生里仅有的九名女性之一，鲁斯知道在这样的男权社会里生存是何等艰难。那是一个女性被作为男性附庸的时代，女性不被允许去大部分的大学读书，不被允许安排在一些重要的工作岗位。在开学的报告会上，周围是清一色的男性，甚至一些男性同学介意坐在身边的是一个女性，可见那个时代女性的社会地

---

① 陈志武：《金融的逻辑——通往自由之路》，中信出版社 2021 年版，第 22 页。

位。鲁斯大学毕业之后在求职、生活中因为性别原因而遭受到很多歧视，也让她意识到这是一个应该被纠正的歧视问题，犹如种族歧视一样。她最终被律师事务所拒之门外，但是她成了母校的一名教授，也是在教学育人的过程中，她始终坚持去改变这个国家当时对于女性不尊重的制度，也让她在为男女争取平权的法律工作上越来越深入，也协助处理一些类似的法律案件。鲁斯循序渐进地通过5起案件逐渐让高等法院的那些大法官以及民众们意识到当时的社会女性确实被歧视对待。正如鲁斯在哈佛上学期间学到的那句名言"A court ought not be affected by the weather of the day，but will be by the climate of the era"（今天的天气不会影响法庭的判决，但是时代的气候会）。

影片中鲁斯用一个又一个小案件不断冲击并影响着时代的气候。当前女性社会地位的提升正是像鲁斯这样敢于为女性发声的人一步步争取得来的，这条路她们走了很久。

影片中所展示的五个案例中有一个"看护人减税案"就是与税收有关的。

The IRS denied a petitioner a tax deduction to hire a nurse to take care of an invalid mother，It is because the petitioner is a man. Section 214 of the tax code assumes a caregiver has to be a woman. This is a sex - basis discrimination against a man.

……

A：So you deducted Cleeta's salary on your taxes.

The judge said the tax code was clear. Caregiver's deduction was available to all women，but only to man who had waives who were incapacitated or dead or were divorced.

B：And you've never been married?

A：No.

The man who wrote that law couldn't even fathom that a bachelor, choosing to take care of a patent at home, might exist.

The principle purpose of Section 214 is not to protect women, nor to discriminate against men. It is to provide the caregivers the opportunity to work outside the home.

This court should fix the law most in line with the legislative intent. Extend the deduction to never-married men. Help all caregivers equally.

(Aside) Denver's Tenth Circuit Court of Appeals unanimously reversed the Tax Court's decision and concluded that Charles Moritz was entitled to the caregiver's deduction.

**译文：**

美国国税局驳回了一个申请人为了雇一个护士来照顾他病弱的母亲的减税申请。因为原告是个男人，税法第214条规定，看护者必须是一个女性，这是一条针对男性的性别歧视。

……

所以你把科丽塔的工资从你的税收中删了。

法官说免税政策写得很清楚，保姆的减税只提供给女性，以及丧偶和伴侣生活无法自理的男性，还有离异者。

而你至今未婚？

是的。

……

立法者甚至无法想象居然存在一位主动选择照顾居家老人的单身人士。

税法第214条的原意，并不是保护女性，也不是歧视男性，它只是为看护人提供了离家工作的机会。

当庭也应该修改法律，使其更符合立法意图，将减税权延伸覆盖到未婚男性，平等帮助所有看护人。

（旁白）丹佛第十巡回上诉法院一致通过了撤销税务法庭的裁决，并且决定查尔斯·摩里兹有权享有看护人减税权。

影片中还有一个片段：两个人的聊天谈到税收的公平正义问题。

A：No，no，it's well-known.

Tax is the only genuinely funny area of the law.

I think most of us just want careers that have a little more，uh，impact.

You know，young people in Sweden these days，aren't getting married?

B：Really?

A：It's true. They are getting engaged.

They're still living together.

They're still having kids，raising a family.

But they're not getting married. You know why?

It's because of taxes.

That's true. After the war，Sweden passed a law that said married couples will now file joint income tax returns.

However，unlike the United States，they weren't given any benefits from it.

So married Swedens were finding themselves in the uncomfortable position of now being in a higher tax bracket.

B：Oh，really? So they got divorced.

A：Of course，they were still living together.

So the Swedish government then passed a new law，that says，all right，married couples who get divorced but continue to live together，for tax purposes，will be considered still married.

So they did what anyone would do.

They add a second entrance to their home, with a nice wall that goes right down the middle, with doors for easy access.

Says Swedish government, "new law". Once married, now divorced couples living in a two – income household that is subdivided, would, again, for tax purposes, be considered living together, and therefore still married.

All the while, a whole generation of Swedes simply skirted the issue by never getting married in the first place.

C: The moral of the story is that in their attempt to raise the revenue, the Swedish government ruined all those young men's best hopes at happiness.

A: Exactly.

Because how a government taxes its citizens is a direct declaration of a country's value.

So tell me, what could have more impact than that?

**译文:**

A: 不，不，众所周知。

税收是法律里唯一真正有趣的部分。

我想我们中大多数人都想让职业生涯多少有一些影响力。

你知道吗？现在瑞典的年轻人，都不再结婚了。

B: 真的吗？

A: 是真的，但他们仍然保持亲密关系。

他们仍然住在一起，他们仍然会生养孩子，组建家庭。

但他们不会结婚，你知道为什么时候吗？

就是因为税收。

这是真的。瑞典在战后通过了一项法律。已婚夫妇需要共同申报所得税。

然而，与美国不同的是，他们从中得不到任何好处。

所以已婚的瑞典人发现，他们处于一种难受的境地，被迫提高了税收的等级。

B：喔，真的吗？所以他们离婚了。

A：当然。但他们还住在一起。

于是，瑞典政府通过了一项新的法律。宣布，为了减税而离婚的夫妇们，如果仍然住在一起，将依然被视为已婚。

所以，他们做了任何人都会做的事。

他们给房子新开了一个房门，并在屋子中间隔了一堵墙。当然，为了方便还建了门。瑞典政府说了，曾经结了婚，现在为了减税而离婚的夫妇们，如果住在曾经是一栋、现在被分成两栋的房子里面，根据新的法律将被认为是生活在一起。因此，他们还是已婚。

一直以来，整整一代瑞典人，就为了避开这个问题，从一开始就不结婚。

C：这个故事的寓意在于，瑞典政府在尝试增加税收的同时，摧毁了那些年轻人对幸福的最大追求。

A：正是如此。

政府对公民征税方式是一个国家价值观的直接体现。

所以说，还有什么能比这更有影响力的呢？

## 二、美国电影《肖申克的救赎》

美国影片《肖申克的救赎》（见表 6-4）被誉为 20 世纪最伟大的电影作品，电影的主题可以总结为八个字：拥抱自由，救赎心灵。其英文名称为 *The Shawshank Redemption*，其中的肖申克（Shawshank）是一座监狱的名字。

表 6 – 4 　　　　　　电影《肖申克的救赎》信息

| 上映时间 | 1994 年 |
|---|---|
| 编　　剧 | 弗兰克·达拉邦特<br>斯蒂芬·金 |
| 导　　演 | 法兰克·戴伦邦特 |
| 主要演员 | 蒂姆·罗宾斯<br>摩根·弗里曼 |

　　故事发生在 1947 年，银行家安迪（Andy）被指控枪杀了妻子及其情人，安迪被判无期徒刑，这意味着他将在肖申克监狱中度过余生。瑞德（Red）于 1927 年因谋杀罪被判无期徒刑，数次假释都未获成功。他成为了肖恩克监狱中的"权威人物"，只要你付得起钱，他几乎有办法搞到任何你想要的东西：香烟、糖果、酒，甚至是大麻。在相当长的一段时间里，安迪不和任何人接触，在大家抱怨的同时，他在院子里很悠闲地散步，就像在公园里一样。一个月后，安迪请瑞德帮他弄的第一件东西是一把小的鹤嘴锄，他的解释是他想雕刻一些小东西以消磨时光，并说他自己会想办法逃过狱方的例行检查。不久，瑞德就玩上了安迪刻的国际象棋。之后，安迪又弄了一幅影星丽塔·海华丝的巨幅海报贴在了牢房的墙上。一次，安迪和另几个犯人外出劳动，他无意间听到监狱官在讲有关报税的事。安迪说他有办法可以使监狱官合法地免去这一大笔税金，作为交换，他为十几个犯人朋友每人争得了三瓶啤酒。喝着啤酒，瑞德说多年来他第一次感受到了自由的感觉。由于安迪精通财务制度方面的知识，很快使他摆脱了狱中繁重的体力劳动和其他变态囚犯的骚扰。不久，声名远扬的安迪开始为越来越多的狱警处理税务问题，甚至孩子的升学问题也来向他请教。同时，安迪也逐步成为肖申克监狱长诺顿洗黑钱的重要工具。由于安迪不停地写信给州长，终于为监狱申请到了一小笔钱用于监狱图书馆的建设。监狱生

活非常平淡，总要自己找一些事情来做。安迪听说瑞德原来很喜欢吹口琴，就买了一把送给他。夜深人静之后，可以听到悠扬而轻微的口琴声回荡在监狱里。一个年轻犯人的到来打破了安迪平静的狱中生活：这个犯人以前在另一所监狱服刑时听到过安迪的案子，他知道谁是真凶！但当安迪向监狱长提出要求重新审理此案时，却遭到了拒绝，并受到了单独禁闭两个月的严重惩罚。而为了防止安迪获释，监狱长设计害死了这名年轻的知情人。

面对残酷的现实，安迪变得很消沉。有一天，他对瑞德说："如果有一天，你可以获得假释，一定要到某个地方替我完成一个心愿。那是我第一次和妻子约会的地方，把那里一棵大橡树下的一个盒子挖出来。到时你就知道是什么了。"当天夜里，风雨交加，雷声大作，已得到灵魂救赎的安迪越狱成功。原来近二十年来，安迪每天都在用那把小鹤嘴锄挖洞，然后用海报将洞口遮住。

安迪出狱后，领走了监狱长存的部分黑钱，并告发了监狱长贪污受贿的真相。监狱长在自己存小账本的保险柜里见到的是安迪留下的一本圣经，第一页写到"得救之道，就在其中"，另外圣经里边还有个挖空的部分，用来藏挖洞的鹤嘴锄。

经过四十年的监狱生涯，瑞德终于获得假释，他在与安迪约定的橡树下找到了一盒现金和一封安迪的手写信，两个老朋友终于在墨西哥阳光明媚的海滨重逢了。

与税收有关的情节是这样的。

主人公安迪曾经是位银行家，因为妻子命案而蒙冤入狱。由于安迪精通税务操作，给狱警队长省了一大笔钱，这为自己在肖申克监狱的处境带来了极大的改观：先是被允许和狱友们一起喝啤酒，接着经常欺负安迪的服刑犯也遭到狱警队长的教训。后来被监狱长调到了工作轻松的图书室。同时，安迪利用自己精通税收的专业技能，帮助更多的狱警进行纳税申报，包括帮助监狱长进行理财规划，这也为他后来成功越狱创造了条件，正如同安迪自己说的：我是精通理财的囚徒，这种本事很受用。

以下是安迪第一次展示自己专业技能与狱警长的对话（当时安迪和一帮狱友们在狱警的监督下进行户外劳动，安迪听到狱警长向同事抱怨自己有一笔继承所得要交很高的税）。

A：Mr. Hadley, do you trust your wife?（哈德利队长，你相信你太太吗？）

……

A：What I mean is, do you think she'd go behind your back try to hamstring you?（我的意思是，你认为你太太会不会背叛你？）

H：Step aside, Mert. This fucker's having himself an accident.（梅尔特，让开。这个混蛋要自己出意外了。）

Other：He'll push him off the roof!（他估计要把安迪推下屋顶！）

A：If you trust her, you can keep…that ＄35000.（如果你信任你太太，那35000元你可以全部拿到。）

H：What did you say? Thirty－five thousands.（你说什么？35000元。）

A：All of it. Every penny.（是的，一个子也不少。）

H：You better start making sense.（你最好别耍我。）

A：If you want to keep all that money, give it to your wife. The IRS allows a one－time－only gift to your spouse for up to ＄60000.（想领全额，就赠予太太，税务局允许一生一次最多六万元的赠予免税。）

H：Tax－free?（免税？）

A：Tax－free. IRS can't touch one cent.（对，免税，税务局征不到一文钱。）

H：You're that smart banker that killed his wife, aren't you? Why should I believe you? So I can end up in here with you.（你是那个杀

死妻子的银行家，不是吗？我凭什么相信你，难道你不会害我坐牢？）

A：It's legal. Ask the IRS, they'll say the same thing. I feel stupid telling you this. I'm sure you would have investigated. （完全合法。你去问税务局，答案也一样。我不该告诉你这些，我以为你会去问的。）

H：I don't need you to tell me where the bear shit in the buck-wheat. （我不用你来教我怎么做。）

A：Of course not. But you do need someone to set the tax up for you. That'll cost you. A lawyer, for example. （没错，但你要找人填表请律师你得花钱。）

H：A bunch of ball – washing bastards！（律师都是混蛋！）

A：I suppose I could set it up for you. That would save you some money. （我帮你填表，可以为你省些钱。）

A：You get the forms, I'll prepare them for you. nearly free of charge. （你领表，我来填写，几乎完全免费。）

A：I'd only ask three beers apiece for each of my coworkers. I think a man working outdoors feels more like a man if he have a bottle of suds. This is my opinion. （只要请我的同事一人三瓶啤酒，在户外工作能喝上啤酒才有尊严，这是我的浅见。）

后来，安迪成功地帮助哈德利警长申请了免税，安迪的狱友们也喝到了啤酒。

这里再从两个方面谈一谈影片《肖申克的救赎》。

第一，关于影片的评价。

本影片在 1995 年第 67 届奥斯卡奖获七项提名：最佳影片、最佳改编剧本、最佳摄影、最佳音响效果、最佳男主角、最佳电影剪辑、最佳原创配乐，但是并没有获得一项奥斯卡奖，当年获得奥斯卡大奖的是《阿甘正传》。《肖申克的救赎》刚刚上映时的票房也并不十分理想。但是，随着时间的积累，《肖申克的救赎》得到的好评每年以几何倍的速度增加，被世人推崇备至，主人公安迪对自由坚持不懈的追求深深地感染了每一位观众，片中的很多台词成为经典。

第二，影片中的经典台词。

1. I have to remind myself that some birds aren't meant to be caged. Their feathers are just too bright. And when they fly away, the part of you that knows it was a sin to lock them up does rejoice.

我不得不提醒自己，有些鸟是不能关在笼子里的，他们的羽毛太漂亮了，当他们飞走的时候，你会觉得把他们关起来是种罪恶。

2. I guess it comes down to a simple choice：get busy living or get busy dying.

我想生命可以归结为一种简单的选择：要么忙于生存，要么忙着死。

3. These walls are kind of funny like that. First, you hate them, then you get used to them. Enough time passed, get so you depend on them. That's institutionalized.

监狱里的高墙实在是很有趣。刚入狱的时候，你痛恨周围的高墙；慢慢地，你习惯了生活在其中；最终你会发现自己不得不依靠它而生存。这就是体制化。

4. In our hearts, there is a place that cannot be locked. That place is called hope.

在我们心里，有一个地方是无法锁住的，那个地方叫作希望。

5. It takes a strong man to save himself, and a great man to save another.

强者救赎自己，圣人普渡他人。

# 第三节　影片《美人税》引发的思考

有一部名为《美人税》的日本影片，是日本系列电影《世界奇妙物语》的一个单元剧，讲的是对针对美女收税的故事。

## 一、影片故事概要

影片《美人税》的主人公名叫爱子。她天生丽质、五官精致，俨然就是人们口中的"美女"。因为长得漂亮，爱子从小到大都受到各种优待。小时候做错事，大人们不会责怪。工作上出现问题，上司也能温柔原谅。和同事一起去吃饭，还能得到赠送的布丁。甚至因为颜值高而帮助公司成功签约大客户，一切看上去都那么美好和理所当然。

然而有一天，日本政府迫于财政压力，出台了一项新政策——"美人税"。所谓美人税，顾名思义，就是"长得漂亮也要缴税"的意思，而且税率会随着颜值的升高而提升。

长相出众的爱子自然成为美人税的征税对象，而且她被征收的税率高达20%。从此爱子在消费的时候被要求比普通人多支付20%的金额；而在领取工资薪酬时，又要被扣掉20%的税金。虽然她最开始无法接受，但又因为自己是政府认定的美女而沾沾自喜。

直到后来，事情发展到了不可控的地步。爱子新来的同事适用的美人税税率竟然达到了25%，于是不服气的爱子为提升颜值加大了努力，又是做美容又是健身等。很快她颜值超过同事的目标如愿达到了，因为她适用的美人税税率高达30%。她发现因为税收过高，自己已经入不敷出了；而且因为税收过高，异性都不敢和她交往。同样是因为高税率，爱子还被公司辞退了。

越来越多的美女们不堪重负，想尽各种办法逃避美人税。一时间，"丑女神器"风靡全国。爱子也在朋友的建议下假扮"丑女"，终于不用缴纳美人税了。但好景不长，很快这一行为被税务局发现，爱子因为偷税漏税而被逮捕进监狱服刑两年。两年的监狱生活，使爱子领悟到心灵美才是真正的美。出狱后她一直帮助别人，但是从来没被人称赞过。原来在爱子进监狱的这两年，日本的整体审美观都被颠覆了，现在是丑女横行的时代，因为这样缴税的人才会越多。

影片所讲述的故事既搞笑、无厘头，又颇具讽刺和深意，不禁让人佩服编剧的脑洞大开。这部影片很好地诠释了什么叫作"看脸的时代"。仔细想来，美女在生活当中确实会获得很多特权。就像影片中的爱子那样，男性会主动请她吃饭。不管惹出了什么样的乱子也不会受责备。

影片中最吸引人的地方莫过于人们对于美人税几经转变的态度。最开始，爱子觉得美人税的政策不公平，于是和其他美女一起抗议。工作人员对她说，被征收美人税是政府对你的认可。于是爱子被成功"洗脑"，把自己高达20%的美人税当成炫耀的资本。久而久之，大家都觉得被征收美人税是一件非常光荣的事情。为了让自己的美丽超过美人税税率达到25%的新同事，爱子美容、运动、节食，成功将自己的美人税税率提升到了30%。后来爱子因为不可承受过重的税负，又主动让自己变"丑"，两次态度的转变，无疑是虚荣心在作怪。

影片结局上的反转也堪称完美。出狱后的爱子决心做一个人美心善、内外兼修的美女。然而当她为小女孩买冰棒的时候，却发现自己不用再缴纳美人税了。小女孩嫌弃爱子太丑，不要她买的冰棒。身后的小男孩还讽刺她是丑八怪。电视节目中代言口红广告的

"丑女"竟然是需要缴纳30%美人税的美女。不得不说，这样的反转让人猝不及防，但也符合系列剧《世界奇妙物语》的风格。对此，可以从以下两个方面理解：第一，美人税政策使得美女越来越多，导致她们不再稀有，物以稀为贵，就是这个道理；第二，为了逃避美人税，越来越多的美女开始扮丑，使得大众的审美标准发生了改变。两种理解都体现了"物极必反"的哲学思想，当事物发展到极端，就会向反方向发展，或者说，当一件事情脱离了正常发展的轨道之时，就会产生奇妙的变化，大众审美也不例外。

影片中宣扬的价值取向当然值得肯定，也就是主人公爱子在监狱中的领悟：美丽固然重要，是一种生产力也是一种竞争力，但是心灵美才是真正的美。

## 二、"美人税"的经济逻辑

这部影片所讲述的故事是虚构的，观众对峰回路转的故事情节留下了深刻的印象。但从专业的角度，另一个问题更加值得思考：美人税的经济逻辑是什么？换个通俗的说法，就是两个问题：美人税该如何征？"美人税"该不该征？

前一问题将从"相貌如何度量"略做探讨，后一个问题则从"颜值是否可以作为生产要素"的角度来进行分析。

### （一）相貌如何度量

长期以来，人们对相貌更多的是定性的形容，如美丽、漂亮，好看等。有不少四字词语是用来形容一个人长得漂亮，当然多数是针对女性的，如"花容月貌""倾国倾城""沉鱼落雁""闭月羞花""国色天香"等；也有少数是针对男性的，如"玉树临风""貌似潘安"等。

近年来，出现了"颜值"一词，让人感觉相貌似乎可以量化了。

颜值一词起初在偶像团体中传播，是用来表示人物容颜英俊或靓丽的一个指数，用来评价人物容貌，男性和女性皆可用该词形容。如同其他数值一样，颜值也有衡量标准，可以测量和比较，所以有"颜值高""颜值爆表""颜值暴跌"的说法。后来综艺节目也常常使用，并通过网络力量带火了该词。再后来，颜值一词其指称范围进一步扩大，由人及物，物品的外表或外观也可用颜值表示，如新闻里经常出现"生态颜值……""乡村颜值……"的宣传报道。

《咬文嚼字》杂志发布 2015 年度"十大流行语"，"颜值"一词排名第三位。

影片中，税务部门提供的专用摄像头对主人公爱子的面部进行全方位扫描之后，很快就得出量化的颜值分数，进而确定了爱子应该适用的税率。这一番操作在数字化技术日益发达的今天并不难做到。只要根据影响容貌的各种视觉要素（如皮肤颜色度、五官的对称度、眼睛的明亮度等）设置一个赋值标准，是完全可以得到一个量化结果的。但在此之前，有必要对颜值的估价从理论上进行分析。

颜值，作为个人所拥有的资源，有一定的特殊性。这种特殊性一方面表现在其是一种内嵌资源，与个人所拥有的房屋、车辆等资源不一样，不能进行买卖交易，而只能进行租赁交易。也就是说，颜值的估价本质上是容颜租金的价值。特殊性的另一方面是颜值的估价虽然本质上是租金，但颜值往往很难单独出租，大部分情况下需要和个人拥有的其他资源一起出租。当然这因行业而异，有些行业（如商业广告、时装秀、车展等）中，高颜值几乎就是最主要的资源，这些行业中的模特是内嵌颜值的劳动力。在大多数行业中，个人颜值并非最重要的资源，颜值要和其他生产要素（如专业知识、工作能力、社会经验等）互为补充。不可否认，无论在哪一个行业，高颜值就如同亲和力，都可以发挥作用。但是，在大多数行业中，颜值不能单独产生效益，需要辅助其他生产要素才能产生效益，这使得颜值很难进行估算。其原因不是缺少能够客观衡量颜值的标准（在发达的数字技术下完全可以量化标准），而是个人的意愿与能力在很大程度上决定了容颜的利用和效率。换个通俗的说法，在大多数行业中，颜值起到的是"锦上添花"的作用。

**（二）颜值是否可以作为生产要素**

经济学上有"生产要素"的概念。

所谓"生产要素"指进行社会生产经营活动时所需的各种社会资源，是维系国民经济运行及市场主体生产经营过程中所必须具备的基本因素。

一般而言，生产要素至少包括人的要素、物的要素以及结合因素，劳动者和生产资料之所以是物质资料生产的最基本要素，是因为不论生产的社会形式如何，它们始终是生产不可缺少的要素，前者是生产的人身条件，后者是生产的物质条件。但是，当劳动者和生产资料处于分离的情况时，它们只是可能性上的生产要素。它们要成为现实的生产要素就必须结合起来。劳动者与生产资料的结合，是人类进行生产所必须具备的条件，没有它们的结合，就没有社会生产劳动。在生产过程中，劳动者运用劳动资料进行劳动，使劳动对象发生预期的变化。生产过程结束时，劳动和劳动对象结合在一起，劳动物化了，对象被加工了，形成了适合人们需要的产品。

传统理论认为生产要素包括劳动、资本、土地和企业家才能四大类。在社会经济发展的历史过程中，生产要素的内涵日益丰富，不断有新的生产要素如现代科学、技术、管理、信息等进入生产过程，在现代化大生产中发挥各自的重大作用。

颜值到底能不能算作一种生产要素呢？

这一个问题可以从两个方面来解答。第一，高颜值会不会给当事人带来更多更好的机遇？第二，高颜值该不该给当事人带来更多更好的机遇？用学术研究的语言来看，前一个问题涉及实证层面的内容，后一个问题则属于规范分析的范畴。

先来看第一个问题，高颜值会不会给当事人带来更多更好的机遇？

绝大多数人对这个问题的答案都是肯定的，人们经常听到的一句话"长得好看可以当饭吃"就是明证。

事实上，有很多专家学者用计量分析的方法证实了这一命题。

当前劳动经济学研究领域中有一个"美貌经济学"，专门研究劳动力市场和外貌的关系。有国外学者研究发现，长相漂亮的雇员会比长相一般的雇员多挣5%，长相一般的雇员又比长相难看的雇员多挣10%。学者把这种现象称为"美貌溢价"或"丑陋惩罚"。

颜值对当事人机遇的作用机制主要包括这样三个方面：第一，外貌各异的个人会在职业和行业上进行自我选择，给定不同职业的收入不同，则外貌差异就会形成不同职业从业者之间的收入差异；第二，雇主基于雇员容貌的偏见，以及"以偏概全"的统计歧视；第三，消费者或客户基于容貌的歧视形成了雇员的绩效差异，尤其是在娱乐业、广告营销和餐饮服务这些需要抛头露面的职业领域。这三个方面是共同起作用的。

其实，颜值给当事人带来的机遇远不止于此。

首先，高颜值有助于培养优秀的人格特质，能够提高个体的认知能力。高颜值可以为个体赢得更多的善意与示好，有利于培养出乐观积极的人格精神。同时，较好的颜值使得个体表现得更加自信,具备更好的语言表达能力和社交能力,从而能够更好地与人交往。高颜值所带来的交际优势能为个体赢得更多学习与锻炼的机会,从而提高其综合认知能力。举例而言,青少年时期拥有良好的体貌特征能够影响个体在学校和社团活动中的参与度,进而影响到个体的人际交往能力。

其次,高颜值有助于当事人识别和把握机会。以创业为例,创业机会的存在是因为经济体中存在"信息不对称"导致了资源的非最佳配置。信息优势有助于创业者准确识别创业机会。高颜值的个体具有独特的社交优势,而更多的人脉资源与社交网络也就意味着更多的信息来源。不仅如此,信息的多寡也影响着创业者是否能够很好地把握和开发创业机会。掌握更多的信息有助于创业者进行更准确地预测和进行相应调整,进而降低不确定性、减小风险、提高成功概率和创业效益。

最后,高颜值能够给当事人提供所需的社会资源。还是以创业为例,创业者的社交能力决定了他们是否能够与关键人物建立社交联系。创业者的社交能力越强,其社会网络规模越大、异质性越高,对于创业的促进作用也就越强。人们倾向于认为,外貌上具有吸引力的个体更加值得信赖,因此,在面对与陌生人进行各种方式的交换博弈时,往往会选择那些高颜值的对象进行合作,从而形成社会网络。这使得高颜值的创业者能够更加有效地组织社会资源。

接下来再看"高颜值该不该给当事人带来更多的机遇"这一问题。

持肯定意见的人认为,高颜值是一项稀缺资源,物以稀为贵,高颜值的人理所应当有更多更好的机遇;而且,高颜值的背后往往还与某些优秀的品质有着某种必然的联系,如自律、尊重他人等,这些都是应该获得更多更好机遇的理由。

持否定意见的人认为,"以貌取人"并不合理。更多更好的机遇应该是给有能力的人，而颜值高并不等于能力强。外在美固然重要，但它带给他人的第一印象只能维持一段时间，肯学习、人品好、懂合作这些内在美德才是这个社会更加需要的。

社会整体的价值观当然是崇尚美的，但这并不能成为"高颜值应该给当事人带来更多的机遇"的理由。社会价值观推崇的美更多的是内在美，就如同 20 世纪 80 年代的口号"五讲四美三热爱"中的"四美"是指心灵美、语言美、行为美、环境美。社会当然可以鼓励社会成员追求高颜值，高颜值会给他人（尤其是异性）带来心理上的愉悦感，会有利于社会成员之间的合作。但这种鼓励不能过度，更不能以牺牲其他社会成员的机遇为代价，否则，就违背了最基本的公平原则。公平分为起点公平、过程公平、结果公平。起点上的公平很难实现，每个社会成员的出身都不一致，社会需要做的是让过程公平，弱化起点不公平带来的差异，以期达到结果的公平。颜值的差异更多来自起点，与高颜值的人相比，普通社会成员在起点上已经不公平了，如果在过程中还人为地设置不公平的规则，想要达到公平的结果，基本不太可能。由此看来，"高颜值应该给当事人带来更多的机遇"的正确解读是：高颜值应该给当事人带来更多的机遇，但是以不能牺牲普通人的机遇为前提。打个不太恰当的比喻，高颜值的人可以在做大的"蛋糕"中分得更多（而且高颜值的人在"蛋糕"的做大过程中作出了重大贡献），但不能在既有的"蛋糕"中因为颜值高而分得更多。

通过以上的分析，"颜值是否可以作为生产要素"这一问题就有了答案。

颜值是不能作为直接生产要素的，也就是说颜值并不能和其他的生产要素（劳动力、资本、土地、企业家才能、科学、技术、管理、信息等）一样，成为生产过程中的直接投入。颜值最多可以作为一种间接生产要素，辅助其他生产要素（如劳动力、企业家才能等）在生产经营活动中发挥作用。

## 三、"美人税"合理吗？

既然颜值不能作为直接的生产要素，对颜值征税也就是影片中的"美人税"也就无据可依。这里的无据可依并不是指颜值无法量化，而是指对颜值征税在法理上站不住脚。如果"美人税"成立的话，那还可以有"智慧税""情商税""身体素质税"等。

从个人角度而言，颜值是一种竞争力，但是心灵美才是真正的美。

从国家战略资源的角度来，"美人税"和"富人税"给国家带来的影响可能是一样的，法国的教训值得警惕。法国前总统奥朗德一向对富人有偏见，当年他的竞选主张是承诺上台即恢复征收富人税。奥朗德上台后推出了超级富人税，税率高达75%，结果，法国很多富人移民他国。奥朗德的"富人税"不仅没能让法国摆脱财政赤字，还将资本资源拱手相让于他人，国家的名誉和竞争力受到重创。试想如果高颜值人士外流，与颜值经济息息相关的产业链条势必会出现断裂，从而影响整个国家经济，可谓得不偿失。事实上，颜值高的社会成员虽然没有被征收"美人税"，但他们可能在其他方面承担了比普通人更高的税收负担。

# 7

第七章

# 其他文学作品中的税收

第一节　散文中的税收

散文是指以文字为创作、审美对象的文学艺术体裁，是文学中的一种体裁形式。在中国古代文学中，散文与韵文、骈文相对，不追求押韵和句式的工整，这是广义上的散文。在中国现代文学中，散文指与诗歌、小说、戏剧并行的一种文学体裁，这是狭义上的散文。

## 一、《捕蛇者说》中的"赋敛毒于蛇"

"永州之野产异蛇，黑质而白章，触草木尽死；以啮人，无御之者……"

绝大多数人都读过这篇堪称经典杰作的《捕蛇者说》，作者是唐宋八大家之一的柳宗元。在这篇《捕蛇者说》中，柳宗元抓住蛇毒与赋税之毒的联系，巧用对比，通过捕蛇者与毒蛇之毒来衬托赋税之毒，突出了社会的黑暗。该文笔锋犀利、文情并茂，千百年来广为传诵，一直是中学语文课本中的古文范本。

文章通过对蒋氏祖孙三代为免缴赋税而甘愿冒着死亡的威胁捕

捉毒蛇的描述，反映了中唐时期百姓的悲惨生活。中唐的时代背景是战乱频发，先后发生过安史之乱、对吐蕃的战争等，全国人口锐减，朝廷随意增设税官，巧立名目，旧税加新税，无所限制，百姓的负担日益加重。

文章中的"岁赋其二"指的是根据宰相杨炎的建议于唐德宗建中元年（公元780年）颁布的"两税法"。"两税法"是以原有的地税和户税为主，统一各项税收而制定的新税法，由于分夏、秋两季征收，所以称为"两税法"。但"两税法"实施以后，百姓的赋税负担不但没有减轻，反而越来越重。在战乱和重税的双重压迫下，百姓非死即徙，人口锐减，也就是文章中的"曩（nǎng）与吾祖居者，今其室十无一焉。与吾父居者，今其室十无二三焉。与吾居十二年者，今其室十无四五焉"。其意思是：从前和我祖父同住在这里的，现在十户当中剩不下一户了；和我父亲住在一起的人家，现在十户当中只有不到两三户了；和我一起住了十二年的人家，现在十户当中只有不到四五户了。

文章中的"则吾斯役之不幸，未若复吾赋不幸之甚也"，把蒋氏不堪忍受沉重赋税的痛苦体现得淋漓尽致。柳宗元在听说蒋氏的祖父、父亲都因捕蛇而死后，表示可以帮助蒋氏更换捕捉毒蛇的危险差事而恢复赋税，蒋氏极力反对，他说："我这差事（指捕捉毒蛇）的不幸，还不如恢复我赋税遭受的不幸那么厉害呀。如果从前我不干这差事，那我早已困苦不堪了。"

柳宗元在文章的最后指出，他曾经怀疑过孔子说的"苛政猛于虎"，通过蒋氏一家的遭遇终于相信了，而且得出了"赋敛毒于蛇"的论断。

## 二、《多收了三五斗》中的"田租"与"捐税"

《多收了三五斗》作者叶圣陶是著名的儿童文学作家、教育家。

他的早期作品大多描写知识分子和小市民的灰色生活，代表作品如
《潘先生在难中》等；后转向与时代斗争有关的重大题材，如
《夜》《倪焕之》等，较为深刻地反映了北伐战争前后的社会现实。
他的小说呈现出朴实冷隽的艺术格调。"九·一八"事变之后，叶
圣陶积极参加爱国抗日活动，发表了多篇散文小说，《多收了三五
斗》就是其中之一。

《多收了三五斗》从河埠码头的万盛米行粜米写到到街上购物，
再写到农民之间的对话交流，以不同的处所、不同的场景、不同的
视角讲述了旧中国农民丰收成灾的悲惨命运。通过对 20 世纪 30 年
代旧中国江南一群农民忍痛亏本粜米，在丰年反而遭到比往年更悲
惨的厄运的描写，形象地揭示了旧中国在"三座大山"的压迫下，
农村破产衰败的现实，预示着农民必将走上反抗的道路。

当时种粮农民面临的具体的困境是，一方面洋米洋面充斥中国
市场，米价大幅度下跌，使广大产米区失去了销纳的场所。正如米
行先生说："你们不粜，人家就饿死了么？各处地方多的是洋米、
洋面，头几批还没吃完，外洋大轮船又有几批运来了。"另一方面
农民又遭受着"田租""捐税"甚至"货币缩水"的多重盘剥。

以下着重看一下关于"田租"和"捐税"的记叙。

片段一：

怎么能够不粜呢？田主那方面的租是要缴的，为着雇短工、买
肥料、吃饱肚皮，借下的债是要还的。

片段二：

"到范墓去粜没有好处的。"同伴间也提出了驳议。"这里到范
墓要过两个局子，知道他们捐我们多少钱。就说依他们捐，那里来
得现洋钱？"

片段三：

难得今年天照应，一亩田多收这么三五斗，让一向捏得紧紧的

手稍微放松一点，谁说不应该？缴租、还债、解会钱，大概能够对付过去吧；对付过去之外，大概还有多余吧。

片段四：

"为什么要粜出呢，你这死鬼！我一定要留在家里，给老婆吃，给儿子吃。我不缴租，宁可跑去吃官司，让他们关起来！"

"也只得不缴租呀。缴租立刻要借新债。借了四分钱五分钱的债来缴租，贪图些什么，难道贪图明年背着更重的债！"

片段二中过两个局子又要交不少捐税应验了米行里的先生先前所说的"现在是什么时候"的事实。现在是多收了三五斗的时候，是农民们"以为该得透一透气"的时候，而实际上却是投机商人联合起来乘机向农民大肆榨取的时候，是国民党的官吏们正好对农民敲诈勒索的时候，也是封建地主重利盘剥农民到了逼债的时候，所以去范墓粜米无异于投肉喂狗，徒增一层烦恼罢了。"过两个局子"要捐钱纳税，反映了农民运米过境的寸步难行，农业丰收却饱受剧痛，实在是令读者同情。

近一个世纪过去了，叶圣陶的《多收了三五斗》随着时间的流逝，其深刻内涵显得越发清晰，整个文章就像一幅画，画了一个小地方由于米粮买卖所引起的一个贸易商圈、一个社会的"金字塔"。作者对于地方特色的描绘如此逼真，体现出叶圣陶先生对于社会、对于人文的深厚了解。时至今日，《多收了三五斗》甚至成了一个网络文学现象，当市场上的供需双方层次地位相差悬殊，其中一方完全没有讨价还价能力时，其与对方的交易过程就如同《多收了三五斗》里"旧毡帽农民朋友"与"米行老板"的米粮交易一样。在互联网上，有针对一二线城市的火爆楼市的《多收了三五斗——购房版》，有针对就业形势严峻的《多收了三五斗——就业版》，还有针对入学难、看病难的《多收了三五斗——教育版》《多收了三五斗——就医版》，这些各式各样的版本借助叶先生原版中的语言风格和比喻手法，将交易场景描绘得惟妙惟肖，让人忍俊不禁。

## 第二节　与税收有关的成语

成语是汉语词汇中定型的词。众人皆说，成之于语，故曰成语。

成语的意思精辟，往往隐含于字面意义之中，不是其构成成分意义的简单相加，有固定的结构形式和固定的说法，表示一定的意义，在语句中是作为一个整体来应用的。成语有相当一部分是从古代相承沿用下来的，代表了一个故事或者典故，是中国传统文化的一大特色。

以下就将与税收有关的成语进行简要归纳。

成语一：轻徭薄赋

成语解释：减轻徭役、赋税。

成语出处："海内虚耗，户口减半，光知时务之要，轻徭薄赋，与民休息。"——《汉书·昭帝纪》①

成语二：轻赋薄敛

成语解释：同轻徭薄赋。

成语出处："汤夙兴夜寐，以致聪明，轻赋薄敛，以宽民氓。"——《淮南子·修务训》②

成语三：食租衣税

成语解释：依靠百姓缴纳的租税生活。

成语出处："是岁小旱，上令官求雨，卜式言曰：'县官当食租

---

① ［东汉］班固：《汉书》卷7《昭帝纪》，中华书局1999年简体字本，第163页。

② ［西汉］刘安著，刘文典撰：《淮南鸿烈集解》（下），中华书局1989年版，第1315页。

衣税而已，今弘羊令吏坐市列肆，贩物求利。亨弘羊，天乃雨。'"
——《史记·平准书》①

成语四：衣食税租

成语解释：指居官食禄。

成语出处："武（武帝）有衡山、淮南之谋，作左官之律，设附益之法，诸侯惟得衣食税租，不与政事。"——《汉书·诸侯王表》②

成语五：衣租食税

成语解释：依靠百姓缴纳的租税生活。租、税：田赋和各种税款的总称。

成语出处："贾政道：'虽无刁钻刻薄，却没有德行才情。白白的衣租食税，那里当得起。'"——《红楼梦》第九十二回③

成语六：繁刑重赋

成语解释：过重的刑罚和繁多的赋税。亦作"繁刑重敛"。

成语出处："齐景公不繁刑重赋，虽有田氏，齐不可取。"——《东坡志林》第五卷④

成语七：横征暴赋

成语解释：滥征捐税，强行搜刮民财。

成语出处："固合抚绥黎庶，上副天心，蠲减征徭，内荣乡里。而乃横征暴赋，不奉典常，擅破人家，自丰私室。"——《弹奏剑

① ［西汉］司马迁：《史记》卷30《平准书》，中华书局1999年简体字本，第1219页。

② ［东汉］班固：《汉书》卷14《诸侯王表二》，中华书局1999年简体字本，第284页。

③ ［清］曹雪芹：《红楼梦》第九十二回《评女传巧姐慕贤良 玩母珠贾政参聚散》，岳麓书社1987年版，第750页。

④ ［宋］苏轼撰，张志烈、马德富、周裕锴主编：《苏轼全集校注（第十册文集一）·论管仲》，河北人民出版社2020年版，第468页。

南东川节度使状》①

成语八：悉索敝赋

成语解释：指尽全国所有的兵力，也指拿出所有的一切来供应。悉：全部；索：尽；敝：谦辞，谓不精良。

成语出处："敝邑之人，不敢宁处，悉索敝赋，以讨于蔡。"——《左传·襄公八年》②

成语九：悉帅敝赋

成语解释：见"悉索敝赋"。

成语出处："我先君襄公不敢宁处，使叔孙豹悉帅敝赋，踦跂毕行。"——《国语·鲁语下》③

成语十：悉索薄赋

成语解释：见"悉索敝赋"。

成语出处："武王继文王之业，用太公之谋，悉索薄赋，躬擐甲胄，以伐无道而讨不义。"——《淮南子·要略》④

成语十一：头会箕赋

成语解释：形容赋税繁重苛刻。头会：按人头征税；箕敛：用畚箕装取所征的谷物。

成语出处："'头会箕赋，输于少府。'高诱注：'头会，随民口数，人责其税；箕赋，似箕然敛民财，多取意也。'"——《淮南子·氾论训》⑤

---

① ［唐］元稹：《元稹集》（下），中华书局1982年版，第424页。
② ［春秋］左丘明原著，陈戌国校注：《春秋左传》，岳麓书社2019年版，第532页。
③ ［春秋］左丘明原著，薛安勤、王连生注释：《国语译注·鲁语下》，吉林文史出版社1991年版，第218页，篇名为《子服惠伯从季平子如晋》。
④ ［西汉］刘安著，刘文典撰：《淮南鸿烈集解》（下），中华书局1989年版，第1458页。
⑤ ［西汉］刘安著，刘文典撰：《淮南鸿烈集解》（上），中华书局1989年版，第437页。

## 第三节　与税收有关的其他词句

除了以上总结归纳的内容外，还有一些与税收有关的其他词句。

## 一、典故中的税收

### （一）"奉公守法"的典故

战国时期，赵奢原来是一名征收田赋的下层官员，是一个办事公平而且非常严格的人。有一次，相国平原君家的人不缴租税，赵奢就杀了平原君家的九个管事人。平原君知道后很生气，下令要杀他。赵奢不但一点都不害怕，还义正词严地对他说："虽然您在赵国权势非常显赫，但是您的管家却拒绝缴纳赋税，这样会损害到国家的法律，而且还会严重影响国家的威信。要是大家都这样，赵国就会慢慢衰落下去，早晚会被其他国家灭亡。以您现在这样崇高的地位，如果能够带头遵守法令，那么赵国就会强大起来，您也会更受到大家的尊重。"（《史记》语：*以君之贵，奉公如法则上下平，上下平则国强，国强则赵固，而君为贵戚，岂轻于天下邪？*①）平原君觉得赵奢说得很对，不但没有杀他，反而把他推荐给赵王，让他担任更高的官职。

这就是"奉公守法"的典故。

### （二）"何不禁月明"的典故

《新五代史·李茂贞传》载：*茂贞居岐，以宽仁爱物，民颇安*

---

① ［西汉］司马迁：《史记》卷 81《廉颇蔺相如列传》，中华书局 1999 年简体字本，第 1909 页。

之，尝以地狭赋薄，下令榷油，因禁城门无内松薪，以其可为炬也，有优者诮之曰："臣请并禁月明。"茂贞笑而不怒。①

后梁岐王（后唐时改称为秦王）李茂贞因为辖地狭小税收不多，下令对老百姓燃烧灯油征税。为了确保税源，同时禁止其他可以用于照明的松枝柴火入城。当时有人就嘲讽此事，建议最好把月光也禁了，人民就没法不点灯了。

这是"何不禁月明"的典故。

"禁月明"的字面意思很清晰，即禁止月亮发光，讽刺当政者禁令烦苛不合理。

## 二、与税收有关的歇后语

老北京有句歇后语"宛平的知县——一年一换"，意思是宛平县的知县当不过一年，为什么呢？原来和"税"有关。

中国自古就是农本立国，有着悠久的重农传统，历朝历代都非常重视农耕。很多朝代的君主甚至亲自下地耕田以作表率，这种君主亲自耕田的典礼称为"籍田"。到了明清两代，"籍田"制度已趋于完善。"籍田"的土地设在天坛对面的先农坛，这是皇帝的演耕田，长十一丈、宽四丈，折算成面积为当时的一亩三分（这也是俗语"一亩三分地"的由来）。

秋收后，皇帝耕种的演耕田打下的粮食任何人不得擅自食用，被藏入号称"天下第一仓"的先农坛神仓中以供祭祀之用。但这些粮食每年还要依律缴纳田赋，以示皇帝耕田种地，也要和平民百姓一样缴纳"皇粮国税"。所有人都知道，皇帝纳税象征意义大于实际意义。关键问题是谁来向皇帝收税呢？这个差事落在了宛平县

① ［宋］欧阳修：《新五代史》卷40《杂传二十八》，中华书局2000年简体字本，第285页。

县令头上，因为皇帝亲耕的一亩三分地属于宛平县领地。

小小的七品知县胆敢向皇帝征税，犯了欺君犯上之罪，按律当斩。姑念其为国收税，死罪可免，官职必须罢免，所以皇帝完税之日，即为宛平知县罢免之时，久而久之遂成定例，于是就有了"宛平的知县——一年一换"的说法。

# 三、其他

## （一）死亡与税收

死亡与税收，二者似乎并没有什么联系，但西方的一句谚语将二者联系在了一起：人生有两件事不可避免——死亡和税收。

1789 年，躺在病床上的本杰明·富兰克林给他的朋友法国科学家让·巴蒂斯特·乐华写了一封信，在谈到这一年刚刚生效的美国宪法时，这位美国独立宣言和宪法的签署人说："我们的宪法出台了，它应该会永远生效，但是这个世界上没有任何东西是确定无疑的，除了死亡和征税之外。"该段话的英文原文是"but in this world, nothing can be said to be certain, except death and taxes"。

富兰克林在信中所说的这句话，本意是表达对刚刚生效的宪法能否持久生效的一种存疑，并非说明税收负担的严重性。把死亡和税收联系在一起在当时具有一定的偶然性。从税收来说，北美人民虽然强烈反对英国国会不经他们同意擅自征税，最后通过独立革命建立了新的国家，但新的国家同样面临税收问题。美国宪法规定：国会有权规定和征收直接税、进口税、关税和其他税，以偿付国债、提供合众国共同防务和公共福利。富兰克林说税收是确定无疑、无法避免的，指的就是这一条。富兰克林之所以提到死亡，是因为这一年他已经 83 岁了，病魔缠身，死亡对他来说已经是确定无疑，很快将会降临（第二年，84 岁的富兰克林溘然长逝）。

其实最早把死亡和税收联系在一起的并非富兰克林，而是英国著名小说家丹尼尔·笛福（《鲁滨逊漂流记》的作者）。他在1726年出版的《魔鬼政治史》里写道：越来越多的家庭相信，像死亡和税收这样的事情是确定无疑的。

西方人对死亡和税收关系的理解后来逐步偏向为对高税负的感慨，认为税收像死亡一样既令人恐惧又不可避免，幽默中显示出无奈。

值得一提的是，在网络游戏大行其道的今天，有一款游戏的名字为"Death and Taxes"，中文翻译为"死神与税赋"。这是一款解密冒险游戏，由Placeholder Gameworks制作发行。游戏中，玩家将扮演"死神"，在神秘的世界中展开一场关于税赋与正义的战斗。游戏以其独特的剧情设定和丰富的游戏玩法，吸引了众多玩家的关注。

### （二）当知雨亦愁抽税

五代十国时的南唐国君李昪（biàn）在担任吴国中书令时，国力薄弱，军粮储备不足，官府横征暴敛，人们深受苛捐杂税之害，不胜其苦。申渐高是李昪身边的乐工，经常在宫中的宴会上奏乐，他生性诙谐幽默，敢于为民众说话。某年久旱不雨，祈雨也不应验。一天，李昪在宫苑中同群臣饮酒时说："现在京郊下起雨来，惟独京城不下雨，难道我们监狱中有冤枉的事违背了天意吗？"群臣都不知如何回答。这时，申渐高走上前来笑着说："雨水害怕抽税，所以不敢进京城呀！"（《南唐书》载：中书令问左右："近郊颇得雨，都城不雨何也？"渐高乘谈谐，进曰："雨惧抽税，不敢入京耳！"）李昪猛然醒悟后大笑说："是京城中赋税过重了吧？"于是当日就下诏书免去一切不合理的税赋，其他税赋也都有减除。

明神宗万历二十六年（公元1598年）初夏，京畿大旱，万历皇帝依历代旧制在宫中露天焚香祈雨，一批帮闲文人到处宣扬天子的美德。而当时长江中下游和东南沿海广大民众正蜂拥而起反对明王朝的苛捐杂税。汤显祖刚弃官归隐，目睹这一情形，借南唐申渐高诙谐进谏的典故写了一首讽刺诗，诗名《闻都城渴雨时苦摊税》：

五风十雨亦为褒，

薄夜焚香沾御袍。

当知雨亦愁抽税，

笑语江南申渐高。

汤显祖的这首诗语意含蓄、用典贴切、讽刺性强。在这首诗里，作者引用典故，借南唐申渐高的故事讥评时弊，对万历皇帝的祈雨进行了嘲讽，具有强烈的现实意义。

# 主要参考文献

**著作类**

1. ［西汉］司马迁：《史记》，中华书局 1999 年简体字本。

2. ［东汉］班固：《汉书》，中华书局 1999 年简体字本。

3. ［南朝宋］范晔：《后汉书》，中华书局 1999 年简体字本。

4. ［晋］陈寿：《三国志》，中华书局 1999 年简体字本。

5. ［北齐］魏收：《魏书》，中华书局 2000 年简体字本。

6. ［唐］房玄龄：《晋书》，中华书局 2000 年简体字本。

7. ［唐］魏征：《隋书》，中华书局 2000 年简体字本。

8. ［后晋］刘昫：《旧唐书》，中华书局 2000 年简体字本。

9. ［宋］欧阳修：《新唐书》，中华书局 2000 年简体字本。

10. ［宋］薛居正：《旧五代史》，中华书局 2000 年简体字本。

11. ［宋］欧阳修：《新五代史》，中华书局 2000 年简体字本。

12. ［元］脱脱．《辽史》，中华书局 2000 年简体字本。

13. ［元］脱脱：《金史》，中华书局 2000 年简体字本。

14. ［元］脱脱：《宋史》，中华书局 2000 年简体字本。

15. ［明］宋濂：《元史》，中华书局 2000 年简体字本。

16. ［清］张廷玉：《明史》，中华书局 2000 年简体字本。

17. ［先秦］佚名，正坤编：《诗经》，中国文史出版社 2003 年版。

18. ［先秦］佚名，吴广平、彭安湘、何桂芬导读注译：《诗经》，岳麓书社 2019 年版。

19. ［春秋］孔丘原著，陈晓芬译注：《论语》，中华书局 2015 年版。

20. ［春秋］孔丘原著，陈戌国校注：《礼记》，岳麓书社 2019 年版。

21. ［春秋］孔丘原著，陈戌国校注：《尚书》，岳麓书社 2019 年版。

22. ［春秋］子思原著，徐儒宗译注：《中庸》，中华书局 2015 年版。

23. ［春秋］曾子原著，徐儒宗译注：《大学》，中华书局 2015 年版。

24. ［春秋］左丘明原著，陈戌国校注：《春秋左传》，岳麓书社 2019 年版。

25. ［春秋］左丘明原著，薛安勤、王连生注释：《国语译注·鲁语下》，吉林文史出版社 1991 年版。

26. ［春秋］庄子原著，萧无陂导读注译：《庄子》，岳麓书社 2019 年版。

27. ［战国］孟轲原著，方勇译注：《孟子》，中华书局 2015 年版。

28. ［战国］公羊高著，李维琦、邹文芳注译：《春秋公羊传》，岳麓书社 2019 年版。

29. ［战国］吕不韦原著，张双棣等译注：《吕氏春秋译注》，吉林文史出版社 1993 年版。

30. ［西汉］毛亨传，郑玄笺：《毛诗传笺》，中华书局 2018 年版。

31. ［西汉］史游原著：《急就篇》，岳麓出版社 1989 年版。

32. ［西汉］毛亨传，［东汉］郑玄笺，［唐］孔颖达疏，梁运华整理：《四库家藏·毛诗正义》，山东画报出版社 2004 年版。

33. ［东汉］郑玄注，［唐］孔颖达疏，喻遂生等整理：《四库家藏·礼记正义》，山东画报出版社 2004 年版。

34. ［东汉］许慎原著，汤可敬撰：《说文解字今释》，岳麓出版社 1997 年版。

35. ［晋］傅玄原著，刘治立注：《傅子评注》，天津古籍出版社 2010 年版。

36. ［南朝梁］刘勰：《文心雕龙》，上海古籍出版社 2015 年版。

37. ［唐］白居易：《白氏长庆集》，吉林出版社 2005 年版。

38. ［唐］白居易著，孙安邦解评：《白居易集》，山西古籍出版社 2006 年版。

39. ［宋］黎靖德编：《朱子语类》，中华书局 1986 年版。

40. ［宋］苏轼撰，张志烈、马德富、周裕锴主编：《苏轼全集校注》，河北人民出版社 2020 年版。

41. ［宋］司马光：《资治通鉴》，中华书局 2009 年版。

42. ［宋］司马光，［元］胡三省音注：《资治通鉴》，中华书局 1956 年版。

43. ［宋］严羽著，郭绍虞校释：《沧浪诗话》，人民文学出版社 1983 年版。

44. ［宋］程颢、程颐著，王孝鱼点校：《二程集》，湖北人民出版社 2016 年版。

45. ［元］马端临：《文献通考》，中华书局 1986 年简体字本。

46. ［明］施耐庵、罗贯中：《水浒全传》，岳麓书社 1988 年版。

47. ［明］冯梦龙：《三言》，岳麓书社 2002 年版。

48. ［明］凌濛初：《初刻拍案惊奇》，岳麓书社 2019 年版。

49. ［明］凌濛初：《二刻拍案惊奇》，岳麓书社 2019 年版。

50. ［清］曹雪芹、高鹗：《红楼梦》，岳麓书社 1987 年版。

51. ［清］蒲松龄：《聊斋志异》，岳麓书社 2019 年版。

52. ［清］吴敬梓：《儒林外史》，岳麓书社 2001 年版。

53. ［清］王鸣盛著，黄鸣辉点校：《十七史商榷》，上海书店出版社 2005 年版。

54. ［清］阮元：《十三经注疏·毛诗正义》，中华书局 1980 年版。

55. ［清］曾国藩纂：《经史百家杂钞》，岳麓书社 2015 年版。

56. 梁启超：《中国历史研究法》，中华书局 2015 年版。

57. 梁启超原著，朱维铮校注：《清代学术概论》，中华书局 2010 年版。

58. 鲁迅：《鲁迅杂文全集》，河南人民出版社 1994 年版。

59. 鲁迅：《中国小说史略》，商务印书馆 2017 年版。

60. 潘吟阁：《史记货殖传新诠》，商务印书馆 1931 年版。

61. 金庸：《金庸作品集》，生活·读书·新知三联书店 1999 年版。

62. 傅隶朴：《春秋三传比义》，中国友谊出版公司 1984 年版。

63. 蔡镇楚：《中国诗话史》，江西教育出版社 2022 年版。

64. 陈贻焮主编：《全唐诗》，文化出版社 2001 年版。

65. 陈志武：《金融的逻辑——通往自由之路》，中信出版社 2021 年版。

66. 付志宇：《中国税收思想发展论纲》，贵州人民出版社 2002 年版。

67. 郭建龙：《汴京之围》，天地出版社 2019 年版。

68. 何其芳：《诗歌欣赏》，复旦大学出版社 2004 年版。

69. 黄今言：《秦汉赋役制度研究》，江西教育出版社 1988 年版。

70. 李炜光：《税收与社会》，中国财政经济出版社 2018 年版。

71. 刘守刚：《财政中国三千年》，上海远东出版 2020 年版。

72. 彭敏导读注释：《宋词三百首》，岳麓书社 2020 年版。

73. 石庆华：《当税收遇见苏东坡》，中国税务出版社 2021 年版。

74. 石庆华：《税林广记》，中国税务出版社 2011 年版。

75. 史念海：《中国通史》，上海人民出版社 1996 年版。

76. 孙明君评注：《白居易诗》，人民文学出版社 2005 年版。

77. 王雷鸣：《历代食货志注释》，农业出版社 1984 年版。

78. 王仲荦：《魏晋南北朝史》，上海人民出版社 1983 年版。

79. 魏明安、赵以武：《傅玄评传》，南京大学出版社 1996 年版。

80. 翁礼华：《纵横捭阖——中国财税文化透视》，中国财政经济出版社 2011 年版。

81. 徐梓：《神州文化集成丛书：从黄帝到崇祯——二十四史》，新华出版社 1993 年版。

82. 杨照：《史记的读法》，广西师范大学出版社 2019 年版。

83. 姚轩鸽：《天下税鉴》，九州出版社 2023 年版

84. 叶嘉莹：《唐宋词十七讲》，北京大学出版社 2017 年版。

85. 赵德馨主编：《中国经济史大辞典》，崇文书局 2022 年版。

86. 张广通：《中国税收思想五十家》，中国财政经济出版社 2023 年版。

87. 张积：《神州文化集成丛书：四书五经》，新华出版社 1993 年版。

88. ［法］维克多·雨果：《悲惨世界》，李丹、方于译，人民文学出版社 2015 年版。

89. ［法］奥诺雷·德·巴尔扎克：《欧也妮·葛朗台》，傅雷译，人民文学出版社 2015 年版。

90. ［美］本杰明·史华兹：《古代中国的思想世界》，程刚译，江苏人民出版社 2008 年版。

**论文类**

1. 敖汀：《〈食货志〉探源》，载于《黑龙江财专学报》1995 年第 6 期。

2. 曹姣：《孟子的赋税思想之我见》，载于《法制与社会》2008 年第 7 期。

3. 陈星鹤：《〈史记·货殖列传〉述评》，载于《湖南经济管理干部学院学报》1999 年第 4 期。

4. 陈勇、黄修明：《〈新唐书·食货志〉所载"租庸调"新考》，载于《江西师范大学学报》2005 年第 4 期。

5. 陈友琴：《白居易的〈杜陵叟〉和〈缭绫〉浅说》，载于《语文学习》1958 年第 8 期。

6. 陈忠海：《〈食货志〉与历史变迁》，载于《中国发展观察》2021 年第 6 期。

7. 凡怡：《白居易〈缭绫〉赏析》，载于《中文自修》1995 年第 7 期。

8. 方光柱：《〈孟子〉赋税思想及其当代启示》，载于《税务研究》2022 年第 5 期。

9. 付志宇、缪德刚：《从〈货殖列传〉看司马迁的理财思想》，载于《贵州社会科学》2009 年第 12 期。

10. 郭继强、费舒澜、林平：《越漂亮，收入越高吗？——兼论相貌与收入的"高跟鞋曲线"》，载于《经济学（季刊）》2017 年第 1 期。

11. 郭永琴：《〈禹贡〉中"贡"与"赋"的关系》，载于《山西师大学报（社会科学版）》2013 年第 1 期。

12. 侯瑞朝：《有关〈史记·平准书〉的一些思考》，载于《佳木斯教育学院学报》2014 年第 12 期。

13. 黄玖立、田媛：《美貌能提高创业收入吗？》，载于《财经研究》2018 年第 11 期。

14. 黄天华：《三论原始财政——税收的起源》，载于《财经论坛》1997 年第 2 期。

15. 霍焕民、闵庚尧：《量入以为出　上足下亦安——白居易的〈赠友诗〉浅释》，载于《中央财政金融学院学报》1981 年第 1 期。

16. 江求川、张克中：《中国劳动力市场中的"美貌经济学"：身材重要吗?》，载于《经济学（季刊）》2013 年第 2 期。

17. 蒋开天：《退五经升四书运动的发展历程述略》，载于《南昌师范学院学报》2017 年第 11 期。

18. 金平：《清代捐纳制度》，载于《沧桑》2002 年第 2 期。

19. 李荣昌：《愿守黍稷税归耕东山田——刘眘虚隐逸思想探析》，载于《船山学刊》2009 年第 11 期。

20. 李欣：《论"与民争利"之"民"与"利"——以〈史记·货殖列传〉〈盐铁论〉的讨论为中心》，载于《南都学坛》2015 年第 6 期。

21. 李修松：《"初税亩"辨析》，载于《安徽大学学报（哲学社会科学版)》1989 年第 4 期。

22. 李云飞：《〈汉书·食货志〉与〈史记·平准书〉比较》，载于《现代语文（学术综合版)》2013 年第 6 期。

23. 梁方仲：《十三种〈食货志〉介绍》，载于《历史研究》1981 年第 1 期。

24. 林汀水：《也谈〈禹贡〉制定田赋等级的问题》，载于《中国社会经济史研究》1991 年第 3 期。

25. 刘爱明：《荀子财政赋税思想及其借鉴》，载于《湖北财经高等专科学校学报》2004 年第 6 期。

26. 刘毓庆：《"五经"与中国传统价值观（上)》，载于《名作欣赏》2016 年第 8 期。

27. 刘志伟：《非经济的"食货"概念》，载于《开放时代》2023 年第 2 期。

28. 路萌莉：《〈史记·货殖列传〉近十年研究综述》，载于

《渭南师范学院学报》2014 年第 10 期。

29. 苗润博：《辽史·食货志探源》，载于《中国社会经济史研究》2020 年第 3 期。

30. 潘德深：《略论十三史中的"食货志"》，载于《福建师范大学学报（哲学社会科学版）》1984 年第 3 期。

31. 任俊华、李朝辉：《汉代的效率与公平之争——〈史记·平准书〉》，载于《经济伦理思想新探》2017 年第 12 期。

32. 孙德仁等：《孔子的赋税观》，载于《山东税务纵横》2000 年第 12 期。

33. 孙文学：《"食货"：中国封建社会的财政诠释》，载于《社会科学辑刊》2003 年第 5 期。

34. 孙文学：《"食货"释义》，载于《东北财经大学学报》2003 年第 1 期。

35. 王贵民：《试论贡、赋、税的早期历程——先秦时期贡、赋、税源流考》，载于《中国经济史研究》1988 年第 1 期。

36. 王小梅：《"食货"杂说》，载于《经济论坛》1995 年第 9 期。

37. 王兆高：《关于国家、井田制度和贡助彻的考析》，载于《江西财经大学学报》1999 年第 5 期。

38. 徐大英：《从〈通典·食货典〉看杜佑富国安民的经济思想》，载于《西南师范大学学报（哲学社会科学版）》1994 年第 3 期。

39. 徐政：《颜值对收入影响的异质性及其机制分析》，载于《广东财经大学学报》2022 年第 2 期。

40. 游翔：《〈史记·平准书〉、〈汉书·食货志〉比较三题》，载于《华中师范大学学报（哲学社会科学版）》1994 年第 1 期。

41. 于泳：《浅析〈史记·平准书〉与〈汉书·食货志〉异同》，载于《商业经济》2017 年第 3 期。

42. 张继光：《历代"食货志"简介》，载于《中央财政金融学院学报》1993 年第 10 期。

43. 张茹：《"互联网＋"视域下颜值经济的商业逻辑分析》，载于《商业经济研究》2022 年第 4 期。

44. 张守军：《〈禹贡〉的贡赋制度和赋税思想》，载于《税务与经济（长春税务学院学报）》1993 年第 1 期。

45. 张文华：《近十年来〈史记·货殖列传〉研究综述》，载于《淮阴师范学院学报（哲学社会科学版）》2005 年第 4 期。

46. 张晓娟：《从白居易诗浅谈唐代缭绫》，载于《文博》2006 年第 5 期。

47. 张秀丽：《"寓捐于禁"——清末演戏与戏捐开征》，载于《清史研究》2022 年第 11 期。

48. 张彦：《刘昚虚与盛唐山水田园诗派》，载于《九江学院学报（哲学社会科学版）》2010 年第 10 期。

49. 章权才：《宋代退五经尊四书的过程与本质》，载于《学术研究》1996 年第 2 期。

50. 周育民：《关于清代厘金创始的考订》，载于《清史研究》2006 年第 3 期。

51. 周自强：《"初税亩"研究》，载于《郑州大学学报（哲学社会科学版）》1986 年第 6 期。

52. 朱汉民：《理学、〈四书〉学与儒家文明》，载于《湖南大学学报（社会科学版）》2006 年第 2 期。

53. 朱赫：《大学生的"颜值"认知与预期收入》，载于《青年研究》2021 年第 3 期。

# 后　记

一直想完成一本兴趣与专业结合的书，今天总算了却一桩心愿。

对历史、地理的浓厚兴趣从孩童时代一直保持至今。尽管在高中文理分科时选择了后者，从大学本科到博士研究生也没有将史地兴趣作为专业选择，但对历史、地理的热爱从未降温。

2019 年的一次培训终于让我有机会将多年的兴趣与专业结合起来。是年 10 月，由教育部高等学校财政学类专业教学指导委员会和中国财政学会财政史研究专业委员会联合主办的第一届"中国财税史学师资培训班"项目在对外经济贸易大学进行。多位在财税史学术领域造诣深厚的大师为此次培训传经送宝。这些教授们治学态度严谨、学术成果丰硕，精心为参训学员奉献了多场学术"大餐"。我有幸成为本次培训班的一员，全程参与了这期的培训。此后，财税史师资培训这一项目传承下来，我又先后参加了第二届（杭州）、第三届（武汉）、第四届（北京）的培训。在 2022 年第四届培训班的结业典礼上，我作为学员代表发言，称自己是财税史师资培训班上名副其实的"留级生"。几期的培训进一步提升了我对财税史这一领域的兴趣，并有意将财税史作为自己未来学术研究方向之一。

自"文化自信"正式提出以来，对中华优秀传统文化的重视达到了新的高度，中央电视台近年来推出多档传统文化类精品节目是最好的印证。《中国诗词大会》《典籍里的中国》《简牍探中华》《宗师列传·唐宋八大家》等节目用人们喜闻乐见的方式让广大观众在视听盛宴中接受着中华优秀传统文化的熏陶。

本书的写作也受此启发。以文学作品为视角、以赋税为对象，旨在通过对文学作品中的税收元素进行收集、归纳、整理，探寻税收在文学作品中的深刻内涵，也是从中华优秀传统文化这一角度向读者介绍我国古代赋税制度。

本书付梓之际，首先要感谢责任编辑宋艳波先生，他认真负责的态度尤当谨记。再次要感谢我的工作单位——湖北经济学院财政与公共管理学院的各位领导和全体同事，我的成长与进步离不开他们的支持和鼓励。最后要向我的家人致以诚挚的谢意，尤其是我的夫人，她不仅要完成本职工作，还承担了大部分的育儿重任。夫人还利用自己的专业知识对本书中涉及的美国电影对话进行了翻译和润色。

本书在写作过程中参考了大量资料，无法在参考文献中完全列出。此外，本书的出版得到了湖北经济学院科研处、湖北经济学院研究生处、湖北地方税收研究中心（湖北省高等学校人文社科重点研究基地）等单位的大力支持，在此一并致谢。

说不清是基因遗传还是家庭影响，我的女儿从小就对文学表现出强烈的兴趣，借这本《文海拾税》的出版，我想对女儿说：把阅读这一好习惯保持下去，多读书、读好书！

本书虽几经打磨，但我深知其中瑕疵拙陋之处尚多，但我还是鼓足勇气将其呈现出来，希冀得到各位前辈和师友的斧正和扶掖。

李 波

2024 年 12 月于武汉汤逊湖畔